Max Mehrick

Der lange Weg zurück

Das verlorene Leben

Max Mehrick

Der lange Weg zurück

Das verlorene Leben

Asanger Verlag • Kröning

Für Sonya, weil ich durch sie etwas fand, das ich jetzt zwar nicht habe, aber nun weiß, dass es es gibt.

Und auch für Viola, Anne und Yvonne, die mir in meiner schwierigsten Zeit zeigten, dass es mich gibt. Als Menschen gibt. Ich zehre noch heute von der Kraft, die ihr mir gabt, indem ihr mich bedingungslos so genommen habt, wie ich war.

Illustrationen S. 69 und 196: DON S., gez. nach Vorlage von Max Mehrick

Layout: Wolfgang Wohlers, einsatz.berlin

Druck: PBtisk, a.s., Czech Republic

Bibliographische Informationen der Deutschen Nationalbibliothek:
Die Deutsche Nationalbibliothek verzeichnet diese Publikation in der Deutschen Nationalbibliographie; detaillierte bibliographische Daten sind im Internet über http://dnb.d-nb.de abrufbar.

ISBN ISBN 978-3-89334-622-6

Ähnlichkeiten der Namen mit lebenden oder
verstorbenen Personen
wären zufällig und nicht beabsichtigt.

Geleitwort

„Der lange Weg zurück" ist ein berührendes, ein trauriges, ein mutiges und ein wichtiges Buch. Max Mehrick führt uns in eine Welt schwerer seelischer und körperlicher Verletzungen. Er beschreibt Opfererfahrungen als Mann in Kontexten, die wir nur allzu gut kennen. Es geht um Kinderheime, Internate, Klosterschulen, Freizeit- und Ausbildungseinrichtungen für Kinder und Jugendliche, oft getragen von gut beleumundeten Institutionen oder Personen. Uns allen klingen die Namen noch im Ohr wie: Kloster Ettal, die Regensburger Domspatzen, die reformpädagogische Odenwaldschule, das Canisius-Kolleg – aber auch mediale Größen wie der englische BBC-Moderator Jimmy Savile.

Max Mehrick beschreibt unterschiedliche Täter, die vieles verbindet: Alle wären sie dem Kind schuldig gewesen, in Fürsorge für es einzutreten und ihm ein Geländer in die Welt zu geben. Sie waren ihm Liebe, Erklärung und Bildung schuldig, sie hätten ihm Trost und Zuversicht auf den Weg geben sollen. Sie sind dem Kind nicht nur so vieles schuldig geblieben, sie sind an ihm auf furchtbare Weise schuldig geworden. Sie alle eint eine umfangreiche Täuschung in ihrer Selbstdarstellung auf Kosten des Kindes und das Fehlen jeglicher Reue oder Einsicht. Bis heute.

Es ist ein Verdienst dieses Buches, dass hier nicht unter der Überschrift der nur allzu bekannten Institution der Blick vom Wesentlichen abgelenkt wird. Viel zu häufig richtet sich der Blick der Öffentlichkeit auf die Täter und die Institution – auf die Sensation. Sensation nützt sich schnell ab – noch eine Institution, noch ein Täter, noch ein Missbrauch! Das begünstigt Mitgefühlsmüdigkeit. Dann geht verloren, wie schwer die Opfer am zugefügten Leid zu tragen haben und dass sie im wahrsten Wortsinne „lebenslänglich" haben. Sie haben es sich nicht ausgesucht.

Es gelingt Max Mehrick mit seiner intensiven und gleichwohl fast nüchternen Sprache, Verletzungen bis auf den Grund der Verzweiflung sensibel auszuleuchten. So wird fassbar, was das Unfassliche hinterlässt.

Ich habe bisher kein anderes Buch gelesen, in dem mich die Erfahrungen eines misshandelten und missbrauchten Jungen so erschüttert haben. Sie haben mich zu Tränen gerührt und unsagbar wütend gemacht. Ich habe viel an den Pädagogen Janusz Korczak denken müssen. An seine Bereitschaft, mit „seinen" Kindern ins Gas zu gehen, sie nicht alleine zu lassen und sie bis zum bitteren Ende in Liebe zu begleiten. Es wäre dem kleinen Max so zu wünschen gewesen, dass irgendwo auf seinem Weg ein solcher Wegbegleiter gestanden hätte.

Und so ist das am Ende auch ein Buch über Liebe und Bindung und über ihre Bedeutung für das Überleben und Leben. Emily Dickinson schreibt: „Alles, was ich über die Liebe weiß, ist, dass sie das einzige ist, was zählt." Dem ist nichts hinzuzufügen.

Stuttgart, September 2017

Gaby Breitenbach

Triggerwarnung

Ich weiß nicht, wie meine Erzählung auf die Leserinnen und Leser wirkt, und ich habe selbstverständlich auch so meine Bedenken, vor dem zu warnen, was ich selbst geschrieben habe. Mir persönlich haben Erfahrungsberichte und Berichte von Menschen, die Ähnliches erlebten wie ich, oft geholfen, und ich habe sie mir ganz bewusst und mit großem Interesse angehört oder gelesen. Doch – und das gehört auch zur Wahrheit – diese Berichte haben mich oft auch schwer belastet, lange beschäftigt und meine Lebensqualität in dieser Zeit verschlechtert.

Es kann sein, dass meine Erzählung bei manchen Menschen, die selbst Opfer von Gewalt und sexualisierter Gewalt wurden, bei Menschen, die also ein ähnliches Trauma in sich tragen wie ich, Gefühle auslösen und sie schmerzlich mit ihren eigenen traumatischen Erlebnissen konfrontiert werden.

Vorwort

Viel zu lange wurden Jungen und Männer, die sexuell missbraucht oder angegriffen wurden, von der Gesellschaft und auch von der Gesundheitsvorsorge übersehen, vernachlässigt, minimiert oder stigmatisiert. Es ist mit ein Grund, warum ich meine ersten 30 Jahre aufgeschrieben habe.

Wenn ich mich als Überlebender bezeichnen möchte, dann nur als Überlebender dieser ersten 30 Lebensjahre. Ansonsten würde ich mich nicht als einen solchen bezeichnen, denn ich werde die beunruhigenden Erlebnisse meiner Kindheit und Jugendzeit bis zum Ende in mir tragen. Ich kann sogar davon ausgehen, dass meine Vergangenheit ein Faktor für meinen Tod sein könnte.

Überlebende von sexuellem Missbrauch in der Kindheit haben ein erhöhtes Risiko, eine breite Palette von körperlichen und psychischen Störungen zu entwickeln. Die Auswirkungen des sexuellen Missbrauchs von Kindern, die umfangreichen und nachfolgenden negativen Kurz- und Langzeitwirkungen sind oft vielfach. So ist das sexuelle Trauma häufig mit psychischen Störungen verbunden, einschließlich posttraumatischer Belastungsstörung (PTBS), Substanzmissbrauch (Tabletten, Alkohol, Drogen) und Abhängigkeit, Depression, Angst und Selbstverletzungen (Ritzen) bis hin zu suizidalem Verhalten. Viele Überlebende von sexuellem Missbrauch können auch ein negatives Körperbild, Abscheu vor sich, Abscheu berührt zu werden oder Andere zu berühren, mangelndes Vertrauen in ihre Attraktivität, sexuelle Dysfunktion und anderes mehr mit sich tragen. Meine Geschichte scheint symptomatisch. Auch das ist ein Grund, warum ich meine ersten 30 Jahre aufgeschrieben habe.

Ein Sexualtrauma ist also oft auch mit unterschiedlichen Erkrankungen verbunden, mit verstärkter Nutzung von Gesundheitsdiensten und mit schlechter Lebensqualität. Es gibt gerade für Jungen zahlreiche Barrieren, einen sexuellen Angriff zu melden, um dann die Hilfe zu bekommen, die sie benötigen.

Hart zu sein, furchtlos und die eigene Verwundbarkeit zu leugnen, niemals zu weinen oder Traurigkeit nach außen zu zeigen: Das wird Jungen heute immer noch ganz selbstverständlich anerzogen und führt oft dazu, dass sie glauben, eine dauernde sexuelle Aktivität unter Beweis stellen zu müssen. Viele dieser Männer befürchten, dass man ihnen vorhält, den Missbrauch provoziert zu haben und/oder dafür selbst verantwortlich zu sein. Sie befürchten, dass ihre sexuellen Präferenzen in Frage gestellt werden. Infolgedessen verbannen Männer oft den sexuellen Missbrauch, begraben ihn tief in ihrer Psyche, leugnen, dass es jemals passiert ist, minimieren ihre Auswirkungen, rechtfertigen oder normalisieren, was mit ihnen passiert ist, oder flüchten sich in gefährliche Verhaltensweisen wie Drogen oder Alkoholkonsum, um zu vergessen und zu ertragen.

Es ist wichtig, ein Umfeld zu schaffen, in dem sich Überlebende mit einem Trauma durch sexualisierte Gewalt sicher fühlen, in dem ihnen Mut gemacht wird, Hilfe zu suchen und sicherzustellen, dass diejenigen, die diesen Weg gehen, möglichst schnell Zugang zu geschulten und erfahrenen Unterstützungsdiensten bekommen. Aus oben genannten Gründen sind viele Betroffene sexualisierter Gewalt in der Kindheit nicht oder erst sehr spät bereit, Hilfe anzunehmen. Es ist wichtig, sie zu ermutigen, und es ist wichtig, genügend Menschen zu finden, die sich mit Sachverstand, Empathie und der Fähigkeit, helfen zu können, bereit erklären, dies auch zu tun.

Nicht jeder – meint er oder sie es auch noch so gut – ist geeignet, sich um Menschen zu kümmern, die ein Trauma durch sexualisierte Gewalt in ihrer Kindheit erlebt haben. Vor allem Menschen, die selbst nicht so recht mit dem Leben zurechtkommen – sei es, weil auch sie ein Trauma in sich tragen oder aus anderen Gründen –, sollten ihrer selbst wegen nicht versuchen, „Opferhelfer“ zu werden. Sie werden Betroffene sexualisierter Gewalt mit ihrer eigenen Unstetigkeit oft selbst wieder verletzen – weil auch sie ein nicht verarbeitetes Trauma in sich tragen und daher nicht in der Lage sind, sich auf deren Leid zu beziehen, deren Bedürfnisse wahrzunehmen und ihre Grenzen zu achten. Was Menschen brauchen, die in ihrer Kindheit Opfer von sexualisierter Gewalt wurden, sind – neben gut geschulten Fachkräften – Menschen mit einem hohen Maß an Verlässlichkeit. Es gehört tatsächlich einiges dazu, sich traumatisierten Menschen helfend zu nähern. Es ist kein Anspruch des Geschädigten, es ist eine Voraussetzung für den Helfenden. Er muss eine starke, gradlinige, integre Persönlichkeit haben.

Einleitung

Wenn ich erzähle über das, was war, was mir angetan wurde, dann entblöße ich mich.

Ich entblöße mich, bis meine verkrüppelte Seele sichtbar wird. Ich tue das nicht gerne, denn das Entblößtwerden ist Teil der Auslöser meiner Traumata. Ich tue das, weil ich hoffe, dass man dennoch den Glanz einer letzten Unversehrtheit meiner Würde wahrnehmen kann. Und ich hoffe, dass man mir noch einen Rest an Würde zugesteht, die Teil von mir ist, sooft man sie im Umgang mit mir auch verletzt hat.

Ich war lange nicht fähig, würdevoll zu leben. Wer meint, ich hätte meine Menschenwürde verloren, weil ich die Verantwortung für mich abgab, der irrt, denn ich war noch ein Kind. Ich konnte keine Verantwortung tragen, schon gar nicht für die Taten, die andere an mir begingen.

Doch dann kommt der Moment, da ist es dein Leben, dein Weg, deine Verantwortung. Die Kindheit ist vorbei und das eigene Schicksal beginnt! Jetzt musst du selbst bestehen in diesem Leben. Man erwartet von dir, dass du Werte und Normen der Gemeinschaft sowohl kennst als auch akzeptierst, und man erwartet – zumindest im Groben – gewisse Verhaltensweisen und – daraus ableitend – gesteht man dir Rechte zu, fordert aber auch gewisse Pflichten. Du sollst nun, deiner eigenen Vergangenheit bewusst, die Gegenwart meistern und in die Zukunft planen. Du musst versuchen, in Gruppen zu bestehen, auf Menschen einzugehen und zu verstehen, wie dein eigenes Sein dabei wirkt. Du musst in der Lage sein, eigene Fehler zu korrigieren, das heißt, du sollst lernfähig sein.

Absolut nichts davon traf auf mich zu. Nichts davon konnte ich, als dieser Moment gekommen war und man mir die Verantwortung für mich übergab. Das, was mir in Kindheit und Jugend angetan wurde, war nun die Vergangenheit, aus der ich schöpfen sollte, um mein Leben zu gestalten. Aber man zeigte auf mich, rümpfte die Nase, machte mir Vorwürfe wegen meines Verhaltens. Ich habe bis heute nichts, aus dem ich schöpfen könnte. Weder Kraft und Zuversicht, noch Vertrauen. So stand ich sehr früh schon den Menschen unverträglich gegenüber, gehörte nicht dazu, war anders, schlecht, zumindest schlechter als die meisten. All jene, die an mir Verbrechen begangen hatten, die sich unwürdig, falsch und unmenschlich verhalten hatten, stärkte ich nun durch mein Sein. Das ist nicht einfach zu verstehen, aber all die Täter konnten nun auf mich zeigen: „Seht euch den an! Dem wollt ihr glauben?"

Denn das, was sie an mir getan hatten, war nun sichtbar! Es war erschreckend und abstoßend. Es waren aber die Folgen der vielfältigen Misshandlungen, die man sah. Es war nicht der Mensch, der sichtbar war, sondern die erschreckenden und abstoßenden Misshandlungen. Sie spiegelten sich in der Seele eines jungen Menschen deutlich wider, aber man wollte auch das Spiegelbild nicht erkennen.

Das hatte zur Folge, dass niemand mehr auf die Täter schaute, und wenn, dann mit Hochachtung. Sie standen dann noch besser da, bestärkt durch meinen verzweifelten, fast aussichtslosen Versuch zu überleben – unter euch zu überleben. Die Menschen bewundern nun erst recht jene Menschen, die sich so lange mit solch einem Menschen wie mir abgegeben hatten. Die Opfer von Verbrechen, die an ihnen und ihrer Kindheit begangen wurden, sind genau durch diese Verbrechen oft in eine gesellschaftliche Position beziehungsweise Isolation geraten, die es ihnen erschwert oder gar unmöglich macht zu verdeutlichen, wer die Schuld trägt und wer das Opfer ist. Es ist ein Grund von vielen, warum geschwiegen wurde und immer noch wird.

Die kindliche Lebenssituation muss für jedes Kind auf einfachste Weise begreifbar sein. Sozusagen einordbar in Gut und Schlecht, Falsch und Richtig, Lieb und Böse, Süß und Sauer. Mit steigendem Alter wächst hierbei auch die Fähigkeit zu differenzieren.

So – und nur so – kann das kindliche Gefühl an die es umgebende Realität anknüpfen. Gefühl und Realität stimmen weitgehend überein, das gibt dem Kind Halt. Es ist dadurch nicht haltlos! Sind kindliches Gefühl und die es umgebende Realität nicht mehr ansatzweise in Einklang zu bringen, dann wird das Kind haltlos. Nichts scheint dem Kind mehr einordbar zu sein, jeder Gedanke, jedes Gefühl endet mit: „Ich weiß es nicht". Dieses Gefühl, das Leben nicht verstehen zu können, führt zu Angst und Panikattacken. Das Kind muss zwingend eine Lösung für sich finden. Der Umwelt kann es aus verschiedenen Gründen, viele davon sind verständlich, nicht mehr trauen.

Die Lösung für das Kind lautet: „ICH BIN SCHULD". Damit ist eine Einordnung möglich. Damit ist die Welt wieder zu verstehen!

„Ich bin schuld" wird mich begleiten. Anfangs ganz bewusst gedacht und sich selbst immer wieder vorgesagt, brennt es sich über die Jahre ein, wird verstärkt durch die Reaktionen der Umwelt, landet als lenkender Grundsatz im Unterbewussten und prägt mich seitdem. „Ich bin schuld" ist ein mir so vertrauter Gedanke, dass er sich oft auch heute noch sehr schnell als einfache, entlastende Lösung in Stresssituationen aufdrängt.

Wenn ich aber erkannt habe, dass ich schuldig bin, geht damit eine Scham einher. Auch sie wird bleiben und prägen, und da ich mich für mich und mein Sein schäme, werde ich kein Selbstwertgefühl entwickeln konnen. Im Gegenteil, es wird bis zur Unkenntlichkeit deformiert. Ich schämte mich nicht nur der Schuld, die ich mir gab, sondern ich schämte mich der Taten, die an mir begangen wurden.

Wie also nun noch überleben, da man sich selbst zum Feinde hat? Wie sich selbst glauben, weiß man doch nicht, was falsch und richtig ist? Wie irgend jemandem erzählen von dem, was war, glaubt man sich doch schuldig? Diese Schuld kann man spüren, denn man schämt sich ja! Und die Scham wiederum löst das Schuldgefühl aus. Wenn man aber so fühlt, kann man schlecht lieben und schlecht geliebt werden. Es folgt ein Leben ohne Liebe. Höchststrafe!

Ich beginne also mit meiner Geburt, an die ich mich freilich nicht erinnere, die ich eben nur beschreibe, wie es hätte sein können, und es fließen dabei natürlich Gedanken, Erfahrungen, Beobachtungen, Nacherzähltes und Erlebtes von und mit Personen jener Zeit in diese Schilderung ein.

Erste Schritte

Das Licht der Welt

Die hochschwangere Frau ging zügig durch die Straßen der niedersächsischen Großstadt. Ihr Weg führte sie direkt zum Frauenklinikum der Barmherzigen Schwestern. Sie hatte beschlossen, dass es nun so weit sei und sich jetzt endlich andere um sie zu kümmern hätten. Schon die letzten Monate, so befand sie, wäre viel mehr Fürsorge und Mitgefühl für ihre Person von Nöten gewesen, sie war schließlich schwanger.

Der Mann an ihrer Seite war schon einige Zeit nicht mehr an dieser ihrer Seite, was ein Makel in der zweiten Nachkriegszeit bedeutete. Sie aber hatte allen Menschen, die mit ihr zu tun hatten, mitgeteilt, wie sehr sie unter diesem harten und ach so ungerechten Schicksalsschlag litt und dass man ihr auch dafür Mitleid und Fürsorge entgegenzubringen hätte. Sie kümmerte sich nur um sich, wie sie es immer getan hatte und ihr ganzes Leben lang tun würde. Nun aber musste sie zu ihrem Unmut allein ins Klinikum laufen, um sich endlich von dieser Last zu befreien. Sie hasste Männer, hoffentlich würde es kein Junge.

So kam ich fast zwei Tage später ans Licht der Welt, als der Frühling mit seinen frostigen Temperaturen nicht wirklich ein Frühling war und die Sonne nur selten für Wärme sorgte. Zur Zeit meiner Ankunft sowieso nicht, denn es war 23:00 Uhr in der Nacht. Das kühle, trübe Licht der leise brummenden Leuchtstofflampen im mäßig beheizten Kreißsaal, das ich als erstes von dieser Welt wahrnahm, kam mir wenig einladend vor. Aber auch die Begrüßung der gerade Niedergekommenen war eher kühl.

Wenigstens die Konjunktion zwischen Mond und Jupiter stand zur Zeit meiner Geburt äußerst günstig und versprach eine Neigung zum Vergnügen und zur Geselligkeit. Fortan war ich vom Sternzeichen Fisch, mein Aszendent Skorpion, und wäre ich eine Stunde früher zur Welt gekommen, wäre mein Aszendent Waage gewesen. Auch nicht schlecht, denn dann hätte ich die Fähigkeit, das Schöne in der Welt, in Mensch und Natur zu sehen, mitgebracht. Selbst wenn ich gewusst hätte, dass beides für mein Leben in keiner Weise eintreten sollte, ich hätte es nicht ändern können. Ob die Astrologie nun Unsinn ist, wusste ich nicht. Auf diese Welt zu kommen war es sicherlich, aber auch das wusste ich damals natürlich noch nicht. Man hatte mich zum ersten Mal geschlagen und ich meine, es war das letzte Mal, dass es sinnvoll war – wenn es tatsächlich sinnvoll gewesen sein soll, dieses Leben zu leben –, denn nun atmete ich durch die Lungen.

Eingewickelt in ein – ich muss gestehen, schon wieder war ich nicht ganz zufrieden – mäßig warmes Tuch wurde ich der Entbundenen in die Hände gegeben, in den Arm nahm sie mich nicht. Es war die zehnte Kalenderwoche des Jahres, es war kalt an jenem Samstag. Der Name kommt übrigens von „Sabbat", der Tag, an dem man im Judentum die Arbeit ruhen lässt, was die Niedergekommene, die an nichts glaubte, außer dass gerade ihr das Leben besonders übel mitspielte, von nun an und vor allem in Bezug auf den neugeborenen Jungen auch tat. Die Sterne standen gut, doch glauben darf man ihnen nicht. Vom Schwesternzimmer her schallte aus einem Transistorradio das Lied „Der lachende Vagabund" und man gab mir den Namen „Max". Was sollte da also noch schiefgehen?

Die Schwester nahm mich meiner Erzeugerin wieder aus den Händen, worüber diese auch ganz froh war. Ich wurde nun nach den damals gängigen Prozeduren gewogen und untersucht. Alles schien in Ordnung, was ich allerdings anders sah. Schließlich wurde ich in ein Gitterbettchen gelegt und von nun an kümmerten sich abwechselnd irgendwelche Schwestern um mich. Eine Trennung des Neugeborenen von seiner Mutter kam in diesen Jahren häufig vor. Aus Angst vor Infektionen wurde auch die Besuchszeit in den Kliniken meist auf ein Minimum beschränkt, oft war es nicht mehr als eine Stunde pro Woche. Die Frau, die mich zur Welt brachte, nahm diese Stunde dreimal in Anspruch, danach stand ich allein im Leben.

Säuglingsheim

Es folgten eineinhalb Jahre Säuglingsheim. Das macht etwas mit einem, man wird sich nicht erinnern und ich tue das auch nicht, aber ich spüre die Folgen.

Egal, wann man sich im weiteren Leben fragt, „Warum bin ich so wie ich bin, warum fällt mir dieses oder jenes so schwer?“ – eine Antwort wird man nur finden, wenn man sich bemüht zu verstehen, wie diese erste Zeit – bei mir die ersten eineinhalb Jahre – einen Menschen prägt.

Ich sage es hier vorab schon einmal: Es entschuldigt nicht die Missbraucher, die mich wenig später durch Kindheit und Jugend begleiteten. Sie werden es sein, die später achselzuckend meinen: „Der war doch schon kaputt, als er zu uns kam.“ Damit schlossen sie von vornherein aus, dass es durch kindgerechte Zuneigung zu einer Verbesserung der vorhandenen Seelenschäden und sogar zu einer weitestgehenden Gesundung hätte kommen können. Die Aussage ist auch deswegen so schlimm, weil man so tut, als könne man einen seelisch verletzten Menschen mit weiteren Verbrechen an ihm nicht weiter und nicht noch nachhaltiger verletzen. Es ist ein Freibrief für eigenes verbrecherisches Handeln, denn die Schuld wird Anderen gegeben – um dann, befreit von Skrupeln – Verbrechen zu begehen.

Ich gehörte nicht zu den echten Waisenkindern, da es ja irgendwo Eltern gab. Ich gehörte vielmehr zu den Sozialwaisen. Das sind die Kinder, die von ihren leiblichen Eltern nicht gepflegt, versorgt und erzogen werden konnten oder durften. Meist waren diese Kinder unehelich. Das war in meinem Fall wohl nicht so, aber der Vater war bei meiner Geburt schon an der Seite einer anderen Frau und nicht an der meiner Mutter, was zur Folge hatte, dass ich einen Halbbruder habe, der etwa zwei Monate älter ist als ich.

Sich mit der damaligen Situation in Säuglingsheimen zu beschäftigen, ist nicht ganz so einfach. Ich habe – wie gesagt – keine Erinnerung und es ist kaum möglich, auf diesem Feld zu recherchieren. Die Zeit in den Säuglingsheimen wird fast vollständig totgeschwiegen. Es gab schon zu Beginn der 1950er Jahre Kritik an dieser Form von Heimen, bis hin zur Forderung ihrer Abschaffung. Meist waren wirtschaftliche Interessen der privaten oder kirchlichen Träger wohl ausschlaggebend, dass es diese Heime dann doch noch so lange gab. Man ignorierte einfach den im großen Umfang auftretenden Hospitalismus und das sogenannte Deprivationssyndrom. Man wusste von diesen tief- und weitreichenden Schädigungen für die Persönlichkeitsentwicklung, aber man schwieg.

Es wundert daher nicht, dass selbstkritische ehemalige Pflegekräfte selten sind und seitens der ehemaligen Träger oftmals keine Informationen vorliegen, weil diese häufig aktiv vernichtet wurden, so zum Beispiel das Verschwindenlassen von Unterlagen wie Akten und Fotografien. Ein weiterer Grund, der dazu beigetragen hat, dass die Geschichte der Säuglingsheime in Vergessenheit geraten konnte, ist der, dass diese Heime damals schon meist isoliert waren. Das heißt, sie lagen häufig abgelegen, geschützt von Mauern, Zäunen und Pforten, so dass eine breitere Öffentlichkeit keine Kenntnis von den Heimen, den dort herrschenden Zuständen und den sich daraus erwachsenden Problemen für die kleinen Insassen hatte. Mich als Säugling wegzugeben war ein erster Verrat. Hier nun wurde ich vorsätzlich weiter geschädigt, was einem zweitem Verrat gleichkommt.

Ich habe also mit einigen Anstrengungen versucht zu erkunden, was dieser eineinhalbjährige Aufenthalt in einem Säuglingsheim für mich bedeutete und wie sich der Tagesablauf wohl gestaltet haben könnte. In der Tat bin ich dabei auf eine sehr erschreckende, in Fachkreisen aber wohl allgemein bekannte Umgangsformel gestoßen, die man damals im Umgang mit den Jüngsten unserer Gesellschaft pflegte. Sie lautet:

Satt und sauber – die ersten eineinhalb Lebensjahre

Ich wusste noch nicht, was Menschenwürde ist und – ganz nebenbei – auch nicht, dass man sie mir noch so oft in meinem Leben nehmen würde. Dort nahm man sie mir – allein schon durch Einhaltung dieses Prinzips an mir – ein erstes Mal. Das Prinzip „Satt und Sauber“ bedeutet, dass dem Säugling genau zwei Dienstleistungen zugestanden werden. Sie wurden in meist regelmäßigen Abständen gefüttert und gewickelt. Das war es! Mehr nicht! Keine Ansprache, keine Wärme, keine Liebe – und hier ist ein starkes Gefühl der Zuneigung ohne jeglichen sexuellen Aspekt gemeint, ich weiß, warum ich das hier anfüge. Auch kein Spielen, Toben oder sonst etwas. Ja, man durfte nicht Kleinkind sein.

Dabei gab es eine rigide Maßnahme. Nach dem Füttern oder Wickeln wurde das Kleinkind in seinem Gitterbettchen festgebunden. Das ging eineinhalb Jahre so! Mit Sicherheit stammen aus dieser Zeit mein unglaublicher

Freiheitsdrang und einige meiner panischen Ängste. Bislang aber war das Leben – also ich – jung und es konnte noch alles einen Verlauf nehmen, der den Erfahrungen dieser ersten Zeit positiv entgegenwirken würde.

Es kam aber anders!

Erst kam die gewöhnliche Gewalt und anschließend die lebenszerstörende sexualisierte Gewalt. Ersteres – also die „gewöhnliche" Gewalt – war schon in Kindertagen als etwas Falsches zu erkennen, zumindest aber als Unrecht zu spüren. Die sexualisierte Gewalt aber war für mich als Kind gar nicht als solche zu erkennen, so abstoßend ich sie auch fand. Den ersten fünf Jahren meines Lebens, die von Vernachlässigung und Gewalt bestimmt waren, hätte man zu diesem Zeitpunkt noch etwas Positives entgegensetzen können. Hätte man mir nur das Gefühl von Sicherheit und Geborgenheit gegeben, wäre das Leben nicht derart entgleist. Es waren noch dreizehn Jahre Zeit bis zu meiner Volljährigkeit, genügend Zeit, um auf eine geschädigte Kinderseele heilend zu wirken und so ein Leben zu retten. Man entschied sich jedoch anders! Doch nun war ich erst eineinhalb Jahre alt und zog direkt vom Säuglingsheim in ein Kinderheim und Waisenhaus.

Kinderheim und Waisenhaus

Im Alter von etwa eineinhalb Jahren also kam ich dann in ein Kinderheim. Ich kann mich auch hier an die erste Zeit nicht erinnern, erst ab dem Alter von vier Jahren habe ich Erinnerungen. Ich werde etwas davon schildern und es liegt für mich nahe, dass dieser unsachgemäße Umgang an und mit mir auch in der Zeit davor stattfand, in den etwas über zwei Jahren also, bevor ich vier Jahre alt war. Eigentlich darf ich nicht von unsachgemäßem Umgang sprechen, denn ich war und bin ja keine Sache, auch wenn man mich oft als eine solche behandelte und ich schon bald nicht mehr Mensch unter euch Menschen sein wollte. Ich darf also nicht von unsachgemäßem Umgang sprechen, sondern ich müsste eine Formulierung finden, die richtiger ist.

Wenn es aber um den brutalen und verwerflichen Umgang mit mir als Kind geht und ich keine Sache bin, bleibt mir nur die Formulierung „unmenschlicher Umgang". Und genau das war es! Es war ein unmenschlicher

Umgang. Wie bei allen weiteren Verbrechen, die an mir in der Folgezeit noch begangen werden sollten, gibt es viele Menschen, die – meist mit einer abwertenden Handbewegung – argumentieren: „Das war eben damals die Zeit". Das mag sein, es interessiert mich aber einen feuchten Dreck und spielt für mich gar keine Rolle, denn ich erzähle von meiner Geschichte, meinen Erfahrungen und von dem unmenschlichen Umgang mit oder an mir. Welche Zeit auch immer – das ist mir dabei nicht wichtig und ich meine auch zu wissen, dass es nur relativieren soll. Aber ich lasse mir mein Leid und meine Erfahrungen nicht von anderen relativieren. Und ganz ehrlich: Ich meine zu welcher Zeit auch immer – es gibt zu jeder Zeit eine Verpflichtung, sich Kindern gegenüber moralisch anständig zu verhalten. Diese Verpflichtung hat jeder Einzelne.

Das Kinderheim lag 60 Kilometer nördlich meiner Geburtsstätte und 50 Kilometer nördlich des Säuglingsheims, in dem ich die ersten eineinhalb Jahre am Leben gehalten wurde. Im Nachhinein muss ich sagen, das Kinderheim und Waisenhaus lagen in einer schönen Gegend, aber da weiß ich natürlich nicht, inwieweit ich mir glauben darf. Denn dort, wo man als Kind eine Zeit lang aufwuchs, vermischt sich bei der Beurteilung des Ortes später oft eine Art Glorifizierung von Kindheit mit der Realität. Ich erlebte das später oft bei Schulkameraden und ihrer Rückschau auf ihre Zeit am Landerziehungsheim, als sie schon wussten, dass es kein friedlicher Ort war, an dem sie damals lebten.

Ich jedenfalls kann nicht umhin, manchmal mit einer Art Heimweh an diese Landschaft zurückzudenken. An meine Lebensumstände, an die Menschen hingegen denke ich mit weniger Heimweh. Ich habe keinerlei Emotionen dabei und doch gelingt es mir jetzt, im letzten Drittel meines Lebens, so etwas wie Wut darüber zu empfinden. Was ich in diesen Jahren wohl am meisten und nachhaltigsten lernte, ist folgender Grundsatz: Mache keine Fehler, niemals! Nun denkt freilich jeder, dass dies ein guter Grundsatz ist, und wer ihn befolgt oder gar in der Lage ist ihn umzusetzen, kann sich glücklich schätzen. Allein, der Grundsatz „Mache keine Fehler, niemals" ist nicht umzusetzen. Für keinen Erwachsenen und schon gar nicht für ein Kind, denn Kinder müssen erst einmal lernen, was Fehler sind. Ja, ich weiß, man kann auf verschiedene Arten lernen. Die Art, wie ich hier zu lernen hatte, war unmenschlich. Ich kann versichern, in einer solchen Art einen Menschen zu behandeln, ist mir nicht möglich, sei er mir auch noch so feind. Lernen musste ich durch Demütigungen und Schläge. Ein sehr einfaches Prinzip, wenn man denn in der Lage ist, mit Menschen, besonders Kindern, so umzugehen.

Neben den Erzieherinnen, die, aus welchem Grund auch immer, sadistische Grundzüge aufwiesen – man verwies später immer darauf, dass sie selbst traumatisiert aus den Weltkriegen hervorgegangen waren – gab es noch einen Onkel. Das war keine Person – oder doch schon, aber auch wieder nicht. Es war der gelbe Onkel. Er war allgegenwärtig und half bei der Erziehung – also mir – auf den rechten Weg. Wer diese Geschichte zu Ende liest wird sehen, dass dies nicht gelang, vielleicht weil man immer noch zu gütig war. Tägliche Drohungen wie „Pass auf oder ich hol' den gelben Onkel" oder „Gleich kommt der gelbe Onkel" gaben mir als Kind das Gefühl, dieser Bambusstock wäre der, vor dem man sich fürchten muss, wäre jemand, der einem Schmerzen zufügt, wenn man Fehler machte.

Als würde der Bambusstock entscheiden, auf welchen nackten Kinderrücken, Hintern oder gerne auch Fingern, Unter- und Oberschenkeln er manchmal blutige Striemen hinterlassen sollte. Im Gesicht landete der gelbe Onkel – soweit ich mich erinnere – nie. Stattdessen gab es ordentliche Backpfeifen; ich litt schon zu dieser Zeit unter laufenden Ohren, was verschiedene Gründe gehabt haben kann. Im Erwachsenenalter jedenfalls stellte ein Ohrenarzt fest, dass mein rechtes Trommelfell stark vernarbt ist und zumindest einmal geplatzt war. Aktenkundig ist, dass ich lange Zeit mit laufenden Ohren zu kämpfen hatte, und ich entsinne mich, dass mir Schläge aufs Ohr immer besonders schlimm vorkamen. Ja, die Ohren! Beliebtes Ziel vieler Strafmaßnahmen. Ob es mit Hören und Gehorchen zu tun hat, dass man auf sie schlägt, an ihnen zieht, sie einreißt und gar abschneidet? Gut, mir blieben meine Ohren, wenn auch beschädigt, aber es hat mir nicht gutgetan. Ja, die Schläge haben mir geschadet!

Beliebt war auch ein enger Verschlag unter der Treppe. Diese Kammer war so klein, dass man sich schon als Kind hineinquetschen musste. Aber das machte natürlich kein Kind freiwillig. Wenn man etwas Falsches gemacht oder gesagt hatte, kam es oft vor, dass man dort hineingedrückt und die Besenkammertür von außen abgeschlossen wurde. Nicht fünf oder zehn Minuten, keine viertel oder halbe Stunde – nein, man war dort im Dunklen stundenlang eingesperrt. Lautes Weinen verlängerte die Arrestzeit.

Ob man sich an Schläge gewöhnt? Ich weiß es nicht. Einerseits schon, andererseits bleibt immer eine Angst. Jedes Mal, kurz bevor man weiß, gleich tut's weh oder gleich wird etwas Schlimmes mit dir gemacht. Schlimmer waren die Demütigungen. Sich daran zu gewöhnen ist ungleich schwieriger. Das meine ich im Rückblick feststellen zu können. Vielleicht liegt diese Einschätzung aber auch daran, dass ich die Schläge nicht mehr spüre, die Demütigungen jedoch immer noch, so wie Täterkörper an mir immer noch allgegenwärtig sind.

Ich war ein kleiner hellblonder, hilfloser Junge. Ich denke zurück und mein erster Gedanke ist, ich will dir helfen! Aber ich bin es selbst, an den ich da zurück denke, und ich kann nicht zurück in die Vergangenheit, um mich zu schützen. Wenn ich nun weiter denke, sehe ich die Erwachsenen von damals und möchte sie fragen: Warum habt ihr das getan? Warum seid ihr so mit Kindern umgegangen? Warum seid ihr so mit mir umgegangen? Was hat euch daran gehindert, menschlich zu sein? Der Krieg, den ihr gerade überstanden hattet? Egal was es ist, es macht das, was ihr getan habt, nicht richtiger. Und an alle anderen die Fragen: Wo wart ihr, als ich leben wollte? Was hat euch gehindert hinzuschauen? Der Summer of Love, die sexuelle Befreiung, es macht euer Wegschauen nicht richtiger.

Ich war nun um die vier Jahre alt und hatte Angst. Es gab keinen wirklichen Grund, nichts was mich hätte ängstigen sollen. Alles war normal. So wie immer. Ich wusste nicht, dass ich Kind war, später würde ich wissen, dass ich nie eine Kindheit hatte. Es tat mir nicht gut, dass man mich schlug, es tat mir nicht gut, dass ich all die vielen Strafen nicht verstand, die man mir zukommen ließ. Ich wusste nichts vom Leben, ich wusste nicht, wie berechtigt es war, Angst zu haben. Auch wusste ich nicht, dass: „Mache keine Fehler, niemals" gar nicht zu erfüllen war. Jeder Fehler führte zu einer Strafe, zu Schlägen oder Demütigungen.

Und Schläge und Demütigungen gab es viele – ich machte also viele Fehler. Das führte zu einer großen Verunsicherung. Diese Verunsicherung und die Erkenntnis, wenn man nichts macht, kann man auch nichts falsch machen, führten dazu, dass ich möglichst nichts machte. Schon gar nicht irgendetwas eigenständig. Ich machte so lange nichts, bis ich glaubte, eine ganz genaue Anweisung zu haben, oder bis ein Tun von den Erwachsenen zwingend gefordert wurde, auch wenn ich mir unsicher war. Das habe ich meine ganze Kindheit und lange darüber hinaus beibehalten.

Die Unsicherheit blieb und macht das Leben bis heute schwierig. Als Kind war es eine Reaktion auf meine fatale Umwelt: nichts tun, nichts Eigenständiges, nichts sagen und nur auf geschlossene Fragen antworten. Eine andere Eigenart gewöhnte ich mir auch an. Ich sagte nicht „ich", wenn ich von mir sprach. Ich sprach von „man". Darf man spielen gehen? Darf man jetzt etwas trinken? Man geht jetzt spielen. Dass ein Kind kognitiv eventuell noch mit zwei oder gar drei Jahren nicht in der Lage ist, die Ich-Form zu sprechen, ist noch nicht per se etwas Schlimmes. Aber das unbestimmte Fürwort man, also etwas, jemand, irgendwer zu benutzen, scheint dann doch schon eine Auffälligkeit. Mein Leben war so, wie es war, ich konnte noch nicht beurteilen, ob das gut oder schlecht war, es war einfach so. Aber oft weinte ich und das war in meinen Augen schlecht. War ich schlecht?

Es gab keinen Tag ohne Strafen. Es herrschte eine angsterfüllte Atmosphäre. Diese Strafen waren nicht zu verstehen und schon deswegen unsinnig. Sie führten auch nicht zur Veränderung, sondern zur Verunsicherung. Es war mir nicht möglich, aus den Strafen zu lernen – ich brauchte all meine Kraft, um sie zu überstehen.

Ich stand nackt unter der Dusche, das kalte – oder zumindest nicht warme – Wasser lief mir über den Kopf und über meinen zitternden Körper. Im Duschraum war es dunkel, es war Nacht und alle Kinder lagen in ihren Betten. Nur ich nicht! Ich war böse gewesen. Nun musste ich hier unten unter der kalten Dusche stehen. „Du darfst dich nicht bewegen", hatte man mir gesagt, „sonst kommt der böse Mann." Was entweder bedeutete, es kam ein wirklich böser Mann oder es kam der gelbe Onkel. Erst traute ich mich nicht zu atmen, doch dann musste ich einmal ganz tief Luft holen. Ich wusste, dass es falsch war. Mein kleiner Brustkorb hob und senkte sich, ich hatte mich bewegt und tatsächlich begann es, am Duschraumfenster zu klopfen und zu kratzen.

Dass es früher oder später sowieso geklopft und gekratzt hätte, wusste ich natürlich nicht. Ich brachte es damit in Verbindung, dass ich mich tatsächlich bewegt hatte, während die Erzieherin am Fenster davon ausging, dass ich mich in irgendeine Art auf jeden Fall bewegen würde. Dabei wollte ich mich nicht bewegen, nur Luftholen. Jetzt würde der böse Mann kommen. Ich hatte mich bewegt und wieder etwas falsch gemacht. Ich weinte ganz leise. Das war natürlich auch falsch, aber es konnte keiner sehen, es war dunkel und das kalte Wasser lief mir über Kopf und Körper. Das Licht ging an und das Fräulein kam herein, zog mich unter der Dusche weg und gab mir wortlos ein Handtuch zum Abtrocknen. Ich war mir nicht sicher, was ich damit tun sollte. Mich trocken reiben? Was sollte denn das für eine Strafe sein? Das Fräulein gab mir eine Ohrfeige, sodass ich kurz nur noch mit einem Ohr hören konnte. „Trockne dich ab, du dämlicher Hund." Nun lag ich in meinem Bett. Mein Ohr war warm und schmerzte, die kalte Luft im Zimmer ließ mich meine nassen Haare spüren und ich fror am ganzen Körper.

Der Morgen war schön, es roch frisch und würzig, wie es für diesen einzigartigen Landstrich zu dieser Zeit üblich war. Wacholder und Heidekraut blieben mir ein Leben lang in der Nase. Für einen Moment fühlte ich mich sehr wohl. Es war aber wirklich nur ein kurzer Moment, denn dann stellte ich fest, dass ich ins Bett gemacht hatte. Das Fräulein kam herein. „Los, alle in den Waschraum, dalli!" Kleine nackte Kinderfüße über kalten Boden, die grobe Holztreppe hinunter, in den Waschraum, mit dem Waschlappen und mäßig warmem Wasser den Körper abwaschen und die Zähne putzen. Ich schaute nach links und rechts. Bloß nichts falsch machen. Heute mal keine Strafe, das wäre schön. Ich, der Dumme, hatte dabei jedoch vergessen, dass ich ins Bett gemacht hatte.

Nach dem Anziehen und dem Bettmachen ging es hinunter zum Frühstück. Hier saßen alle Menschen, die ich auf dieser Welt kannte. Alle! Klar gab es auch noch andere Menschen, aber mit denen hatte ich nichts zu tun. Ich sah sie, aber kannte sie nicht. Hier am Frühstückstisch saßen die Menschen meiner Welt! Ich musste an diesem Tisch, es war ein grober Holztisch, ganz vorne neben Tante Sigrid sitzen. Ich war ihr Liebling. Es gab Tee aus dicken Porzellantassen, dunkles Brot und rote Marmelade. Nur Tante Sigrid trank Kaffee mit Kondensmilch. Tante Sigrid war der oberste Mensch, den ich kannte. Bevor das Frühstück begann, erhob sich das Fräulein mit ausdruckslosem Gesicht. „Der Max hat wieder ins Bett gemacht", sagte sie laut, kam um den Tisch herum und zog mich kräftig am rechten Ohr zu sich nach oben.

„Du dachtest wohl, ich sehe das nicht, wenn du einfach in dein Bett machst, du Schwein“, zischte sie. „Wir werden dir das schon noch austreiben.“

Nein, wegen Schmerzen weinte ich nur selten, und wenn ich es doch tat, dann deshalb, weil die ganze Welt nun einmal mehr wusste, dass ich ins Bett gemacht hatte. Das Fräulein ließ mein Ohr wieder los und schubste mich zurück an meinen Platz. Ich griff nach der Tischkante, stieß dabei aber, dumm und ungeschickt, wie ich war, das Kännchen mit der Kondensmilch um. „Das machst du sofort sauber!“, hörte ich Tante Sigrid schreien. Ich wusste nicht so recht, wie ich das anstellen sollte, selbst wenn ich es gewusst hätte, es wäre sicher falsch gewesen. Ich machte ja eh alles falsch. Ich war gerade im Begriff, meinen Hemdsärmel zum Aufwischen verwenden zu wollen, als Tante Sigrids Boxhieb in meinem Rücken mir die Luft nahm. „Mit der Zunge, du Dummkopf!“, brüllte sie. Die Augen der ganzen Welt waren auf mich gerichtet, als ich die Kondensmilch vom Holztisch leckte, und ich musste mich beeilen, denn an manchen Stellen drohte sie vom Tisch zu tropfen und dann hätte ich sie vom Boden auflecken müssen. An einer Stelle hielt ich den Fluss ganz kurz mit der Hand auf, Tante Sigrid tat, als sähe sie es nicht. Ich war ihr sehr dankbar. Ich war eben doch Tante Sigrids Liebling.

Manche Tage waren ganz schön. Schön waren sie für mich immer dann, wenn ich von den Erwachsenen keine Schläge bekam. Dann war es mir möglich, beim Spielen, beim Klettern, beim Rennen oder beim stumm Dasitzen zu vergessen, dass ich immer alles falsch machte. Wenn ich allein war, konnte ich nichts falsch machen. Manchmal schon, aber wenn ich es merkte, dann schimpfte ich nicht mit mir und schlug mich auch nicht. Ich ließ es dann einfach bleiben. Einen weiteren Versuch hätte ich nie unternommen. Warum auch, ich machte immer alles falsch.

Ich war auf einen Baum geklettert, der auf dem sandigen Platz vor dem Waisenhaus stand. Auf dem Ast neben mir saß mein bester und einziger Freund. Sven war in meinem Alter und wir hatten uns erst vor wenigen Tagen ewige Freundschaft geschworen. Nichts sollte uns jemals wieder auseinander bringen. Wir würden den Anderen in keinem Fall verraten, was immer auch wäre. Es tat gut, einen Freund zu haben. Ich fand, dass die Prügel und die Strafen, die ich täglich über mich ergehen lassen musste, viel besser zu ertragen waren. Das war schön. Andererseits hatte ich nun nicht nur das Gefühl der Hilflosigkeit, wenn ich geprügelt oder gedemütigt wurde, sondern ganz ähnlich empfand ich plötzlich auch, wenn Sven von den Erzieherinnen Prügel bekam.

Wir saßen in dem Baum und wippten leicht auf dem starken Ast, als ein Auto vor dem Haus hielt. Zwei Erwachsene stiegen aus, eine Frau und ein Mann. Beide waren fremd hier, das sah man gleich. Er trug einen schwarzen Anzug und dazu passende, glänzende Schuhe, sie ein helles Kostüm und sehr hohe rote Schuhe. So schritten sie – bei ihr glich es mehr einem Stelzen – durch den feinen Sand des Vorplatzes auf das Haus zu. Das Paar wurde ungewöhnlich freundlich von Tante Sigrid begrüßt, die lächelnd in der Haustür erschienen war. Sven und ich sahen die Erwachsenen ins Haus gehen. Das war gut. Wenn Erwachsene weg waren, war das immer gut. Sie waren Feinde. Das ist eine wichtige und nützliche Erkenntnis, die mir bei Erwachsenen später in der Schule fehlte, weil sie es mit Absicht verbargen. Leider dauerte es nicht lange und Sven wurde ins Haus gerufen. „Lieber Sven", rief Tante Sigrid mit säuselndem Ton, „komm doch bitte ins Haus."

Jetzt hätte man wegrennen müssen. Wir wussten immer ganz genau, wann man hätte wegrennen müssen, taten und konnten es aber aus vielen verständlichen Gründen nicht. Sven ging ins Haus und kam wenig später mit den zwei fremden Erwachsenen wieder heraus. Sie stiegen in das Auto und fuhren fort. Ich sah Sven nie wieder, aber er blieb für lange Zeit mein einziger Freund. Dass er allerdings nicht mehr da war, machte mir erstmals mein Alleinsein bewusst. Es waren oft Kinder plötzlich nicht mehr da, sie waren dann adoptiert worden.

An einem anderen Abend wurde ich einmal in Tante Sigrids Zimmer gerufen. Ein Mädchen in meinem Alter war bereits da. Kaum war die Tür geschlossen, sagte Tante Sigrid zu dem Mädchen in gewohnt barschem Ton: „Zieh dich aus!" Das Mädchen fing sofort an, dieser Aufforderung nachzukommen, blickte aber scheu und fragend um sich, so jedenfalls habe ich es in Erinnerung. Die Worte, es so zu beschreiben, fand ich natürlich erst sehr viel später. Sie schaute um sich, als gäbe es die Hoffnung, irgendwo erkennen zu können, was hier gerade geschah und warum. Mir war nicht wohl. Ich hatte Prügel erwartet, aber was das nun sollte, wusste ich nicht. Aber ich war ja dumm, machte immer alles falsch und so war es wohl ganz normal, dass ich nicht verstand.

Das Mädchen stand nun – nur noch mit Unterhose bekleidet – im Zimmer, bleich und dürr wie alle Kinder, als der erste Schlag mit dem Lederriemen ihren Rücken traf. Sie zog mit offenem Mund die Luft ein, als hätte sie schon ewig nicht mehr geatmet, und stieß dann einen erstaunten Schrei aus. Sie brauchte erst einen Moment, um zu begreifen, dass es Zeit zum Weinen war. Schon nach dem dritten Schlag stand sie nicht mehr, sondern kauerte kniend, den Kopf zwischen ihren Armen vergraben auf dem schäbigen Teppichboden und weinte bitterlich. Tante Sigrid hörte auf zu schlagen, befahl dem Mädchen nicht so laut zu schreien und sagte mit belehrendem Ton zu mir gewendet. „Siehst du, nun weint das Mädchen, weil du böse warst."

Ich hatte es ganz vergessen: Ich war wieder einmal böse gewesen! Ich hatte draußen gespielt und es hatte mich etwas gestochen, eine Wespe oder Biene, oder so etwas. Ich weinte natürlich und man befahl mir, damit aufzuhören. Als ich dies nicht tat, hieß es, dass ich dafür bestraft werden würde. Das war nun die Strafe! Das weinende Mädchen auf dem Boden. Wenn ich ins Bett gemacht hatte, gab es ähnlich ausgefallene Strafen. Geändert hat sich an dem Problem des Bettnässens noch viele Jahre nichts.

Manchmal bekam Tante Sigrid Besuch von irgendwelchen wichtigen Männern: der Pfarrer, der Bürgermeister, ein Lehrer der Dorfschule oder sonst wer. Ich saß am Esstisch in Tante Sigrids Privaträumen. Auf dem Tisch standen Kuchen und Saft. Tante Sigrid war unerträglich freundlich. Solche Veränderungen an ihrer Art sowie der Kuchen und Saft auf dem Tisch waren ein klares Zeichen, dass etwas Schreckliches passieren würde. Ich war fein angezogen worden. Ich hatte blitzblanke Schuhe an, die ich noch gestern stundenlang – so schien es mir – und hin und wieder unter Schlägen hatte putzen müssen. Dazu ein weißes kurzärmliges Hemd und eine kurze speckige Lederhose mit Stickerei an Latz und Hosenträger. Gerne hätte ich mir in die Hose gemacht. Groß. Dann hätte ich Prügel bekommen und alles wäre wieder normal gewesen. So wie es sein musste.

Aber ich hatte Angst. Angst vor dem Kuchen und vor der freundlichen Tante Sigrid. „Nun wird gleich der Herr kommen, dann stehst du artig auf, und wenn der Herr grüßt und dir die Hand reicht, dann nimmst du sie und machst artig einen Diener", meinte Tante Sigrid. Ich wusste, dass ich das nicht richtig machen konnte, das waren viel zu viele Dinge, die ich beachten sollte.

Aber vielleicht gab mir Tante Sigrid ab und zu einen Tritt, einen Schlag in den Rücken oder eine Ohrfeige, dann wusste ich, dass etwas falsch war und alles war gut. Als der Herr endlich ankam und das Zimmer betrat, ging er auf Tante Sigrid zu und griff mit beiden Händen nach den ihren. Wahrscheinlich hatte auch er Angst, dass Tante Sigrid sonst vielleicht zuschlug. Die beiden begrüßten sich herzlichst und Tante Sigrid tat, was sie eigentlich gar nicht konnte, sie lachte.

Dann drehte sich der Mann nach mir um, musterte mich und sagte, „Das muss der kleine Max sein." Er kam auf mich zu und wuschelte mir durchs Haar. Ich machte einen Diener, was so aussah als würde ich mich unter der Männerhand wegducken, und griff dann meinerseits mit beiden Händen nach der Hand des Mannes. Tante Sigrid lachte etwas verkümmert und zog mich an sich, wobei sie mich kräftig in den Oberarm zwickte. Aber ich wusste schon, dass ich alles falsch gemacht hatte. Sie aßen Kuchen und ich bekam Saft. Ich weiß nicht, was der Mann wollte und warum er dort war, aber nachdem der Herr sich verabschiedet hatte und außer Sichtweite war, drehte sich Tante Sigrid um, schlug mir mit Schwung ins Gesicht. „Du dummer Idiot!" So verging die Zeit im Kinderheim, es war mein Zuhause und es war so schön wie eben möglich. Ein anderes Zuhause konnte ich mir nicht vorstellen, ein anderes Leben auch nicht. Als ich fünfeinhalb Jahre war, änderte sich das aber alles wieder.

Wissen ist Macht. Macht möchte ich nicht, aber Wissen. Vieles möchte ich wissen. Ja, ich möchte vieles wissen. Manches möchte ich nicht wissen. Manches aber muss ich wissen, auch wenn ich es nicht wissen möchte. Wissen ermöglicht begreifen. Ich kann vieles nicht begreifen. Das Wissen um meine eigene Biografie schmerzt, stärkt aber wohl auch und ist wichtig, um mich und meine Traurigkeit zu verstehen.

Aber ich weiß nicht viel. Schon deshalb lebe ich nicht das Leben, das ich wohl gelebt hätte, wenn ich von Geburt an Menschen um mich gehabt hätte, die mit Herz und Verstand, mit Einfühlvermögen und menschlichem Mitgefühl, mit Empfindsamkeit dem Kind gegenüber gehandelt hätten. Wie schön muss es sein, lernen zu können. Ich kann es nicht, man hat es mir nicht beigebracht. Meist habe ich keinen Zugang zu dem, was ich gelernt habe. Denn meine Unsicherheit lässt mich zweifeln, oft verzweifeln. Misstrauen,

Unsicherheit, Angst und große Selbstzweifel gaben sie mir mit auf meinen Weg, der ein schwerer, weil kein schöner war. Ich sage das, weil es schwere Lebenswege gibt, denen der Beschreitende dennoch etwas Schönes abringen kann. Nein, schwer hätte mein Weg sein dürfen, wenn er doch nur auch manchmal schön gewesen wäre.

Es ist also ein verlorenes Leben. Mein Leben. Ich habe mein Leben verloren. Nun lebe ich ein Leben, das ich nicht führen wollte. Ich lebe ein Leben, in dem sich die Angst und das Misstrauen, das fehlende Selbstwertgefühl und der ewige Zweifel an mir selbst wie ein feines, dünn gesponnenes, nicht sichtbares Geflecht über mein gesamtes Leben spannt und es durchdringt. Ja, jede einzelne Situation und jede einzelne Handlung. Das also gaben mir die Menschen meiner ersten Jahre bis hin zu meiner Volljährigkeit mit auf meinen Lebensweg.

Ich kam auf die Welt und wurde sogleich weggegeben. Eltern gab es somit nicht. Im ersten Heim tat man seine Arbeit, man hielt mich am Leben. Im zweiten Heim zeigte man mir schon, was das war, an dem man mich im ersten gehalten hatte. Kindliche Freude, Freude am Leben musste zerschlagen werden – mit allen Mitteln der Gewalt.

Das Landerziehungsheim

Nun kam das dritte Reich meiner Kindheit, das Landerziehungsheim. Nach Säuglingsheim und Waisenhaus jetzt das Landerziehungsheim. Hier zerbrach man mich vollends, wenn das noch möglich war, und wahrscheinlich ist es richtiger zu schreiben, man zerbrach mich nochmals, auf eine andere Art. Man zerbrach mich also erneut, statt mir zu helfen und mich zu heilen. Man zerbrach mich, weil es so einfach war, gänzlich zu zerbrechen, was schon gebrochen war. Hier gab es diese Menschen, die von sich behaupteten, die Besten zu sein, wenn es um die Erziehung des Kindes geht. Sie wussten, wie es zu machen ist, mit dem Kinde, nur so und nicht anders, sie hielten wunderbare Vorträge, beleuchteten alle Facetten ihrer großartigen Erziehungskunst, ließen sich feiern für ihre humanistische Erziehungslehre, ließen kein Zweifel daran, wie gut Kinder unter ihren Händen gedeihen würden. Sie verkauften ihre

Theorien zur Kindeserziehung – oft, ohne selbst Kinder gehabt zu haben, was allerdings nicht zwingend nachteilig sein muss. All das trugen sie vor sich her wie eine Monstranz. Und dahinter zerbrachen sie Kinder. Viele Kinder.

Eines davon war ich. Sie waren Theoretiker einer Wissenschaft und ihr Experiment war das Kind. Viele Experimente scheiterten. Sie scheiterten auch, weil ihre Theorien so mehrdeutig waren. Sie scheiterten, weil sie dadurch Missbraucher an sich zogen.

Ich war noch keine sechs Jahre alt, als ich in das Landerziehungsheim einzog, aus dem es keinen Ausweg mehr geben sollte. Schnell wurde klar, dass ich in meinen wenigen Jahren schon gelitten und dass dies Spuren hinterlassen hatte. Nun hätte mein Erwachsenenumfeld – wenn sie denn wirklich Fachleute gewesen wären, die in erster Linie dem Kindeswohl dienlich sein wollten – sehr schnell sehen müssen, dass sie mir nicht die nötige fachliche Unterstützung und menschliche Zuwendung geben können würden. Sie waren aber die Besten! Wenn nicht sie, wer dann? Und so unterließ man es, mir einen Platz an einem Ort zu suchen, an dem ich mit kindgerechter und fachgerechter Zuwendung unterstützt und seelisch stabilisiert worden wäre.

Etwas noch viel Zynischeres wurde mir – und anderen – später vorgehalten, nachdem bekannt wurde, was an diesem wunderbaren Ort mit vielen Kindern und Jugendlichen gemacht wurde. Man sagte, ich sei schon kaputt an dieses Landerziehungsheim gekommen. Aber was ist das für eine Bankrotterklärung? Galt diese wunderbar erdachte, ganz einmalige und – wenn man seinen Vordenkern glauben will – einzig richtige Pädagogik nur für Kinder und junge Menschen, die schon all das Gute und Menschliche im Miteinander erlebt hatten und davon profitieren konnten?

Man erkannte fast am ersten Tag schon – und das geht eindeutig aus Dokumenten hervor –, dass man mich hier nicht richtig unterstützen konnte und ich in einer Verfassung war, die etwas anderes gebraucht hätte, um mich positiv zu verändern, als diesen Ort. Das Landerziehungsheim lag etwa vierhundertfünfzig Kilometer südlich des Kinder- und Waisenheims, das bisher meine Heimat war.

Über diese Zeit möchte ich nun erzählen und – ich sagte es bereits: Es ist die Kindheit und Jugendzeit, also die Zeit, aus der man dann Zeit seines Lebens schöpft. Ich schöpfe spätestens seit dieser Zeit aus dem Trüben. Hier aber hätte man nun weit über ein Jahrzehnt die Möglichkeit gehabt, auf mich, meine kleine verkümmerte Seele und auf mein geschundenes Ich einzugehen. Ja, mit Menschlichkeit hätte man heilen können. Der Ort wäre dafür prädestiniert gewesen, Heimat zu geben. Der Ort war schon von seiner Lage her ein Idyll. Die Hexenhäuschen im Wald wirkten bei Sonnenschein märchenhaft und selbst im Dunklen schien es heimelig und lauschig.

Aber ehe ich nun von dieser Zeit berichte, muss ich erst einmal etwas vorgreifen, um dann weiter von meinem Weg zu erzählen.

Das Jahr 2010 und die darauf folgenden Jahre

Es war nun schon wieder etwa zehn Jahre her, dass ich in der Zeitung von einem der Verbrecher las, die mich durch Kindheit und Jugend begleitet hatten. Damals dachte ich: Jetzt haben sie ihn. Ich war ganz aufgewühlt, alles war wieder da, die ganze Kindheit und Jugendzeit und was daraus geworden war. Ungefähr drei Stunden dauerte dieser innere Ausnahmezustand, dann sagte ich mir: „Nein, der redet sich raus, dem passiert nichts." Und so war es dann auch. Anfangs schaute ich noch öfter in den Medien, ob und wie sich die Sache entwickelte, ob nun endlich Leute begriffen, was für ein Mensch er war. Manchmal hatte ich sogar den lächerlichen Gedanken, es würde herauskommen, was das für Menschen waren. Denn dieser Verbrecher und ehemalige Leiter des Landerziehungsheims war nicht der Einzige und er ermöglichte Anderen – unter seinem Schutz, so wie es ihm ermöglicht wurde, unter dem Schutz wieder Anderer – das zu tun, was sie taten: Verbrechen. Aber schon bald schaute ich nicht mehr, verdrängte wieder und weiterhin. Ich hatte es als Kind schon gewusst, ich wusste es jetzt und ich wurde bestätigt: Diesen Leuten kann nichts passieren. Sie sind zu gut!

Nun war das Jahr 2010 angebrochen und plötzlich stand das Landerziehungsheim wieder in den Schlagzeilen. Diesmal aber anders. Es ging nicht mehr um diesen einzelnen Mann, der Leiter dieses Landerziehungsheims war, also um den Mann, der, so lese nicht nur ich es, in dem Buch „Hausaufgaben" von Jacob Arjouni „Gerhard Bruns" heißt, sondern es ging um die gesamte Institution und es kam in den 20 Uhr Nachrichten. Ich weiß, was ich empfand, als ich das sah, ich weiß es, aber ich kann es gar nicht so recht beschreiben. Es war eine Befreiung! Ein lautes JA! ENDLICH! Das fühlte sich auch ein bisschen wie Freude an. Gleichzeitig hatte ich Angst. Denn das, was da behauptet wurde, „es gab an diesem Landerziehungsheim sexuelle Übergriffe an Schülern", war die Wahrheit. Eine, die ich seit ungefähr 45 Jahren wusste. Und von der ich auch wusste, dass man sie nicht sagen konnte, ohne selbst in den Dreck gezogen und als Lügner und Spinner bezeichnet zu werden. Als jemand, der mitgemacht hat, der kaputt war, der selbst Spaß daran hatte. Einen

Trinker oder Drogenabhängigen, bei dem schon früh klar war, dass er das Leben nicht wird meistern können. Man brauchte nur mit dem Finger auf mich zeigen und sagen: „Dem wollt ihr glauben und uns nicht." Und schon glaubte jeder den Tätern, den Verbrechern.

Das also war meine Angst im März 2010, als ausgesprochen wurde, was geschehen war. Ich hielt mich erst einmal weitgehend zurück. Noch, so schien es mir, könnten Täter und Mitwisser, Besserwisser und Nichts-wissen-Woller zum Gegenschlag ausholen. Es gab genügend Probleme in meinem Leben, da hatten die, die mit dem Finger auf mich gezeigt hätten, um von sich abzulenken, sicher Recht. Es dauerte einige Zeit, bis ich einem ehemaligen Schulkameraden ein paar Zeilen schrieb.

Damit begann die Aufarbeitung meiner eigenen Biografie. Es war mir damals nicht klar, was mir widerfahren war. Dieser Schulkamerad leitete meine Zeilen weiter. Das war nicht richtig. So kam es irgendwann zu einem Treffen mit einer Schulkameradin, was am Anfang sicher hilfreich war, später jedoch zu einer Belastung wurde.

Nun las und schrieb ich in einem Blog, in dem ehemalige Schüler dieses Landerziehungsheimes sich austauschten (es lasen wohl auch Täter und Mitwisser mit und es wurde wohl auch versucht zu manipulieren). Hier wurden meine Ängste tatsächlich bestärkt. Es gab sie! Die, die nicht glauben wollten, die bagatellisierten, die ihre schöne Schulzeit nicht in den Dreck gezogen haben wollten. Auch die, die den Opfern Mitschuld gaben. Man nahm die Täter gelegentlich auch in Schutz. Unerträglich schien mir das manchmal, aber so war es immer gewesen. Ich weiß, was ich erlebt habe, und da steht nun, „das glaube ich nicht", „selbst schuld", du hast ja „mitgemacht".

Es gab auch die, die eine Schuld bei den damaligen Lehrern erkannten, doch sie kamen bei diesem Eingeständnis nicht umhin, jedes Mal ein „aber" anzufügen und damit die Taten zu relativieren. Zwei der häufigsten Einwände waren: „Aber sie waren auch gute Pädagogen" und „Aber, es war eben auch die Zeit". Meine Ängste, dass man nicht glauben würde, waren also durchaus berechtigt. Ich habe immer noch diese Angst! Über das „Aber, sie waren auch gute Pädagogen" habe ich lange nachgedacht. Menschen, die eine derartige Gefahr und eine derart anhaltende Gefahr für Kinder sind, können keine guten Pädagogen sein. Das ist meine Antwort.

Langsam fing auch ich an, das ein oder andere zu schreiben, um zu erklären, was war und was daraus wurde. Ich gab mir dabei große Mühe. Eigentlich hatte ich fast 30 Jahre zuvor schon angefangen zu schreiben. Damals wollte ich mir das Leben nehmen und dachte, ich sollte vorher wenigstens einmal aufschreiben, was mir geschehen war. Denn was ich nicht erzählt hätte, würde dann nie geschehen sein. Ich habe mich dann doch nicht umgebracht, der Gedanke daran ist allerdings Zeit meines Lebens ein guter Freund gewesen und geblieben. Ein „Angstnehmer" sozusagen, sollte das Leben, wie ich es als Folge der Misshandlungen leben musste, einmal nicht mehr zu ertragen sein. Und das „nicht mehr ertragen können" hängt ganz wesentlich mit den Geschehnissen im Landerziehungsheim zusammen.

Ich gab mir also große Mühe, verständlich zu machen, was war und daraus wurde, und musste schmerzlich erkennen, wie schwer es mir fiel, wenn Menschen an meinen sorgsam gewählten Worten zweifelten, sie als Blödsinn oder als Lüge bezeichneten. Dann aber kam das Buch eines Journalisten zu dem Thema heraus. Ein gutes Buch, mutig und mit einigem Aufwand recherchiert. Ich las es und das erste Mal in meinem Leben fühlte ich die Macht der Täter schwinden. Vielleicht war es deswegen ein so gutes Buch für mich. Ein ehemaliger Altschüler, wortgewaltig ähnlich seinem bekannten Vater, kündigte an, ein Buch zu schreiben, und nach allem, was ich davon wusste, schien das für mich – wahrscheinlich auch für andere – eine Katastrophe zu werden. Er verteidigte gerne die damaligen Lehrkräfte und sah grundsätzliche Fehler in der Herangehensweise, wenn es darum ging, diesbezüglich der Wahrheit auf den Grund zu gehen. Da war sie wieder, die Gefahr. In mir bekannter Konstellation.

Ein bekannter Name, geschickt im Umgang mit dem Wort, mit Verbindungen zur Presse und Verlagen. Wie würde meine Biografie, meine Geschichte, meine Erlebnisse, dabei wegkommen? Wie die Biografien anderer Opfer? Würde man ihm glauben, wäre das, was ich und andere erlebt hatten, so nicht richtig? So jedenfalls fühlte ich das. Wenn dir niemand glaubt, ist es nicht gewesen. Das ist für Betroffene eine nicht zu verkraftende Situation und endet oft in einem seelischen Fiasko. Das erste Mal dachte ich darüber nach, dass es besser gewesen wäre, weiterhin zu schweigen.

Das Buch erschien Ende Mai 2011 und es war tatsächlich schwer zu ertragen. Ich wusste ja seit Kindertagen, was es heißt, wenn die Täter das Wort führten und den Opfern keine Möglichkeit gaben, sich zu äußern. Hier führte nun kein Täter, sondern ein Schulkamerad das Wort und stärkte den Tätern scheinbar den Rücken. Was sollte ich so einem Buch entgegenstellen?

Meine Erzählungen, zu denen ich mich durchgerungen hatte, wurden nur im kleinen Kreis wahrgenommen. Nichtsdestotrotz war es für mich sehr hilfreich. Nun schien es mir, als könne dieses Buch eines ehemaligen Schulkameraden eine Wende einläuten, wieder hin zu einem besseren Verständnis für die Missbraucher. Es wurde gleich zu Beginn der Enthüllungen erneut gefordert, man müsse die Beschuldigten hören. Das ist vielleicht richtig und sicher legitim, aber ich weiß, dass man über 40 Jahre keinem Opfer zugehört hat, und ich fand es nur folgerichtig, dass nun die Opfer Gehör finden und nicht gleich wieder die gut vernetzte, hochgeschätzte Gegenseite. Ich bin mir auch sicher, wenn diesen Tätern sofort und umfangreich Gehör geschenkt worden wäre, sie hätten es ein weiteres Mal geschafft – zumindest teilweise –, ein anderes Bild von dem, was so vielen Kindern an Monströsem widerfuhr, zu zeichnen. Damit hätte die Gesellschaft ein weiteres Mal die Chance verpasst, adäquat auf diese unsere Kinder und somit unsere Gesellschaft schädigenden Verbrechen zu reagieren. Das Ausmaß wäre so, wie wir es heute erkennen können, nicht bekannt geworden. Das Buch war nicht gut, er kann es besser, aber es zeigte mir, meine Geschichte ist eine, die es in vielen Köpfen nicht geben darf und nie geben wird.

Drei Monate später kam das Buch eines anderen Schülers heraus. Er schrieb in einfacher, schnörkelloser Sprache, was geschehen war. Es waren auch Begebenheiten geschildert, die mir widerfahren waren. Mir fielen kleinere Fehler bei Ort- und Zeitangaben auf, aber im Grunde erzählte hier jemand, was eben auch einige Jahre früher, als ich in dem Landerziehungsheim lebte, schon genau so stattgefunden hatte. Mich haben diese Fehler dennoch geärgert, denn ich weiß, dass es Menschen gibt, die nur darauf warten, eine Unstimmigkeit in der Erzählung zu entlarven, um dann die gesamte Schilderung in ihrer Richtigkeit anzuzweifeln. Es gab noch viele Zeitungsartikel aus dem einen oder anderen Blickwinkel, und immer war meine Angst vorhanden, die öffentliche Stimmung könnte wieder zugunsten der Täter kippen. Kurz bevor die eben angesprochenen Bücher erschienen, gab es auch einen Artikel von mir. Ich gebe ihn hier etwas verändert wieder.

Es hat mich mein Leben gekostet*

Vor einem Jahr wurden die Missbrauchsfälle an der Schule öffentlich. Aber was haben die Pädagogen ihren Schützlingen wirklich angetan?

Ein Jahr ist es nun her, dass es gelang, aus dem Schweigen auszubrechen. Die sexuelle Gewalt an dieser Schule wurde damals aufgedeckt. Aber nicht jeder hatte sich gewünscht zu reden.

Für mich war Schweigen nicht das Schlechteste. Das Schweigen verhinderte, wieder zurückgeschleudert zu werden in jene Momente, in denen ich nichts als Hilf- und Wehrlosigkeit empfand. Zu schweigen verhinderte auch, die vielen Sympathiebekundungen für die Täter erleben und ertragen zu müssen.

Die reformpädagogische Vorzeigeschule, an der wir 20 Jahre verführt und vergewaltigt wurden, hat gerade erklärt, „die Betroffenen erschweren durch ungerechtfertigte Anwürfe und Anfeindungen die Arbeit". Die Täter, das sollen also wir sein?

Opfer und Betroffene gelten wenig. Oft anerkennen wir uns ja selbst nicht als solche. Aber die Täter werden immer noch als originelle und einfühlsame Pädagogen beschrieben, deren segensreiche Elemente nicht ganz verschwiegen werden sollten. So sagen es N.N. und viele andere über ihren Freund den Schulleiter, jenen Mann, der so vielen Kindern schwersten Schaden zugefügt hat.

Und dann kamen also die Enthüllungen. Mehr und mehr Schreckliches trat ans Licht. Und bei jedem neuen Täternamen geschah dennoch stets das Gleiche. Es meldeten sich jene zu Wort, die es immer noch nicht glauben wollen. Sie sagen, „das kann doch nicht sein", sie denken, „das glaube ich nicht". Und jedes Mal steht das zum Mann gewordene Kind da und spurt die Ohnmacht vergangener Tage, spürt die Scham und das Gefühl, selbst schuld zu sein, als wäre es gestern gewesen. Und jedes Mal steht es da, fühlt sich als Lügner und Nestbeschmutzer, dem man vorwirft: „Du hast doch mitgemacht". Oder: „Es hat dir doch Spaß gemacht."

Lähmung macht sich breit, wenn jemand beinahe herausfordernd fragt: „Was ist eigentlich passiert?" Weil es einem unendlich schwerfällt zu beschrei-

* Wir danken der Tageszeitung (taz) für die Abdruckgenehmigung des am 4.3.2011 erschienenen Beitrags „Es hat mich mein Leben gekostet"

ben, was geschah – gegenüber Menschen, denen man nicht vertraut und von denen man nicht weiß, ob sie einem glauben. Immer noch muss ich Angst vor den Reaktionen haben. Auch deshalb das lange Schweigen.

Die Wahrheit ist, dass man uns als Kindern Gewalt angetan hat. Also denen, die doch das höchste Gut der Pädagogik sein sollen. Vor allem Reformpädagogen behaupten, dass sie „vom Kinde aus" denken. Aber sie taten es gar nicht. Nicht die Täter an dieser Schule.

Jüngst las ich einen wohl gut gemeinten Beitrag: „Ich bin zutiefst davon überzeugt, dass Opfer ihren Frieden finden können." Seinen Frieden finden – das hört sich fast so an wie „Ruhe in Frieden". Aber es gibt keinen Frieden, niemals. Es ist eine nicht enden wollende Anspannung.

Als Betroffener fühlt man sich wie an einer Reckstange. Um mit den anderen Menschen mithalten und leben zu können, müssen Betroffene immer Klimmzüge machen. Schlimmer noch, ein von sexualisierter Gewalt Betroffener befindet sich dauernd im Zustand des gehaltenen Klimmzuges.

Die Klimmzugstange hat einen Namen: das normale Leben. Um das normale Leben auf Augenhöhe zu haben, muss der Betroffene ständig den Klimmzug auf der höchsten Position halten. Nur so kann er teilhaben. All das, was zum richtigen Leben gehört – tanzen, lachen, singen, klatschen, sich konzentriert am Kopf kratzen, charmant oder auch wütend zu sein –, all das fällt schwer, wenn man sich die ganze Zeit in dieser Anspannung an der Reckstange halten muss. Manchmal wünscht man sich loszulassen, für immer loszulassen.

Es wird uns nie loslassen, was geschehen ist. Aber was ist eigentlich geschehen? Was ist Missbrauch?

Ich stand als Zwölfjähriger in einem der Duschräume, als der von allen verehrte Schulleiter hereinkam und sich neben mich unter die Dusche stellte. Nach einiger Zeit fing er an, mir zu zeigen, wie man sich das Glied richtig wäscht. Dabei kam er immer näher. Ich konnte nicht weiter zurück. Ich stand schon ganz in die Ecke gedrückt. Da ejakulierte er mir ans Bein. Er hat mich nicht mal berührt. Ist das Missbrauch? Oder ist das etwa kein Missbrauch? Mir fiel es schwer, noch geradeaus zu schauen. Jeder kannte das Kind, das ich war. Das Kind, das immer auf den Boden schaut, hieß es.

Als Kind, das missbraucht wurde, versuchte ich in meiner zwangsläufig aufkommenden Einsamkeit Strategien zu entwickeln. Strategien zum Schutz des eigenen Seins. Diese einsamen Gedanken, wie ich der Gewalt Einhalt gebieten könnte „beim nächsten Mal", wie ich mich verhalten würde „beim nächsten Mal", wie ich mich wehren könnte „beim nächsten Mal", was ich sagen würde „beim nächsten Mal", diese Gedanken halfen mir. Sie ließen mich zwischendurch etwas aufrechter gehen – bis zum nächsten Mal.

Aber dann kommt es wieder zum Übergriff. Wieder ist es dem Kind nicht möglich, sich zu wehren, wieder ist es wie gelähmt, es wird erneut entwürdigt. Irgendwann entwirft das Kind keine Abwehrstrategien mehr. Es kann nicht mehr an sie glauben, es kann nicht mehr an sich glauben, es kann an überhaupt niemanden mehr glauben.

Das Kind kann nicht mehr, nein, es will nicht mehr aufrecht gehen.

Aus dieser Erfahrung wuchs ein Misstrauen, ein Misstrauen gegen sich und gegen alle Menschen. Glaube niemanden! Glaube auch dir selbst nicht! Trau den eigenen Gedanken nicht mehr, die dir glaubhaft gemacht hatten, wie man das nächste Mal diesem Geschehen entgehen könnte.

Für das missbrauchte Kind werden danach schon kleinste Obszönitäten, Andeutungen oder Kränkungen eines Erwachsenen zu einer Katastrophe.

Wenn dir der Lehrer an den Arsch fasst, der irgendwann schon deinen Kinderschwanz im Mund hatte, dann denkst du: „Jetzt ist es wieder so weit, jetzt passiert es wieder."

Ich bin als Letzter noch im Klassenzimmer mit dem Lehrer. Zwischen mir und dem Lehrer steht, was ich nicht einordnen kann, was aber eklig ist. Und dann grabscht er wieder. In aller Öffentlichkeit. „Was mach ich bloß, was mach ich denn bloß?" Und wieder dieses Gefühl, gelähmt zu sein. Der Lehrer geht wieder. Nichts weiter ist passiert – außer dem Griff an den Arsch. Nichts weiter ist passiert – außer Augenblicken qualvoller Angst. Und in der nächsten Stunde soll ich wieder das große Einmaleins lernen. Aber ich kann nicht an die Tafel schauen, denn da steht das Ekel, das anscheinend machen kann, was es will.

Wenn ich es heute erzähle, sagen die Leute manchmal: „Oh, er hat dir doch nur an den Hintern gelangt!" Aber das hat mich mein Leben gekostet. Eines, das ich hätte führen können.

Denn das Kind kommt da nicht mehr raus. Es zweifelt immer mehr an sich. Und das zum Mann gewordene Kind beginnt seine erlebte Geschichte in Frage zu stellen. War das ein deutlicher Übergriff, und das Andere eher nur eine Ba-

gatelle? Später wird er nicht mehr sagen können: Dies war ein sexueller Missbrauch und jenes war, auch wenn es noch so erniedrigend erschien, nur eine Grenzüberschreitung. Ohne Berührung. Das führt zu dem Gefühl: „Selbst schuld, wenn du so empfindlich bist!“

Nach und nach wurde mir die Bedeutung meiner Erlebnisse bewusst. Ich begriff, dass meine Kindheit und Jugendzeit gar nicht existiert hatten. Ich hatte nach allem gegriffen, was mich betäubte. Ich habe meine Sozialisation im Rausch erlebt. Noch heute bin ich mir fremd. Ich kann mein eigenes Ich nur schwer erkennen. Oft war mein letzter Tröster der Gedanke an den Suizid, er war meine Hoffnung, mein Angstnehmer, sollte es nicht mehr ertragbar sein.

Nun wird nicht mehr geschwiegen. Heute helfen diejenigen, die Mitgefühl zeigen, die glauben und versuchen zu verstehen. Durch sie kann ich mehr und mehr jene ignorieren, die keine Helfer sind, die uns bis jetzt nicht zuhören und nicht glauben, die das Leben noch schwieriger machen, als es schon ist: die Schweiger, Vertuscher und Mitwisser. Auch jene, die ihre Unfähigkeit zu handeln uns zum Vorwurf machen.

Es kamen dann vier Jahre, in denen die Einen versuchten, die Geschehnisse aufzuarbeiten, andere versuchten, das Landerziehungsheim zu retten, wieder andere versuchten beides, parallel dazu gab es immer neue Enthüllungen, und viele wissen heute, „alles wird niemals ans Licht kommen“. Es gründeten sich Opfervereine und eine Stiftung. Für mich, einem derjenigen, dem es an diesem Landerziehungsheim nicht so gut erging, war immer die Vorrangigkeit, die Institution zu retten, deutlich spürbar.

Etwas anderes war plötzlich auch zu spüren. Ich hatte Feinde. Ich, der nur in Ruhe gelassen werden wollte, weil ich genügend Probleme hatte, weil ich es in meinem Leben noch nicht geschafft hatte, zur Ruhe zu kommen, weil mich Ängste und Nöte quälen, gespeist aus meiner Kindheit und Landerziehungsheimzeit, ich hatte jetzt auch noch Feinde. Hätte ich doch bloß geschwiegen. Aber das ging nicht mehr. Es gab aber auch sehr befreiende Erkenntnisse. Umso mehr versucht wurde herauszufinden, was damals geschehen war, umso mehr wurden meine Erinnerungen bestätigt. Umso mehr geredet wurde, desto mehr Aussagen deckten sich mit dem, was ich wusste, fühlte und erlebt hatte.

Hier ein wirklich sehr kleines Beispiel dafür. Oft hatte ich mich schon in meinem Leben gefragt: Hatten die ihr widerliches Tun tatsächlich mit den „alten Griechen“ begründet? Es kam mir so absurd vor. Aber so war es doch gewesen! Damals. Ich habe es noch im Ohr! „Weißt du, die alten Griechen haben das auch so gemacht, du weißt doch, dass es eine Hochkultur war.“ Und dabei schob sich behaarte Männerhand, an mein – eben nicht solches – Genital. Nun erzählten andere von ihren Erlebnissen und wie ihnen das als „normal“ verkauft wurde, in dem man auf die „alten Griechen“ verwies. Es war tatsächlich so gewesen!

Erstaunlich, wie leicht es diesen Verbrechern damals zu fallen schien, sich zu rechtfertigen. Durch sehr akribische Arbeit konnten immer mehr und weitere Zusammenhänge sichtbar gemacht werden, vieles wusste ich schon, aber nun nahm es auch die Öffentlichkeit wahr, und ich konnte den Erinnerungen meiner eigenen Wahrnehmungen besser trauen, und somit konnte ich mich davon befreien, mir Schuld zu geben und Entschuldigungen für die Missbraucher und ihr System zu suchen.

Ich hatte bereits ab etwa 1976 angefangen über das zu reden, was mir auf dem Landerziehungsheim passiert war. Ich erzählte es immer nur Einzelnen, denn ich hatte Angst. Diese Angst schien unberechtigt, denn es waren alles so angesehene, nette, freundliche Menschen, die nur das Beste für das Kind wollten, sie waren gewaltfrei, offen und tolerant, oft waren sie über die Grenzen hinaus bekannt, weil sie so gut waren, wie sie eben waren.

Ich aber kannte auch eine andere Seite, die nicht einzuordnen war. Ich versuchte diese Menschen nicht ernst zu nehmen. Das klingt eigenartig, aber was sollte ich tun? Der Leiter des Landerziehungsheims war für mich ein nicht ernstzunehmendes, ekelhaftes Schwein. Der Mathelehrer auch und ein paar andere ebenso. Damit hatte ich für mich eine Einordnung. Es schien zwar nicht mit dem übereinzustimmen, was ich wahrnahm – nämlich die große Verehrung, die diesen Verbrechern entgegengebracht wurde – und es nährte natürlich meinen Verdacht, dass an mir etwas nicht stimmte. Ich hatte auch noch ein weiteres Problem mit mir. Ich fragte die, die mich so anekelten, um Rat, wenn ich einen brauchte. Ich ging also zu ihnen hin! Dieses Verhalten fand ich damals furchtbar. „Ich gehe ja selbst zu dem hin“, habe ich mir oft vorgehalten! Heute weiß ich, ich konnte zu niemand Anderem gehen. Ich war Kind!

Ich erzählte also schon seit 1976 immer Einzelnen davon, denn eines war klar: Sollten die Täter davon erfahren, würden sie gegen mich vorgehen. Ich hätte in jedem Fall sofort behauptet, dass ich es so nie gesagt habe. Ich wollte nicht wieder in die Hände dieser Menschen geraten. Ich war gerade achtzehn geworden und – ich erwähne es nochmals – es wäre ihnen ein leichtes gewesen, mit dem Finger auf mich zu zeigen: „Seht euch den doch an". Aber das hatten sie aus mir gemacht. Ich hatte Angst, sie würden mich zwangseinweisen lassen, oder sie hätten mich mit Verleumdungsprozessen überzogen. Ich hätte keine Chance gehabt zu jener Zeit, gegen diese vermeintlich wunderbaren Menschen, ich hätte mir selbst geschadet. Es gab keine Öffentlichkeit und wenn, dann nutzte *diese* den Tätern oder – anders gesagt – dann nutzten die Täter *diese*.

Es war gut, dass ich zu dieser Zeit geschwiegen habe. Es ging nicht anders, ich bin fest davon überzeugt. Es hat mir geholfen, irgendwie ungestört weiter vegetieren zu können. Es gab schon einige, die erzählten, wie man heute weiß. Sie mussten mit den Konsequenzen leben. Geholfen hat es ihnen in den meisten Fällen wohl nicht. Es muss aber schon in diesen Jahren in vielen therapeutischen Einrichtungen und Praxen die Erkenntnis gegeben haben: In diesem Landerziehungsheim werden Kinder, Jugendliche und Schutzbefohlene sexuell missbraucht. Der Ausdruck „Missbrauch" scheint falsch, aber jeder versteht, was damit gemeint ist. Den Einwand, „dann muss es auch einen Gebrauch geben", möchte ich nicht gelten lassen, denn etwas sexuell zu gebrauchen, zumal ein Kind, scheint mir ebenso verwerflich.

Natürlich kann man auch von sexueller Gewalt reden und weil das dann auch nicht ganz richtig erscheint, weiter präzisieren und von sexualisierter Gewalt sprechen. Das Problem hierbei ist nur: Ich weiß gar nicht so genau, wo bei jedem einzelnen „Gewalt" anfängt. Das heißt: Für mich kann etwas schon gewalttätig sein, was für andere noch vollkommen im Rahmen des Erlaubten erscheint. Und für Manchen ist eine sexuelle Handlung an Kindern überhaupt keine Gewalt, sie fühlen sich also dann gar nicht erst angesprochen, wenn von sexueller oder sexualisierter Gewalt geredet wird.

Wie dem auch sei, es wussten viele Menschen im näheren Umfeld des Landerziehungsheims und es wusste damals schon eine Reihe von Therapeuten um die Übergriffe an diesem Ort. Das Wissen um die Gewaltverbrechen waberte also schon lange irgendwie umher – allein, es wollte keiner wissen und es wollte keiner nach außen tragen.

Es wurden dann noch drei weitere Bücher veröffentlicht, die sehr deutlich aufzeigten, was geschehen war, und die dafür, wie dies alles so lange unentdeckt bleiben konnte, auch keine eindeutige Erklärung hatten. Ich für meinen Teil konnte erstmals in meinem Leben erkennen, „mich trifft keine Schuld, im Gegenteil ich war Kind und Jugendlicher. Sie taten mit Bedacht, was ihnen gefiel. Ich konnte dem nicht entgehen".

Es kam dann noch ein sehr umfangreiches Buch heraus, in dem sich der Lebensgefährte des ehemaligen Leiters des Landerziehungsheimes äußert. Auch das habe ich natürlich gelesen. Die Sprache und Ausdrucksweise erinnerte mich ganz eindeutig an die meines ehemaligen Rektors des Landschulheims. „Gerhard Bruns". Wieder witterte ich die Gefahr! Wieder die Konstellation, die mich Jahrzehnte daran hinderte, auszusprechen was geschehen war. Ein bekannter Name – ich nenne ihn hier nach Gepflogenheit der gebildeten Leute im Weiteren N.N. – wortgewaltig, mit Beziehungen in die „bessere Gesellschaft", mit Verbindung zur Presse und zu Verlagen, schrieb nun seine Sicht der Dinge auf. N.N. hat seit Jahrzehnten ein Publikum, seit Jahrzehnten huldigen sie ihn unkritisch, sobald er etwas zum Besten gibt, was die Erziehung des Kindes betrifft. Er würde, so war ich mir sicher, die Öffentlichkeit wieder dahingehend bekehren, wie die Dinge richtig zu sehen wären.

Wieder die Angst, meine Geschichte wäre dann nie gewesen. Ich also las das Buch und es war ungeheuerlich. Man findet zwar tatsächlich auch Passagen, in denen er kurz und knapp die Verbrechen verurteilt. Seine Erzählkunst nutzt N.N. dann aber ausgiebig, um zu relativieren, zu bagatellisieren und umzudeuten und – ganz nebenbei – sich selbst darzustellen. Ich will das an dieser Stelle gar nicht weiter kommentieren und lasse es dabei.

Aber eines muss ich noch anmerken. Beim Lesen dieses Buches fühlte ich mich oft um etwa 40 Jahre zurückversetzt. Ich schwieg damals, weil ich nicht mit Dreck beschmissen werden wollte, nicht wieder entwürdigt werden wollte, weil ich mir als Fünfzehnjähriger bereits ausgemalt hatte, wie sie sich rechtfertigen würden und mich verantwortlich machen. Schon damals wusste ich, sie werden sagen: „ Seht euch den an, säuft, nimmt Drogen", „er hätte doch nein sagen können, sich anderen anvertrauen“, „er hat doch mitgemacht“, „er hat doch Mitschuld“, „glaubt ihr wirklich, der Direktor wäre zu so etwas fähig gewesen“, „er war schon kaputt, als er in das Landerziehungsheim kam“.

All das würden sie sagen, um sich selbst zu schützen. All das las ich nun genau so oder ganz ähnlich in diesem Buch! Über 40 Jahre später! Es schien, als hätten sie sich das schon vor 40 und mehr Jahren zurechtgelegt, um im Notfall so zu argumentieren und um ihren Kopf so aus der Schlinge zu ziehen. Sie hatten es nie nötig!

Bis ins Jahr 2015. Da mussten dieser billige Versuch, den Opfern die Schuld zu geben, die Tatsachen zu verdrehen und den Tätern möglichst viel Menschlichkeit zuzusprechen, ausgespielt werden. Vergeblich. Zum Glück vergeblich.

Denn N.N., dieser alte Mann, hat übersehen, dass sich die Zeiten geändert haben, er hätte seine Argumentation besser gründlich überarbeitet. Heute wissen die Menschen viel mehr über die Folgen der sexualisierten Gewalt, des sexuellen Missbrauchs und über die Menschen, die sie ausüben. Mit diesem Buch hat er sich selbst geschadet und er merkt es nicht einmal. Leider hat er so lange das Thema Pädagogik beherrscht. Es gibt viele Menschen, für die er im gesamten Berufsleben prägend war, vom Studium bis zur Pension. Viele wollen sich nicht eingestehen, dass sie ihm gegenüber viel zu unkritisch waren. Sie haben sich entschlossen, ihm weiterhin loyal zur Seite zu stehen, in ihm ein Opfer zu sehen. Ich kann sie verstehen.

Ohne darüber nachzudenken, habe ich mein Leben lang gesagt: „Ich kenne ihn und er wusste von dem, was sein Lebenspartner ‚Gerhard Bruns‘ tat“. Ich bin sozusagen mit ihm aufgewachsen, für mich gibt und gab es daran gar keine Zweifel. Ich hätte aber nie gesagt: „Der ist schlecht, der hat alles gewusst“. Ja, er war Teil der Ereignisse, irgendwie verstrickt, aber kein Täter. Er hat sich schuldig gemacht, weil er „Gerhard“ schützte. Er gehörte dazu und war kein „Guter“, das war mir seit Kindertagen klar. Aber Täter? Auf diese Idee wäre ich nie gekommen. Nachdem ich das Buch gelesen habe, ist mir das erste Mal diese Idee dann doch gekommen. Denn er spricht des Täters Sprache.

Schulzeiterinnerungen

Als Aufnahmeprüfung sollte ich ein Bild ausmalen. Es gab darauf ein Haus, einen Mann, einen Weg, eine Wiese, einen Baum und eine Sonne. Auf dem Tisch lagen Stifte in verschiedenen Farben und ich sollte nun dieses Bild bunt ausmalen. Ich griff nach einem Stift – ich weiß nicht mehr, ob ich den Stift mit genau dieser Farbe extra ausgewählt hatte – und malte mit ihm das Bild aus. Es war ein brauner Stift und ich malte alles braun. Die Sonne, das Haus, die Wiese, den Mann, den Weg. Alles braun. Ich hatte ja im Kinder- und Waisenhaus gelernt, dass man besser nichts tat, und wenn man musste, dann so wenig wie möglich. Es war sowieso immer irgendwie falsch. Umso öfter ich mich für eine andere Farbe entschieden hätte, umso öfter hätte ich etwas falsch machen können. Eine Farbe – und ich hatte höchstens einmal etwas falsch gemacht. Und so war es dann auch! Warum ich alles braun gemalt hätte, wurde ich gefragt, und ich musste mir schnell etwas überlegen. „Anzüge sind doch immer braun und Schuhe meistens auch", meinte ich, „und auf dem Weg liegt Erde und die Wiese ist eigentlich ein Feld." Bei der Sonne hatte man mich dann aber erwischt. Es gab hier allerdings nicht gleich Schläge. Das war komisch.

Überhaupt schienen die Erwachsenen ganz freundlich, das war nicht nur komisch, sondern etwas beängstigend. So gab es sehr bald zwischen mir und den Erwachsenen eine stillschweigende Übereinkunft, so schien es mir. Die Erwachsenen wussten davon freilich nichts, aber ich. Ich tat nichts, ohne dass man mir es vorher nicht nur mehrmals gesagt hatte, sondern dann auch nur, wenn es mir hinreichend erklärt schien. So minimierte ich das „falsch machen", dachte ich.

Es hatte zur Folge, dass man schon im ersten Jahr „wusste", dass ich zurückgeblieben bin. Ich ahnte davon nichts und war ganz froh, nicht geschlagen zu werden. Es schien eine gute Übereinkunft mit den Erwachsenen zu sein. Ich mache exakt nur, was gesagt wurde, nicht einen Deut mehr und sie schlugen mich nicht.

Damit hatte ich aber hier schon einen Fehler begangen, ich wusste es bloß noch nicht. Ich meine, schon in der zweiten Klasse wurden die Ansprachen an mich etwas „lauter“. Ich blinzelte dann oft mit den Augen, denn einerseits wollte ich sehen und gefasst sein auf das, was gleich kommt, andererseits wollte ich aber die Augen geschlossen haben, wenn ein Schlag gegen mich ausgeführt wird. Das passierte allerdings nicht. Ich war scheinbar in eine „gute Welt“ geraten. Tagsüber konnte ich mich irgendwie unter die anderen Schüler mischen, vor dem Abend hatte ich Angst. Die Erzieherin war jetzt doch zu einer Person geworden, vor der ich Angst hatte. Sie war nicht zu durchschauen. Wenn abends das Licht ausging und die Zimmertür geschlossen war, dann durften wir keinen Mucks mehr von uns geben.

Ich aber hatte seit einiger Zeit herausgefunden, dass ich besser einschlafen konnte, wenn ich meinen Kopf auf dem Kissen in einer ganz bestimmten Geschwindigkeit hin und her schmiss (Jactatio capitis, eine Auswirkung bei Hospitalismus). Das hörte die Erzieherin draußen, kam dann herein und schimpfte. Schimpfen half nicht, also zerrte sie mich irgendwann abends immer in den Duschraum. Dort musste ich dann stehen, bis ich begriffen hatte. Ich begriff nicht, aber das war ja klar. Irgendwann fing sie auch an, mich nicht nur nackt in den Duschraum zu stellen, sondern mich zu waschen. Sie zog dabei auch manchmal an dem Ding, mit dem ich leider immer noch ins Bett machte. Das war irgendwie so wie damals im Kinderheim, aber auch wieder anders, denn wirkliche Schläge hatte ich nicht zu erwarten. Ich weiß gar nicht mehr, ob ich mich schämte. Leider machte ich noch sehr lange ins Bett. Ich bekam öfter Strafen, aber es war auszuhalten. Manchmal dachte ich, die Erwachsenen sind Freunde.

Umso größer war die Enttäuschung, wenn ich merkte, dass es so nicht war. Einmal war die Erzieherin dann wieder ganz nett. Sie machte Spaß mit mir, kitzelte mich durch, kämpfte mit mir am Boden und irgendwann lag ich auf dem Rücken und sie saß auf mir, ihre Knie auf meinen Oberarmen. Sie bewegte sich ganz eigenartig, sie musste Schmerzen haben, sie atmete ganz komisch und mein Bauch war ganz warm. Aber dann war sie wieder wie immer, ich stand im Duschraum, sie zog an mir rum oder auch mal nicht, und sie hatte angefangen, mich bei Gelegenheit am Ohr zu ziehen. Ich blieb im Grunde meiner Taktik treu, nichts selbstständig zu tun.

Sicher machte ich hin und wieder und überraschenderweise mal etwas richtig, aber in Erinnerung blieb immer nur, wenn ich etwas falsch machte.

Das waren die „Siehst du?"-Erlebnisse. Irgendwie bewunderte ich die anderen Kinder. Sie waren anders, schien mir, besser. Sie machten nicht mehr ins Bett, das war ein wesentlicher Unterschied. Aber auch sonst schienen sie so unbeschwert, taten dies und das und wenn es falsch war, schien es nicht ein so großes Problem zu sein.

Ich blieb dann in der zweiten Klasse sitzen. Das war eine große Schmach. Ich hatte schon verstanden, dass ich nichts konnte. Das Sitzenbleiben hatte mich hart getroffen. Die Klassen eins, zwei, drei und vier waren in einem Zimmer und saßen nur an verschiedenen Tischen, aber ich saß jetzt an einem anderen Tisch als meine eigentlichen Klassenkameraden. Zwischen Klasse eins/zwei und drei/vier gab es eine Schiebetür, die wurde manchmal zugezogen, dann war ich bei den Kleinen. Am Ende der dritten Klasse hatte ich mich soweit eingelebt, dass ich es ganz schön fand. Wenn es Strafen oder Strafpredigten gab, war ich bestimmt mit von der Partie.

Manches war wirklich gemein: Nikolausabend. Bald wird der Nikolaus kommen! Da freut sich jedes Kind. Vergessen sind die vielen Dinge, die man falsch gemacht hat, vergessen die Strafen und die Strafpredigten. Jetzt kommt der Nikolaus. Gut, ein bisschen Angst hatte ich schon, aber der Nikolaus, der bringt jedem etwas. Ehrlich, ich war jetzt acht Jahre alt, wie konnte ich so naiv sein? Der Nikolaus kam, es war eine große Aufregung! Ich hatte übrigens wieder ins Bett gemacht. Ich war Bettnässer bis zu meinem neunten Lebensjahr! Ich weiß, manche sagen jetzt, „Na seht ihr, was sollten wir mit so einem denn machen". Also, der Nikolaus war da, wir saßen in großem Kreis, jedes Kind sagte einen Reim oder ein Gedicht auf. Ich meine, ich hätte wirklich das einfachste aufzusagen gehabt, was es nur gibt, etwas, was jeder konnte. Jedes Kind bekam ein Geschenk aus dem großen Sack. Der Sack war schon ziemlich leer und ich war immer noch nicht dran. Ich kam als letzter.

Ich hatte gar keine Bedenken, ich musste irgendwie die paar Worte vorbringen und dann bekäme ich sicher auch ein Geschenk. Ich stammelte meinen Text, der Nikolaus sah in sein Buch „Oh, Oh, Oh" und „nein, nein, nein", ich wäre ja nur böse und was mit mir denn los sei. Das wusste ich natürlich am wenigsten, aber ich musste auch gar nicht antworten, denn der Nikolaus und die Erzieherin hatten mich gepackt und in den Sack gestopft. Es war nicht nur dunkel und beschämend, es war so – ich habe noch heute Tränen in den

Augen, wenn ich daran denke – es war so gemein. Meine ganze kindliche Zuversicht, hier wurde sie wirklich zerbrochen. Ich wurde in dem dunklen Sack auch noch nach draußen getragen an den Rand des angrenzenden Waldes. Ich meine, da hätte ich schon in die Hose gepinkelt und wirklich bitterlich geweint. Bitterlich.

Wichtig war nur die Institution, nicht das Kind

In das Zimmer, in dem ich mit zwei gleichaltrigen Jungen wohnte, kam seit einiger Zeit abends zur Bettgehzeit ein Mann, um „gute Nacht" zu sagen. Der gehörte da nicht hin. Er war aber abends jetzt regelmäßig da. Er brachte uns – zumindest mich – immer zu Bett. Das heißt, erst saß er mit uns auf dem Boden, spielte etwas und griff mir immer ziemlich hart zwischen die Beine. Ich weiß nicht, was das war. Das wollte ich nicht! Aber ich wollte schon so vieles in meinem Leben nicht. Was machte er da? Und warum? Das war ein Erwachsener! Muss man das vielleicht so machen? Jeden Abend hob er mich zur Bettgehzeit vom Boden hoch, mein Brustkorb lag auf seiner linken Hand, mit der rechten knetete er zwischen meinen Beinen und es schienen mir die Schmerzen nicht das Schlimmste zu sein. Es war etwas anderes, was ich so schlimm fand. Das ist meins, da soll er nicht dran. Aber es ging Abend für Abend weiter.

Eines Tages sollte ich zu einem Lehrer für die Großen, ich kannte ihn nicht und wusste auch nicht, was er wollte. Reden! Mit mir! Meine Taktik war wie immer: Ich mache erst einmal nichts und sage auch nichts. Es wurde ein ziemlich unangenehmes Gespräch. Dieser Lehrer schien zu wissen, was wir da in dem Zimmer vor dem Schlafengehen machten. Ich sage bewusst „wir", denn ich war ja beteiligt. Die Differenzierung, dass ich nichts tat, sondern mit mir etwas getan wurde, kannte ich nicht. Ich rückte sehr verschämt mit dem heraus, was ich wusste. Das heißt, man fragte mich, wo er mich angefasst hat. Das hatte ich dann verschämt versucht zu zeigen.

N.N., der große Pädagoge, auf dessen Thesen sich dieses Landerziehungsheim berief, wird fast 50 Jahre später schreiben: „So muss man doch zumindest fragen, was ein Pädophiler mit seiner Natur machen soll. Wichtiger noch: Was wissen wir, was Kinder in dieser Hinsicht wirklich wollen, wirklich brauchen, wirklich fürchten."

Das hätte ich nicht gebraucht! Ich wollte das auch nicht, und nach dem ersten Mal befürchtete ich, dass es wieder passieren könnte. Dieser Vorgang zeigt mir, dass sich größere Schüler beschwert haben müssen und man anfing zu schauen, wo sich der Missbraucher wann aufhielt. Dabei kam man auf unser Zimmer. Von mir aus hätte ich nichts erzählt, denn ich hätte nicht gewusst was! Nicht, weil da nichts war, sondern weil ich nicht wusste, dass auch Erwachsene gewisse Dinge nicht tun dürfen.

Der Mann, der uns immer zu Bett gebracht hatte, war Lehrer bei den größeren Schülern und wurde des Landschulheims verwiesen. Vorher musste eine ganze Gruppe von Schülern, darunter ich, zum alten Rektor und noch einmal berichten, was geschehen war. Danach bekam meine Mutter einen Brief.

„Sehr geehrte Frau Mehrick!
Im Laufe der letzten drei Tage haben sich eine Reihe von unseren Kindern, darunter ihr Sohn Max, vertrauensvoll an mich und den Schulpsychologen Herrn Jakop gewandt, um den folgenden, Sie und uns gleichermaßen bedrückenden Sachverhalt zu melden und um Abhilfe zu bitten.

Herr Dr. Tanner, einer unserer jüngeren Mitarbeiter, hat zu verschiedenen Malen seine Rolle als Gruppenleiter und Erzieher dazu missbraucht, bei Spiel– und Sportsituationen missdeutbare, aber auch eindeutige körperliche Berührungen zu provozieren.

Die Freimütigkeit und Unaggressivität, mit der die Jungen diesen schwerwiegenden Sachverhalt uns mitgeteilt haben, wie auch die sehr eingehende Aussprachen unseres Schulpsychologen sowohl mit den Kindern als auch mit Herrn Tanner haben zu unserer und – wie wir hoffen – zu Ihrer Erleichterung ergeben, dass dieses sittenwidrige Verhalten des Erziehers keine traumatischen Eindrücke bei den Kindern hinterlassen hat.

Wir haben selbstverständlich Herrn Tanner sofort ersucht, seine Tätigkeit an der Schule einzustellen und haben dafür sein tief bedrückendes Einverständnis erhalten.

Herr Tanner hat mit dem heutigen Tage die Schule verlassen. Da es sich bei ihm um einen Menschen handelt, der trotz seines pädagogisch schwerwiegenden Fehlverhaltens geistig und menschlich große Qualitäten hat und andererseits dessen Verhaltensweise aller psychologischen Voraussicht nach keine Rückwirkungen bei unseren Kindern hinterlassen wird, ihn selbst aber zu therapeutischer Behandlung führt, haben wir von anderen Weiterungen *abgesehen. Dies umso mehr, als uns an der schnellen und anscheinend mühelos erreichbaren Beruhigung der betroffenen Kinder und der Schule liegt.*

Da die Kinder uns ihr volles Vertrauen geschenkt haben und damit geholfen haben, eine gefährliche Situation aufzudecken und zu bereinigen, sprechen wir die Hoffnung aus, dass auch Sie uns weiterhin Ihr Vertrauen schenken und unsere Maßnahmen billigen werden. Eine vertrauliche Aussprache Ihrerseits mit Ihrem Jungen wird gewiss helfen, ihn zusätzlich zu beruhigen.

Dürfen wir Sie bitten, auf dem einen oder anderen Wege uns umgehend von Ihrer Stellungnahme Kenntnis zu geben, von der wir hoffen, dass sie mit der unseren übereinstimmen kann.

Mit unserer Bitte um Verständnis .....“

Die Antwort meiner „Mutter“ kam ungewöhnlich schnell.

„Sehr geehrter Herr Dr. Schade,
Ihren ausführlichen Brief vom 04.10. habe ich erhalten. Als erstes möchte ich Ihnen mitteilen, dass ich mit Ihnen darin übereinstimme, von weiteren Schritten gegen Herrn Dr. Tanner abzusehen.

Wenn Sie schreiben, dass bei den betroffenen Kindern keine traumatischen Eindrücke verblieben sind, haben Sie sicher bedacht, dass Max früher schon in Behandlung bei Herrn Dr. Mayer-Krog gewesen ist.

Ist es möglich, dass sich eines – oder mehrere – der Kinder nur gemeldet hat, weil andere es taten, obgleich es selbst, den Tatbestand, sagen wir, erfreulich fand?

Sie schlagen vor, mit Max ein vertrauliches Gespräch herbeizuführen. Ich habe Max schon im Mai versprochen, dass er in den Herbstferien mit Christoph mitfahren dürfe. Ich hatte das mit Christophs Mutter beim Sommerfest besprochen. Wenn ich diese Erlaubnis nun zurücknehme, könnte Max das als Bestrafung in Bezug auf diese Geschehnisse ansehen. Ob dieses Erlebnis in den Weihnachtsferien nicht schon so weit „verjährt“ ist, dass ein Gespräch darüber weniger beruhigend wirkt, als vielmehr vielleicht alles schon vergessene wieder ins Bewusstsein ruft, müsste ich vorsichtig ertasten. Zum nächsten Alumnitreffen werde ich in der Schule sein. Vielleicht ergibt sich eine Möglichkeit darüber zu sprechen.

Mit freundlichen Grüßen ...“

Nun muss man wissen, dass meine Erzeugerin in Kriegsjahren selbst kurze Zeit in diesem Landerziehungsheim lebte und so ein paar Leute aus der Zeit kannte. Deswegen – und weil sie Alkoholikerin und unfähig war, mit Kindern umzugehen – hatte sie mich nach Säuglingsheim und Waisenhaus dort untergebracht. Sie führte keine Gespräche mit mir, sie wurde auch nicht gefragt, ob ich irgendwo in den Ferien mitfahren durfte, und deshalb hat sie so etwas auch nie versprochen. Es wurde ihr mitgeteilt, dass es für ihren Sohn in den nächsten Ferien eine Mitfahrgelegenheit bei einem Mitschüler gab. Manchmal, später öfter, blieb ich in den Ferien einfach im Landerziehungsheim. „Muss ich vorsichtig ertasten": Das schrieb eine Frau, die sich nach drei Wochen ihres Kindes entledigt hatte und seitdem eher widerwillig und so selten als möglich den Umgang mit diesem Kind suchte. Später würde sie an den Rektor Gerhard Bruns schreiben: „... Max wurde im Kinderheim wohl auch geschlagen ...". Sie wusste aber sehr genau – das ergaben meine Recherchen –, wie es dort zuging und wie es mir erging.

Man erkennt also hier schon deutlich, dass der alte Rektor die Institution schützen wollte und von meinem Vormund keine Hilfe zu erwarten war, im Gegenteil. Die Sorge um den guten Ruf der Institution, die Fürsorgepflicht gegenüber den Mitarbeitern und auch die Sorge, das herrschende Pädagogikkonzept könnte in Verruf geraten, all das hinderte Menschen über Jahrzehnte, das Wohl des Kindes als oberstes Ziel zu definieren. Das aber ist die Pflicht!

Es ist vielleicht nicht jedem bewusst, aber die Täter, die Kinder mit ihren Taten so nachhaltig schädigen, bestehlen diese Gesellschaft. Sie bestehlen die Gesellschaft um Kreativität, Einsatz, Menschlichkeit, Wissen, Forschungsgeist, soziale Kompetenz, Einsatzbereitschaft, Humor und vieles mehr. All das können Menschen, die in ihrer Kindheit sexualisierter Gewalt ausgesetzt waren, oft nicht mehr oder nur noch in geringerem Maße einbringen. Nicht, dass sie diese Eigenschaften nicht haben könnten, aber sie können oft erst nach langer Zeit und nur noch mit größerer Kraftanstrengung ihre persönlichen Stärken unserem gesellschaftlichen Leben zur Verfügung stellen. Manche können es nie, zu sehr sind sie gefangen in den Folgen dieser Taten. Es ist also ein großer Verlust für uns alle. Diese Taten machen unsere Gesellschaft um so vieles ärmer.

Brief und Antwort wurden sauber abgelegt, der neue Direktor, der kurze Zeit später sein Amt antrat – ich werde ihn, wie angekündigt, im Weiteren auch einfach Gerhard Bruns nennen –, wusste also gleich, mit wem er es in meinem Fall zu tun hatte. Und so wurde ich auch gleich, nachdem er an das Landschulheim kam und er seine erste Wohngruppe leitete, dieser zugeteilt.

Ich durfte, nein ich sollte ihn duzen, damit kam ich ein wenig durcheinander. Die Erzieherinnen, mit denen ich jetzt nicht mehr so viel zu tun und die ich immer geduzt hatte, siezte ich jetzt, während ich die meisten anderen Erwachsenen nun duzte. Sie schlugen nicht, Gerhard schimpfte nicht einmal. Er war unglaublich freundlich. Ich fand ihn mit zehn Jahren schon viel zu freundlich. Da stimmte was nicht! Kinder haben ein ausgesprochen gutes Gespür und sollten auf dieses achten. Man sollte ihnen beibringen, darauf zu achten.

Ich konnte aber nicht weg. Mein Gespür half mir gar nichts. Es machte mich unsicher. Der neue Direktor war überall beliebt. Mein Gespür musste also falsch sein. Gerhard kam morgens zum Wecken ins Zimmer und war ekelhaft. Er machte genau das, was der andere Lehrer abends zur Bettgehzeit gemacht hatte. Jeden Morgen! Und ich meine wirklich jeden Morgen!

Es war schlimmer als das, was vorher mit dem anderen Mann war. Das lag sicher daran, dass ich jetzt schon älter war – zehn und dann Anfang zwölf. Wann es begann – ich weiß es nicht mehr genau. Ich wusste aber, dass ich das nicht wollte. Er schimpfte nie, war immer freundlich, schlug nicht, alles echte Vorteile, aber morgens beim Wecken war es einfach nur ekelhaft. Ich versuchte seine Hand wegzuschieben, aber das ließ er nicht zu. Manchmal kicherte er, als freue es ihn, dass ich endlich wach wurde. Aber ich war schon hellwach, sobald die Tür aufging. Zumindest zu dieser Zeit noch. Umdrehen und auf den Bauch legen war die nächste Gegenwehr. Aber – ich hätte es nicht für möglich gehalten, nicht, dass das geschieht, und nicht, dass das irgendjemand tun würde – einige Finger waren in der Poritze und einer massierte meinen Anus. Und zwar so, dass der Schließmuskel leicht nachgeben musste. Ja, er war wirklich ein netter Mann.

50 Jahre später würde ich in dem Buch von N.N. über Gerhard lesen: Er konnte und wollte niemanden beschämen. Das Buch schrieb also der Mann, der damals schon an Gerhards Seite war und dies auch sein Leben lang blieb.

Neben dem absolut unterirdischen Gefühl der Hilfs- und Machtlosigkeit bei diesen Weckritualen kam das des Ekels und der Scham. Es blieb nicht bei diesen Übergriffen. Übrigens, dass das Eindringen mit dem Finger eine Vergewaltigung darstellt, dessen wurde ich mir erst Jahrzehnte später bewusst. Und ganz ehrlich, wem hätte ich das als Kind erzählen sollen? Es fällt heute noch schwer. Nach dem Aufstehen ging es dann in den Duschraum. Morgens stand Gerhard auch dort. Manchmal kam es zu Übergriffen, die – aus meiner Sicht – nicht mehr ganz so glimpflich abgingen. Irgendwann lernte ich daraus und ging nicht mehr in den Duschraum.

Beginn einer langen Flucht

Ich war nun zwölf Jahre alt und litt unter starken Angstzuständen. Immer wenn die Angst kam und bevor sie zur Panik werden konnte, fing ich an zu rennen. Ich rannte durch die angrenzenden Wälder. Dann war die Angst weniger zu spüren. Wenn ich vollkommen außer Atem stehen blieb, kam die Angst wieder, kroch langsam vom Bauch hoch in den Kopf und bevor ich dachte, ich halte es nicht mehr aus, rannte ich weiter. Einmal rannte ich durch den Wald und erreichte irgendwann den Krämerladen unten im Dorf. Ich weiß nicht, warum und wie ich dazu kam, aber ich kaufte mir eine Flasche Bier. Das war eine Befreiung. Ich war frei! Endlich frei! Wie schön das Leben doch war! Frei, Frei, Frei! Endlich eine Lösung! Endlich eine Fluchtmöglichkeit.

Schon wenige Wochen später trank ich regelmäßig. Das tägliche Pensum würde sich im Laufe der Jahre auf zwei Kästen Bier täglich erhöhen. 48 Flaschen, 24 Liter Bier, jeden Tag. Jetzt war ich zwölf und hatte gelernt, morgens nicht mehr in den Duschraum zu gehen. Mein Tag verlief nun lange Zeit ganz häufig so.

Das morgendliche Erwachen war schon seit einiger Zeit nicht mehr geprägt von Vorfreude auf einen neuen Tag, von Hoffnungen und Erwartungen. Das Erwachen war schwer, die Erinnerungen an den Vortag verschwommen und die Angst vor dem neuen Tag groß. Ich fühlte keine körperlichen Beschwerden, hatte keine Schmerzen, aber der Morgen begann wie jeder Morgen: Ich musste würgen. Starkes, lang anhaltendes Würgen. So sah nun die Freude auf den neuen Tag aus. Jeden Morgen. Meine Situation schien ausweglos. Ich lebte an einem Ort, der sowohl in politischen Kreisen als auch in pädagogischen Fachkreisen höchstes Ansehen besaß. Ich hatte stolz zu sein, hier leben zu dürfen. Auch waren die Erinnerungen an Tante Sigrid noch relativ präsent. Dort gab es Gewalt, dort war ich geschlagen und gedemütigt worden. Hier wurde ich nicht geschlagen, es schien mir auch nicht, als würde ich gedemütigt, schon deswegen nicht, weil ich nicht vor allen anderen erniedrigt wurde. Dass ich dennoch erniedrigt und gedemütigt wurde, war für mich als Kind nicht zu erkennen, doch es gab etwas, was ich furchtbar fand und nicht einordnen konnte. Das, was ich nicht einordnen konnte, schien normal. Erstens, weil viele um Gerhards Vorlieben – und auch der einiger anderer Lehrer – wussten und zweitens, weil mich das nicht Einzuordnende jetzt schon einige Jahre ständig begleitete. Es schien normal zu sein, keine Frage, und ganz egal wie ich es fand.

Ich war aufgestanden. Mein Zimmerkamerad schlief noch. Nun stand ich im Flur hinter einem Schrank und lauschte. Der Gerhard, der zum Wecken kam, war noch eine Etage unter mir. Ich musste warten. Im unteren Stockwerk öffnete sich eine Tür und schloss sich leise wieder. Nichts war zu hören. Keine Schritte, kein Geräusch. Ich kannte das. Nicht bewegen und hinter dem Schrank bleiben, wie immer. Die nächste Zimmertür öffnete sich und schloss sich wieder. Ohne ihn gehört zu haben, war Gerhard im Stockwerk unter mir zum nächsten Zimmer geschlichen. Hier würde es etwas länger dauern. In diesem Zimmer wohnten zwei Schüler, die etwas jünger waren als ich und die ebenfalls zu Gerhards Favoriten zählten.

Es gab ein paar Zimmer, in denen das Wecken länger dauerte, ich wusste das. Ich wusste auch warum. Es war der Grund, warum ich nun nicht mehr in meinem Bett lag, wie viele andere, und auch noch nicht unter der Dusche, sondern hinter dem Schrank im Flur stand. Ich wollte genau wissen, wo sich Gerhard Bruns, der die Schüler weckte, befand. Wieder bewegte sich etwas im unteren Stockwerk. Nun stand Gerhard vor der Türe eines Mädchenzimmers. Hier klopfte er und ich hörte ihn halblaut rufen: „Aufstehen, ihr Holden, es wird Zeit". So oder so ähnlich verhielt er sich vor den Mädchenzimmern immer, Gerhard ging morgens nie in das Mädchenzimmer – und jeder Erwachsene, den ich kannte, hätte mit Sicherheit geschworen, dass er dies aus einem tief empfundenen Anstandsgefühl heraus so handhabte – dann verschwand Gerhard im nächsten Jungenzimmer. Kurze Zeit später kam er die Treppe hoch. Es war das letzte Stockwerk in seinem Revier.

Die nächste Treppe würde er nicht mehr hochgehen, dort war ein anderer Mann, der Musiklehrer, zuständig. Das oberste Stockwerk interessierte auch mich nicht. Dort passierte Ähnliches, ich spürte es, es war eigentlich ganz klar, aber für mich ging von dort keine Gefahr aus. Das war meine Erfahrung. Der Musiklehrer war der Freund des Mannes gewesen, der seine Arbeit als Lehrer verloren hatte, weil er immer zur Bettgehzeit bei uns war. Ja, dort passierte Ähnliches. Ich habe darüber nicht wirklich weiter nachgedacht. Ich wusste, da geschieht etwas Ähnliches. Es huschten dann vielleicht als Gedanken noch nackte Jungen und Männer durch den Kopf, aber ich verfolgte diese Gedanken nicht. Warum auch? Da war etwas, das es scheinbar hier überall gab und das – genauso scheinbar – zum Leben dazugehörte und womit tatsächlich einzig ich ein Problem zu haben schien.

Ich weiß also, dass es dieses „Nicht-zu-Ende-Denken" gibt. Ich kann es bei vielen Menschen, die sich heute damit rausreden, aber nicht gelten lassen. Ich war ein Kind, ich konnte nicht einordnen, nichts mehr einordnen. Zudem haben Jugendliche naturgemäß in dieser Zeit genug mit sich selbst zu tun. Auch sie haben nicht gedanklich konkretisiert, was ihnen eigentlich deutlich war. Aber ihr Erwachsenen jener Zeit, ihr wusstet und schwiegt. Ihr schweigt immer noch. Auf Seite 142 gibt es einen Text „Das kleine Dorf mit den großen Lügen", in dem ich auf diesen Umstand eingehe.

Gerhard hatte nun die meisten Zimmer durch, auch in meinem war er und auch hier hatte es länger gedauert. Mein Zimmerkamerad kam aus einer berühmten Familie. Wenn ich einmal verschlafen hatte und Gerhard zum Wecken kam, hatte ich manchmal das Glück, dass mein Zimmerkamerad zuerst geweckt wurde. Da ging es noch mehr zur Sache, so zumindest hatte ich das Gefühl, während ich mich schlafend stellte oder einfach aufstand und ging. Wenn Gerhard bei mir zugange war, glaubte ich immer, mein Zimmerkamerad merkt davon nichts. Es war eine Hoffnung, mehr nicht. Jetzt aber stand ich noch immer hinter dem Schrank. Er war ganz nah an mir vorbeigekommen und ging in das letzte Zimmer, wieder zu zwei Favoriten. Auch hier würde es länger dauern.

Nun kam Gerhard aus dem letzten Zimmer. Es hatte – wie erwartet – länger gedauert. Er würde nun in den Duschraum gehen und dort duschen, bis andere Jungen kamen. Das kannte ich alles. Ich kannte den morgendlichen Anblick des halb erigierten oder halb erschlafften Penis des Mannes. Deshalb ging ich, wie andere auch, schon lange nicht mehr zu dieser Zeit dorthin.

Eigentlich seit dem Tag, an dem Gerhard mir zeigte, wie man sich das Glied richtig wäscht, mich dabei in die Ecke drängte und mir seitlich ans linke Bein ejakulierte. Schon damals war mir instinktiv klar, man musste sich abwenden, durfte sich nicht umdrehen. Gerhard verließ wortlos den Duschraum. Es schien mir, als hätte ich irgend etwas falsch gemacht. Auch was ich fühlte, nachdem Gerhard den Duschraum verlassen hatte, schien nicht richtig. Er schlug nicht, schimpfte nicht, war allseits beliebt. Was war das hier?

Fast 40 Jahre später kam immer wieder die Frage: „Warum habt ihr nicht nein gesagt?“ Ich habe sie anhand dieses Erlebnisses versucht zu beantworten, es war in vielen Fällen aber nutzlos.

Warum hast du nicht „NEIN" gesagt?

Der Junge ist zwölf Jahre alt, dünn und schwächlich. Er steht unter der Dusche. Herr Direktor kommt in den Duschraum.

Jetzt NEIN sagen?

Herr Direktor zieht den Bademantel aus und stellt sich unter die Dusche – genau neben den Jungen.

Jetzt NEIN sagen?

Herr Direktor fängt an zu reden, über dies und das.

Jetzt NEIN sagen?

Herr Direktor zeigt, wie man sich das Glied richtig wäscht.

Jetzt NEIN sagen?

Herr Direktor entlädt sich.

Wozu noch NEIN sagen?

Er war der Direktor! Von ihm sollte ich lernen und er sollte mich lehren. Darauf habe ich mich verlassen.

Ich wartete, bis unser Direktor im Duschraum war und ich das Geräusch der Dusche hören konnte. Jetzt musste alles reibungslos klappen. Aber das tat es im Prinzip jeden Morgen. Bevor sich die Flure füllten und solange Gerhard im Duschraum war, musste ich handeln. Ich lief barfuß die vier Steintreppen hinunter und öffnete vorsichtig Gerhards Wohnungstür und zog die Tür hinter mir wieder ran. Jetzt gab es kein Zurück mehr. Ein leises Hallo, zwei, drei Schritte nach vorn, noch mal ein kurzes Rufen, denn ich hatte schon erlebt, dass sich ein Schüler oder ein anderer Mann dort aufhielt, und dann mit wenigen Schritten ins Schlafzimmer. Das Schlafzimmer war leer. Jetzt war alles Routine. Die Hose lag meist vor dem Bett. Schnell aus dem Portemonnaie fünf, zehn, zwanzig Mark. Dann noch an den ersten der sechs Wandschränke. Hier war immer genügend zu trinken zu finden.

Auch der Inhalt des zweiten Schrankes war für mich noch von Wichtigkeit: Drogen. Haschisch, LSD, Meskalin. Drogen, die irgendwelchen Schülern abgenommen wurden und bei Gerhard landeten. Ab dem dritten

Schrank gab es nichts Wichtiges mehr, einiges an Modeschmuck aus irgendwelchen Urlaubsländern, Souvenirs, ein Stapel Hochglanzfotos mit nackten zehn- bis dreizehnjährigen Jungs mit erigierten Geschlechtsteilen, sich selbst oder gegenseitig manipulierend, ein paar Kartons und Pappschachteln. In den anderen Schränken war Wäsche. Bei den Fotos war erstaunlich, dass es Farbfotos waren und das Bildformat ungefähr die Größe von DIN-A4 hatte. Das fand ich damals ungewöhnlich, denn das kannte ich nicht. Zu dieser Zeit gab es meist noch Schwarz-Weiß-Aufnahmen und selten Fotos in dieser Größe. Ich steckte mir eine Flasche in die Unterhose, band mir den Bademantel zu und lief zurück zur Wohnungstür. Diese öffnete ich einen Spalt, horchte auf das Geräusch der Dusche, schaute kurz nach Schülern, die sich eventuell schon auf den Fluren befanden, und verließ dann eilig die Wohnung.

Dass mich kein Schüler sehen sollte, hatte einen guten Grund. Jeder wusste, dass Gerhard Jungs fickte. Ich glaubte das nicht nur, es gab daran für mich gar keinen Zweifel. Es sollte mich keiner aus der Wohnung von Gerhard kommen sehen, weil ich nicht in den Verdacht kommen wollte, dass er das auch mit mir macht. Ich hätte in der Schülergemeinschaft nicht mehr leben können. Dass einige längst schon darüber sprachen, wusste ich nicht oder verdrängte den Gedanken.

Das alles hatte mich in diese Schattenwelt getrieben. Einsam und stumm, Dinge tun wie diese morgendlichen Aktionen, weitab von der scheinbaren Normalität des Lebens, mit der Gewissheit, Falsches zu tun, sich dafür aber nicht zu schämen, sondern diesen einzigen Erfolg im Leben auch noch zu genießen. Es durften und sollten keine Gerüchte entstehen. Es hätte mich, so glaubte ich, ausgegrenzt. Ich wusste von zwei anderen Schülern, mit denen Gerhard wohl Ähnliches tat. Es schien mir, als gingen sie damit anders um. Ich hatte vielmehr das Gefühl, dass sie damit leben konnten, während ich keinen Weg fand, diese Geschehnisse in mein Leben einzuordnen. Dass das nicht so war, dass andere Schüler eben auch nicht viel besser mit der Situation umgehen konnten, erfuhr ich erst sehr viel später. Ich zumindest zerbrach ganz langsam.

Ich saß wieder in meinem Zimmer. Der Tag war gerettet! Das Mittel gegen die Angst war für diesen Tag besorgt. Ich trank eine Flasche Bier und legte mich wieder ins Bett. Ganz zusammen gekauert, die Decke über den Kopf.

Mit dem Rest des Tages wollte ich nichts zu tun haben. Ich stand dann doch auf. Das Bier wirkte schon. Alle waren beim Frühstück. Ich war allein. Ich war sicher. Jetzt konnte nichts geschehen. Nun ging ich unter die Dusche. Ich hatte jetzt schon einiges getan am heutigen Tag, bloß durfte es keiner wissen. Jetzt wäre es Zeit für den Unterricht. Ich wusste nicht, was auf dem Stundenplan stand. Ich hatte mich schon am frühen Morgen sehr weit von einem normalen Alltag entfernt und es war schwierig für mich, dort hineinzufinden. Ich ging nicht in die erste Stunde, sondern zu dem Krämerladen, setzte mich vor die Tür und trank Bier. Geld hatte ich ja!

In der Frühstückspause kamen andere Schüler. Manchmal forderten sie mich auf, mit in den Unterricht zu kommen. Dem Unterricht war nicht zu folgen. Aufgaben waren nicht gemacht, denn ich musste trinken, rennen und im Wald sitzen. Zu den meisten Inhalten fehlten mir die davor liegenden Stunden, denn ich besuchte den Unterricht nur noch sehr unregelmäßig. Die Unterrichtsstunden zeigten mir deutlich, dass mit mir etwas nicht stimmte, sie ließen mein Selbstwertgefühl, wenn es noch eines gab, gegen null sinken. Hier gab es keine Bestätigung. Nie. Nach spätestens zwei bis drei Unterrichtsstunden gab ich auf. Dann saß ich im Wald und trank. Nach dem Mittagessen war oft Freizeit und Zeit, um Hausaufgaben machen. Es gab auch nachmittags Unterrichtsstunden. Die besuchte ich noch seltener. Ich war im Wald und auf dem Weg in eines der umliegenden Dörfer, wo ich mir dann etwas zu trinken kaufte.

Ich achtete bei meinen Wanderungen sehr genau auf Waldarbeiterwagen, denn dort fand sich häufig etwas zu trinken oder Leergut, das man zu Geld machen konnte. Bauwagen auf Baustellen waren ebenfalls sehr interessant. Und meist half die Strategie, die ich schon morgens hinter dem Schrank anwendete: abwarten, beobachten und im richtigen Moment in Aktion treten.

Wenn der Tag sich dem Ende neigte und es leicht zu dämmern anfing, hatte ich den Tag überstanden. Nun war ich frei. Frei im Kopf, weil ich genug getrunken hatte. Und ich fühlte mich frei, weil jetzt wirklich Freizeit war und keiner mich ansprechen würde, warum ich hier und nicht dort oder sonst wo wäre, und im Kopf frei, weil ich genug getrunken hatte. Aber wem ich auch begegnete, ich schaute niemandem in die Augen. Ich starrte immer auf den Boden. Es war die Angst, man könnte lesen, was ich den Tag über getan hatte, das schlechte Gewissen vielleicht, und es waren die glasigen Augen, die ich verstecken musste. Der gesenkte Blick blieb eine lebenslange Angewohnheit.

Abends waren irgendwelche Partys angesagt. Irgendwo wurde immer gesoffen. Ich war dabei. Ja, ich war dabei. Nun gehörte ich dazu. Ich gehörte in diese Gemeinschaft. Was für ein wunderbares Gefühl. Dazugehören! Der zurückliegende Tag mit seiner Einsamkeit wurde unwichtig. Ich gehörte zu denen, die am meisten tranken, und ich war meist der Jüngste. Zumindest unter den Jungs. Während andere mithalten wollten und sich rühmten mit dem, was sie vertrugen und schon getrunken hatten, gab ich nur die Hälfte oder weniger zu. Ich wollte nicht betrunken sein. Angstfrei wollte ich sein, angstfrei und normal.

Wieder ein Morgen wie so viele davor. Das starke Würgen, die Angst vor dem Tag und wieder hinter dem Schrank. Es sollte einer der etwas bittereren Tage werden, ich wusste es nur noch nicht. Barfuß die Treppen runter, das Geräusch der Dusche erlauschen, vorsichtig in Gerhards Wohnzimmer. Da stand er. Im Bademantel. Kein Wort. Ich suchte nach irgendeiner Frage, wurde aber von Gerhard in einen Sessel gedrückt. Der Bademantel war nun offen, dass erregte Geschlechtsteil des Mannes drückte und rieb sich an mir und ich spürte den harten Griff des Mannes zwischen den Beinen. Dem Griff war nicht zu entgehen, das hätte unweigerlich zu Schmerzen geführt. Trotz einer gewissen Schockstarre wusste ich: abwarten, beobachten und im richtigen Moment in Aktion treten.

In dem Moment, als Gerhard eine für ihn etwas angenehmere Position einnehmen wollte, löste sich der Griff, so wie der ganze Körper des Mannes, für Sekunden. Das war die Chance. Ich sprang auf und war blitzschnell aus der Wohnung. Hätte Gerhard mich in der Wohnung nochmals zu greifen bekommen ... ich konnte das nicht mehr ertragen. Der Schock wurde nicht etwa dadurch ausgelöst, was geschah, sondern weil ich erwischt worden war. Und ja, natürlich tat ich Falsches! Es war dieser Erkenntnis nicht zu entgehen. Ich bin schlecht! Niemand anderes.

Das zeigte sich dann auch vor der Wohnungstür, wie ich schon so oft beobachtet hatte. Dort bemühten sich alle anderen Erwachsenen, in gar nicht zu glaubender Weise, Gerhard irgendwie zu gefallen, ihm Ehrerbietung entgegen zu bringen, ihm ihre Hochachtung auszusprechen. Wie die Erwachsenen ihn hofierten, war nicht zu verstehen.

Ich sah ihn oft mit anderen Erwachsenen, lächelnd, wichtige Dinge redend, in seiner ihm eigenen Gestik und Mimik. Gerhard schien großen Eindruck auf andere Erwachsene zu machen. Ob er sich auch denen gegenüber nackt bückte, die Arschbacken auseinanderzog und sich anbot? Oder zeigte er sich denen nicht so? Das kann ich nicht mit Bestimmtheit sagen, ich war ein Kind, ich wollte das nicht sehen, nicht wissen, nicht haben. Er war Schulleiter, was war das hier? Es gab für mich keine Erklärung! War das richtig und normal? Musste man das tun? Und wenn ja, warum fand ich es so abstoßend?

Vieles hatte ich jetzt schon beobachtet, in meiner Einsamkeit, vieles eingeordnet oder versucht einzuordnen. Hier gelang es mir nicht. 30 Jahre später beobachtete ich, nun längst selbst erwachsen, immer noch. Gerhard hatte einen fast unantastbaren Status. Ich, der Junge, der nun keiner mehr war, kannte eine andere Seite.

Dieser Tag hatte schlecht angefangen. Kein Geld, erst einmal nichts zu trinken und um eine schmierige Erfahrung reicher. Eine Erfahrung, welche Spuren hinterlassen sollte. Zu den vielen Spuren, die schon vorhanden waren und langsam auch immer sichtbarer wurden. Der Tag endete ausgesprochen einsam. Im Vollrausch. Alle Vorräte waren dahin. Allein im Wald. Die ganze Nacht, bis zum nächsten Morgen. Verfroren und dreckig wachte ich im Laub auf. Kein Würgen, hier konnte mir nichts passieren. Ich war im Wald. Hier war alles, wie es sein sollte.

Gerhard, dem ich nicht immer aus dem Weg gehen konnte, schien dieses Aufeinandertreffen und mein schändliches Verhalten – das ihm letztlich die Befriedigung versagte – nicht weiter zu tangieren. Er war freundlich und milde, lächelte, und wenn ich nicht auf der Hut war, streichelte er mir auch in der Öffentlichkeit über den Kopf! Ich dachte dann nur „Du Drecksau" und schämte mich dafür. Für mich war das kein anderes Gefühl, als würde Gerhard sein Genital an mir reiben. Aber er streichelte mir doch nur über den Kopf! „Was war falsch an mir?", fragte ich mich dann damals als Kind. Ich konnte dieses unschuldige Anfassen nicht ertragen, denn er trug dieses Anfassen – von dem niemand etwas wissen sollte, weil ich mich so sehr schämte – damit in die Öffentlichkeit. Es schien mir dann, als wäre es nicht mehr weit, dann könne er auch in aller Öffentlichkeit so mit mir umgehen, wie er es nur tat, wenn er mich allein erwischte. Das musste ich verhindern.

Ich entzog mich dann diesen öffentlichen Streicheleinheiten ziemlich unwirsch. Er lächelte milde! Jeder, der solche Situationen beobachtete, sah den bockigen Jungen und den milden, souveränen Gerhard. Und wieder war jedem klar, auch mir, wer hier der Schlechte war.

Wie sollte ich das alles einordnen? Was finden die Menschen an so einem? Warum wird er von allen verehrt und gemocht? Ich selbst zog mich noch weiter zurück und beobachtete. Ich beobachtete auch, dass die Menschen mich mit zunehmender Skepsis betrachteten. Nicht Gerhard, sondern mich! Dieses Rätsel sollte ich nicht lösen können, aber es musste an mir liegen.

Dabei sein. Dieses Gefühl, welches ich von den Partys und Saufgelagen kannte, müsste sich doch auch im normalen Leben erfahren lassen. Etwas hilflos versuchte ich manchmal, mein Schulmaterial zu ordnen, Aufgaben nachzumachen, mit den Anderen zu lernen. Mitunter ging es ein, zwei oder drei Tage gut. Dann kam wieder eine schmierige Erfahrung hinzu, wie die mit dem Mathelehrer. Er grapschte und lachte. Er grapschte immer gleich richtig. Auch das, so war mir damals klar, wusste jeder.

Ist es Unrecht, wenn ein Lehrer mit mehreren Jungen in einem Duschraum steht und diese auffordert mit ihm um die Wette zu onanieren? Oder musste man dankbar sein, wenn man bei einem solchen Wettbewerb teilnahmslos dabeisteht aber anschließend für seinen fehlenden Eifer an einer solchen Gruppenaktivität nicht sanktioniert wird?

Mit ihm musste oder durfte ich einmal im Sommer eine zwei Monate lange Ferienfahrt in die Nähe von Antalya machen. Ich lag auf meinem Schlafsack, weit ab von den Anderen. Ich wollte mich schützen. Dreizehn Jahre alt war ich damals. Dreizehn Jahre und fünf Monate! Plötzlich lag der Lehrer neben mir. Fett und überall behaart, schwitzend fing er an, mir im Ohr zu lecken. Mit der Hand war er zwischen meine Beine gefahren. Hier gab es keinen Wald. Es gab den VW-Bus und mein schützender Wald war circa zweieinhalbtausend Kilometer entfernt. Hier half kein Abwarten, Beobachten und im richtigen Moment In-Aktion-Treten. Hier gab es kein Entkommen. Auf meinen Versuch mich zu entziehen, setzte er seinen feisten Körper ein. Er war nicht wegzudrücken. Eine Chance gab es nicht, sonst hätte ich sie genutzt. Alle Muskeln anziehen, sich verkrampfen, die Augen, die Lippen zusammenpressen, nicht mehr atmen, so erwartete ich nun das, was der tolle Typ, als der dieser Lehrer galt, nun anstellen würde.

Er unterrichtete Mathematik, jetzt leckte er die Eier eines Dreizehnjährigen und lutschte dessen Schwanz. Ich war nie ein guter Schüler. Alle Lehrer gaben sich größte Mühe mich zu unterstützen, mir Hilfestellungen zu geben, in Konferenzen über die nächsten Schritte zu beraten, die mir helfen könnten, doch noch wenigstens halbwegs vertretbare Resultate zu erreichen.

All die Pädagogen waren so bemüht. Gerhard und dieser Mathelehrer waren ganz vorne mit dabei, wenn es um gute und hilfreiche Konzepte ging, die mir schulisch und menschlich weiter helfen konnten. Einstweilen hatte der Mathelehrer seinen Kopf zwischen den Beinen des Dreizehnjährigen. Plötzlich wurde er bei seinem Vornamen gerufen. Eine Mädchenstimme rief ganz aus der Nähe. Er sprang auf, als er die Stimme seiner minderjährigen Schülerin hörte, zog seine kurze Turnhose hoch, über die seine haarige Wampe hing und aus der unten das Gehänge baumelte. Was für ein Glück für mich. Ja, Glück muss man haben im Leben!

Wortlos verschwand er. Ich blieb zurück – wie ein Stück Scheiße. Der Mathelehrer würde Gerhard später erklären, einen so schweren Fall wie mich hätte er noch nie gehabt und er könne die Aufsicht über mich nicht mehr mit gutem Gewissen übernehmen! So hat es mir Gerhard seinerzeit kundgetan. Es wurde dann entschieden, mich unter die Aufsicht eines sehr jungen Lehrers zu stellen. Ich gebe ihm den Namen Marcel. Marcel hielt sich meist zurück. Ich war sehr wachsam, wie immer beobachtete ich. Marcel onanierte vor allem mit ein und demselben Jungen. Ich war mit diesem Jungen einmal auf einem Zimmer, als ich noch in Gerhards Wohngruppe war. Die Gefahr, die von Marcel ausging, schien gering. Eine Fehleinschätzung! Es war wieder die Hoffnung, die sich vollkommen ungefragt aufdrängte und sich in mir breitmachte.

Bis die Hoffnung die Ergebnisse aller Beobachtungen beiseiteschob. Marcel hatte einige Versuche unternommen, mit mir das zu machen, was andere schon gemacht hatten. Er ließ sich in der Regel ganz gut abwehren. Das machte es aber nur bedingt besser, denn es wurde offensichtlich, dass auch hier immer und jederzeit eine Gefahr lauerte. Zudem war es so, dass ich ihn zwar gut abwehren konnte, aber in diesem Moment der Abwehr war es ja schon zu einer übergriffigen Situation gekommen. Wer aber schon so viele Missbrauchserfahrungen erlebt hat wie ich, für den sind solche Situationen schon deshalb eine Katastrophe. Die eigentliche Katastrophe mit Marcel bestand mir aber noch bevor.

Wieder war der Wald weit weg, wieder war ich allein und abseits sitzend, in Badehose. Es ging sehr schnell, Marcel hielt mich fest, das Gesicht eines anderen Lehrers war schon an meinem nackten Hintern zu spüren. Ich, vierzehneinhalb Jahre alt, wehrte mich. Ich wehrte mich auf eine unvorstellbar entwürdigende Art, aber ich wehrte mich. Marcel und der Andere, beides beliebte Lehrer, ließen ab.

Marcel spielte im Verlauf meines weiteren Lebens noch eine Rolle, der andere Lehrer sprach nicht mehr mit mir. Die restliche Zeit, circa drei Jahre, die ich noch an diesem Ort verbringen sollte, ignorierte er mich fast vollständig. Das gab mir jeden Tag das bittere Gefühl, ein Schwein zu sein. Dieser Lehrer vergötterte Gerhard geradezu und war auch gut bekannt mit dessen Lebensgefährten.

Ich saß nun nicht nur noch öfter im Wald, sondern durchquerte ihn zielstrebig, um in einer Kneipe im Nachbardorf Bier trinkend Stunde um Stunde still und stumm vor mich hin zu stieren. An solchen Tagen trank ich, dem man anscheinend nichts beibringen konnte, schon an die 25 Flaschen Bier.

Schulische Leistungen gab es nicht mehr. Ich konnte nicht lernen. In meinem Kopf waren andere Dinge wichtiger. Wie konnte ich mich schützen? Wie konnte ich noch besser beobachten und daraus lernen, wie ich mich richtig verhielt? Die Frage, dass andere sich falsch verhielten, gab es nicht. Nicht mehr. Es hatte sie auch nie gegeben. Mein Umfeld ließ diese Frage nicht zu. Das letzte Jahr, welches ich in meiner Heimat verbringen durfte, wurde ich weitgehend isoliert.

Ich war auffällig in meiner Art und für Gerhard ein Problem geworden, weil nun andere Pädagogen immer öfter Konsequenzen gegen einen so erziehungsresistenten Schüler forderten. Immer lauter wurden die Stimmen der Lehrer, die endlich drakonische Strafen gegen mich, den dieses Landerziehungsheim unwürdigen Schüler, forderten. Drakonische Strafen! Und ich hatte dafür Verständnis. Ich stand im Abseits, war zum Außenseiter geworden und auffällig anders. Ich trank, ging nicht zum Unterricht, nahm Drogen und bestahl Gerhard, der immer mal wieder meinte: „Wenn du nicht so viel saufen würdest, würdest du auch nicht so viel klauen." Er wusste also längst, dass er meinen Dauerrausch finanzierte. Wen also hätte man sonst bestrafen sollen?

Ich war nun 17 Jahre alt und zu nichts fähig. Bald würde Gerhard Bruns eine Möglichkeit gefunden haben, mich möglichst so von der Schule zu entfernen, dass ich keinen Schaden anrichten konnte. Ich hatte ihm – ich war zu dieser Zeit sechzehn Jahre alt – gesagt: „Ich muss eine Kur machen oder ich will in die Kirche gehen, ich bin krank." Ich wusste von beidem nicht so recht, was das sein sollte und wie mir da geholfen werden konnte, aber mir war klar, ich war nicht normal. Ich trank so viel, nahm Drogen, war so anders, hatte nur schlechte Noten, konnte also nichts. Gerhard legte seinen Kopf wie üblich etwas schief, lächelte sein Lächeln (ein anderes Opfer von Gerhard nannte es das „*High Noon-L*ächeln") und meinte: „Max, es ist alles genau so richtig, wie es ist."

Ich war dann in der Nachbargemeinde in der Kirche. Den Pfarrer kannte ich, er gab Religionsunterricht. Ich durfte in die Kirche, wenn keine Veranstaltungen waren, und dann dort sogar auf der Orgel spielen. Das waren galaktische Erlebnisse auf LSD. Einmal gab mir der Pfarrer reichlich zu trinken und irgendwann hatte er die Hand in meiner Hose. Kirche war also auch nichts. Ich bin bei dieser Erfahrung, weil ich, betrunken wie ich war, einfach weggegangen bin, scheinbar glimpflich davon gekommen. Aber es war die Erkenntnis, die ich daraus ziehen musste, die das Geschehen so einschneidend werden lässt. „Du kannst dem nicht entrinnen! Es ist überall und es kann nicht falsch sein! Selbst die Kirche macht es!"

Es wird zudem immer schwerer zu ertragen, wenn man das Gefühl hat, sich so oft schon gewehrt zu haben, und man immer und immer wieder gezeigt bekommt: Es nutzt dir nichts! Dadurch potenziert sich die Qualität der Missbrauchshandlungen

Es gab für mich nur eine Möglichkeit, dem zu entgehen. Weiterer Rückzug in mich selbst, weg von den Menschen, die alle so liebevoll sein wollten, was ich aber nicht mit Gegenliebe oder Dankbarkeit erwidern konnte. Ich war falsch! An mir war etwas falsch, keiner sollte und durfte es merken!

Ich war zu dieser Zeit schon sehr still geworden. Nur wenn ich wirklich betrunken war, wurde ich lauter und kam aus mir heraus. Alles, was ich erlebt hatte, war für mich nicht zu deuten. War das richtig, was da geschah und ich falsch? Um das zu beantworten, suchte ich nach Anhaltspunkten.

Auf der einen Seite stand: Das Landerziehungsheim hatte einen ausgezeichneten Ruf, man sollte dankbar sein, hier sein zu dürfen. Die Lehrer und Erzieher, besonders Gerhard Bruns, hatten einen guten Ruf und waren sichtbar beliebt. Der Pfarrer stand moralisch sowieso über allem! All das konnte nicht falsch sein! Viele Schüler lebten ganz gut hier und viele machten ihr Abitur. Und ich sagte es bereits: Mir schien es so, als kämen alle mit den hiesigen Gegebenheiten gut zurecht.

Auf der anderen Seite stand: Ich! Schlechte Noten, Außenseiter, Trinker, Angstzustände, selten im Unterricht und wenn, dann sicher der Schlechteste. Die Lehrer machten mir Vorwürfe, und wenn ich besoffen war, machte ich echt manchen Scheiß. Ich konnte nicht dankbar sein – denen, die sich so fürsorglich um mich kümmerten. Es musste an mir liegen. Alles sprach dafür. Alles. Dafür schämte ich mich. Ich schämte mich auch bei jedem Übergriff und ich schämte mich danach, und beim nächsten Übergriff und danach und beim nächsten ... Und da alles an mir lag, musste ich zumindest irgendwie schuld sein.

Die Folgen

Scham

Es war mein Recht, mich zu schämen. Diese ständige Missachtung meines Ichs. Doch mein Schämen half mir nichts und ich wurde es nicht wieder los. Ich schäme mich heute noch. Umfassend und für alles, was mich betrifft. Scham ist ein gewaltiges, irgendwann auch gewalttätiges Gefühl. Gewaltig ist es, weil es Handlungsweisen beeinflusst. Gewalttätig wird es, wenn das Gefühl nicht mehr weicht und sich nach und nach der Wunsch verfestigt, jenseits der Menschen und ihrer Normen leben zu wollen. Im Verborgenen, dort wo Beschämungen dann nicht mehr möglich scheinen. Aber mit dieser Scham konnte ich mit etwas Anderem, was damals so vehement und andauernd eingefordert wurde, gar nicht mehr umgehen: Nacktheit.

Aus Scham senkte ich damals die Augen, aber die Augen zu senken half oft nichts, fest schließen musste ich sie und die Augenbrauen zusammenziehen. So groß war die Scham, und so groß der Wunsch, dass die Täter mir nicht in die Seele schauen könnten. Zudem waren die Schatten der Täter nicht zu sehen. Leider blieben die Schatten auf meiner Seele ein Leben lang.

Irgendwann öffnete ich die Augen wieder, aber ich sah die Welt nicht mehr so, wie sie hätte für mich sein sollen. Durch diese Augen wurde seit dieser Zeit eine andere Welt sichtbar.

Die Scham blieb und sie zog die Einsamkeit an sich. Sie kam langsam und wurde zum ständigen Begleiter und führte zur vollkommenen seelischen Lähmung und zu einer Isolation. Ich ergab mich ihnen.

Die Nacktheit ist ein großartiges Mittel, um zu beschämen. Pädagogen, die in ihrem Erziehungskonzept Nacktheit und Freizügigkeit einfordern, missachten hier einen Grundsatz: Jedes Kind ist ein eigenständiges Individuum. Es hat ganz grundsätzlich erst einmal ein Recht, sich zu schämen! Diese Scham mag unbegründet sein oder anerzogen, das spielt gar keine Rolle. In meinem Fall ist es mir eindeutig klar, woher die Scham kam. Diese Scham zu brechen, indem man dem Kind vorwirft, anders, verklemmt oder spießig zu sein, nicht dazu zu gehören, weil es diese Nacktheit nicht möchte, führt geradewegs tiefer in ein Schamgefühl. Nacktheit zu erzwingen, weil man sonst nicht dazu gehört, ist übergriffig. Und so gesehen liegt in so manch einem pädagogischen Gedanken schon der Ansatz zum Übergriff.

Anders gesagt: Jedes Kind hat schon in sehr jungen Jahren und warum auch immer, das Recht zu bestimmen: „Ich möchte vor dir nicht nackt sein!“ Ein pädagogischer Ansatz, der dieses Recht beschneidet, ist ein übergriffiger Ansatz. Dies gilt umso mehr, wenn dieser Ansatz als generell gilt, denn dann missachtet er das einzelne Individuum. Nacktheit bei einem sexuellen Übergriff ist keine angenehme Erfahrung und die daraus entstehende Scham noch weitaus größer und tiefer. Diese Scham wird das Kind nicht mehr los. Es wird sich umfassend für alles schämen, was sein Selbst betrifft. Diese Scham ist so stark und umfassend, dass sich das missbrauchte Kind seiner eigenen Bedürfnisse zu schämen beginnt, geschweige denn, diese noch mitteilen kann. Diese Scham macht stumm. Täter wissen von dieser Scham ihrer kindlichen Opfer. Sie hilft ihnen.

Schuld

Das Schuldgefühl ist neben der Scham das zweite sehr ausgeprägte Empfinden, das Opfer von sexueller Gewalt begleitet. Aus dem Schuldgefühl entstehen neue Symptome wie fehlendes Selbstwertgefühl, Depression, Mutlosigkeit bis hin zu Suizidgedanken. Das Schuldgefühl des Opfers ist das dem Täter hilfreichste Gefühl überhaupt. Täter sexueller Gewalt an Kindern und Schutzbefohlenen rechnen fest mit diesem Gefühl ihrer Opfer, sie sind bemüht, diese zu verstärken und zu erhalten. Dabei ist es nicht schwer, das Schuldgefühl im Kind zu wecken. Kinder fühlen sehr intensiv mit ihren Bezugspersonen, egal ob Vater, Mutter, Lehrer, Erzieher oder sonst wer. Kinder wollen gut sein.

Das Kind, das durch die Taten erschüttert ist, fühlt sich schlecht, es fühlt sich nicht mehr liebenswert. Unter anderem wegen der Scham und der Schuldgefühle, aber oft auch, weil es sich dreckig fühlt. Die misshandelnde Bezugsperson ist für das misshandelte Kind aber so wichtig, dass es das

Schlechte im Verhalten dieser Person nicht sehen kann oder will, um die Bindung aufrechtzuerhalten. Aber das Schlechte ist für das Kind spürbar! Es kann und darf aber nicht von der Bezugsperson kommen. Daher gibt sich das kindliche Opfer selbst die Schuld. Genau davon profitiert die misshandelnde Bezugsperson.

Im Opfer findet eine Täter-Opfer-Umkehr statt, die dem Täter hilfreich ist. Nun stellt es sich für das geschädigte Kind so dar: Es selbst verursacht die Tat, weil es so ist, wie es ist. Die Bezugsperson kann daher gar nicht anders, als so zu reagieren bzw. zu agieren, wie sie es tut. Das Kind fühlt sich schuldig und böse, die Bezugsperson scheint ihm unschuldig und bedürftig.

Der Lebenspartner von Gerhard Bruns wird 2015 in einem Buch schreiben: *„Die Scham ist umso größer, je stärker man selber an dem Vorgang beteiligt ist"*. Ich bin mir nicht ganz sicher, ob es aus meinen bisherigen Schilderungen klar hervorgeht. Ich habe mich nicht beteiligt, ich habe gar nichts getan, es wurde etwas mit mir getan. Aber genau das ist es, was die Täter erreichen wollen: „Du warst dabei". Diese falsche Behauptung ist für ein kindliches Opfer schwer als eine solche zu erkennen, auch daraus entsteht fast zwangsläufig das Schweigen. Es ist also passiert und ja, es war eine große Scham. Aus was besteht die Scham? Warum entsteht sie? Warum ist sie so groß und beherrschend?

Ich konnte es nicht schön finden, obwohl mir oft deutlich gemacht wurde, dass jetzt etwas geschieht, was man nur miteinander macht, wenn man sich sehr lieb hat! Ich konnte es nicht schön finden! Was stimmt nicht an mir? Bei späteren Übergriffen setzte man voraus, dass ich weiß, dass man das nur tut, weil man mich so sehr mag. Ich mochte aber nicht die Missbraucher und ich mochte auch mich nicht mehr. Ich wurde wie Dreck behandelt und fing an, mich so zu fühlen.

Es war so unglaublich peinlich. Er weiß nun, wie ich schmecke, wie ich rieche! Aber es kann nicht schmecken oder gut riechen! Das ist außerhalb meiner Vorstellungskraft. Er weiß es nun! Welche Scham!

Schon beim ersten Versuch, einzuordnen was geschah, kommt es zu einem gedanklichen Fehler. Die Frage, die im Kopf des Kindes hämmert: „Was war das?" wird beantwortet mit: „Ich habe mit dem DAS getan" oder „Wir haben DAS gemacht". Daraus folgt: „Was hab' ich getan?" Auch daraus ergeben sich die Scham und das Schweigen! Die Scham ist etwas, auf das sich der Täter verlassen kann. Er braucht dafür nicht viel zu tun.

Langes Schweigen

Das Schweigen, das Verstummen, das Nichtsprechen ist ganz eng mit der Erfahrung des sexuellen Missbrauches verbunden. Neben der Frage: „Warum hast du nicht nein gesagt?" ist die zweite in fast ungläubig gefragten Ton gestellte Frage: „Warum hast du nie etwas gesagt?" oder „Warum hast du geschwiegen?" Vieles spielt dabei eine Rolle. Angst, Scham- und Schuldgefühle, Drohungen, Bestechung, Lügen, nicht geglaubt bekommen, Manipulation. Das sind zumindest auch immer mit Gründe, dass kindliche Opfer sexualisierter Gewalt schweigen.

Aber ich war an dem wunderbarsten Ort der Welt. Alle waren tolerant, es gab nur die besten Pädagogen, das war über alle denkbaren Grenzen hinweg bekannt. Noch heute spüre ich oft den Unglauben, der mir entgegengebracht wird, wenn ich erzähle, was dieser oder jener damals getan hat. Sie nannten ihre Wohngruppen Familien. Neben dem eigentlichen sexuellen Missbrauch gab es ein weiteres nicht zu unterschätzendes Problem für die kindlichen Opfer. Sie lebten in einer Welt von Verrat, Täuschung und Irritation. Nichts war so, wie es vorgegeben wurde. Es war mir in gar keinem Falle möglich, den Schein und die Realität zusammenzubringen. Der Schein war ein wunderbares, einzigartiges Landerziehungsheim, in dem zu sein ich dankbar zu sein hatte. Die Realität war, dass es häufig schlecht ausgebildete oder gar nicht ausgebildete Lehrer gab, von denen oft eine Gewalt gegen mich ausging, der ich mich nicht erwehren konnte. Toleranz und Mitgefühl, Achtsamkeit gegenüber Schwächeren wurden als Handlungsmaxime hochgehalten. An mir aber, der nicht nur, weil er Kind war, zu den Schwächeren gehörte, wurde Gewalt begangen – ohne Mitgefühl. Von der gelebten Toleranz profitierten die Falschen. Verrat! Täuschung! Irritation!

Manipulation

Stehen Opfer und Täter in einer Beziehung – Vater-Kind, Mutter-Kind; Lehrer-Schüler –, dann wird vom Täter darauf hingearbeitet, dieser Beziehung etwas ganz Besonderes zu geben. Das kann Zuwendung sein, dann muss man dankbar sein. Man wird vom Täter in einer Gruppe isoliert, ignoriert, mit Entzug von Zuwendungen bedacht, bis sich der Täter endlich (in unverhoffter Güte) wieder mit einem abgibt und missbraucht! Dann muss man dankbar sein, denn er ignoriert nicht mehr und entzieht einem auch die Zuwendung nicht weiter! Auch gibt es oft Rückmeldungen des Täters an sein kindliches Opfer, dass dieses sich nicht richtig entwickelt, z.B. dass man sexuell zurückgeblieben sei und bleibt, wenn man nicht nun schleunigst dieses oder jenes unternimmt.

Die Manipulation des Opfers, die im Vorfeld und während der ganzen Zeit des Missbrauchs stattfindet, ist vielfältig und in gar keinem Fall vom kindlichen Opfer zu durchschauen. Die Manipulation verunsichert und nimmt das Selbstwertgefühl. Es wird immer schwerer, für sich einzustehen. Es wird immer schwerer, in der Welt zu bestehen.

Angst

Die Angst erwächst aus all dem. Was soll ich sagen, wenn ich mich so schäme!? Mit jedem Wort, egal wie ich beginne und wie ich es drehe, beschäme ich mich selbst ein weiteres Mal. Ich muss schweigen! Die Angst, dass andere es rausbekommen, ist groß. Denn wenn sie es wissen, kann ich unter ihnen nicht mehr leben. Die Angst, der Täter könnte erzählen, was wir miteinander tun, ist natürlich auch vorhanden. Alle wüssten es und auch dann könnte ich dort nicht mehr leben. Zumindest würde sich das Leben, wie ich es gerade so auszuhalten schaffe, derart verändern, dass ich es nicht mehr aushalten könnte. So scheint es mir. Die Angst ist auch, dass ich bestraft werde, wenn alles rauskommt. Die Angst ist, dass ich meine Welt verliere, das Umfeld, in dem ich lebe. Familie, Heim, Gruppe ... Verrat, Täuschung und Irritation! Und irgendwann hatte ich bereits geschwiegen. Das System schien übermächtig. Es gab Druckmittel wie Schulverweis oder die Täter lassen durchblicken, „was für einer ich bin“. Sie hatten die Macht, ich musste mich fürchten.

Ich war nun 17 Jahre alt und – ich wusste es noch nicht – meines Lebens beraubt. Gerhard Bruns wollte und musste mich loswerden. Andererseits wollte er mich weiterhin unter Kontrolle halten, denn dass ich, so wie ich war, sehr schnell in der Psychiatrie oder in irgendeiner staatlichen Obhut landen würde, schien klar. Die Gefahr bestand, dass so zeitnah etwas herausgekommen wäre. Es kam auch zu dieser Zeit noch zu Übergriffen. Da hatte ich dann wieder unversehens die Hand zwischen den Beinen. Ich konnte mich dem zwar widersetzen, aber es waren wieder Handlungen, die ich kaum verkraften konnte.

Ich hatte mich wirklich oft gewehrt, aber es wurde einfach ignoriert. Es war wie eine Bestätigung der eigenen Wertlosigkeit. Dieses Gefühl, „er macht immer noch was er will“, ist niederschmetternd. Wieder und wieder und wieder bis auf Innerste verletzt. Dazu brauchte es jetzt nicht mehr viel. Ein Griff zwischen die Beine reichte vollkommen aus.

Eines Tages kam Gerhard mit einem Vorschlag. Ich war betrunken wie immer und er meinte, ich könne doch eine Zeit lang zu Marcel ziehen. Der Lehrer Marcel hatte etwa drei Jahre zuvor das Landerziehungsheim verlassen müssen. Mir war damals ganz klar warum. Marcel onanierte – wie ich schon sagte – meist mit einem Jungen und war auch sonst oft mit diesem zusammen, aber: Dieser Junge war ganz eindeutig Gerhards Favorit. Ich war ja eine Zeit lang mit ihm auf dem Zimmer und hatte es miterlebt. Ich meine, Gerhard hatte Marcel deswegen damals abgeschoben, weil auch er diesen Jungen für sich beanspruchte.

Nun machte Gerhard also den Vorschlag, ich solle zu Marcel ziehen. Die Sommerferien standen an, alle Schüler würden sowieso nicht da sein, ich hatte keinen Schimmer um die Konsequenzen und stimmte zu. Ich war 17 Jahre und fünf Monate alt. Mein Vormund wurde nicht informiert.

Wohngemeinschaft: das „wahre" Leben

Damit endete meine Schulzeit und das wahre Leben begann. Ich wohnte mit Marcel in einer Wohngemeinschaft in einer Stadt circa einhundertfünfzig Kilometer südlich des Ortes, an dem ich Kindheit und Jugend verbracht hatte. Marcel war irgendwie Künstler, wohl am ehesten Lebenskünstler. Oft tat er nichts, dann hatte er wieder etwas gefunden, mit dem er Geld verdiente. Abends nahm er mich mit auf Kneipentour, wodurch ich alle Kneipen der Stadt – linke Szenekneipen und die Altstadtspelunken – gut kennenlernte. In unserer Wohngemeinschaft wohnte neben Marcel und mir noch eine Studentin, ein wirklich toller Künstler (er starb im Jahr 2000, nicht ganz, ohne Spuren zu hinterlassen) und ein Student.

Ralf, der Künstler, machte großen Eindruck auf mich. Er lebte einfach in den Tag. Er soff wie ein Loch und die Frauen liebten ihn – auch die Studentin, die mit uns dort wohnte. Ralf war von Adel und malte – wie ich fand – ganz tolle Bilder. Eines kann ich noch ganz genau beschreiben. Wenn Ralf knapp bei Kasse war, gab er Tennisunterricht, meist (für mich damals) älteren Damen, die natürlich Feuer und Flamme für ihn waren. So hatte er immer Geld. Er versoff damals alles, wobei ich oft an seiner Seite war. Ralf war rückblickend arrogant und zynisch. Unser Zusammenleben in der Wohngemeinschaft war nicht wirklich harmonisch. Ralf tat, was er wollte, was der Studentin, mit der er hin und wieder schlief, nicht passte. Es kam zu Streitereien. Die Studentin schlief hin und wieder mit einer anderen Frau, was Ralf wiederum überhaupt nicht passte. Marcel fand die Studentin doof. Er fand alle Frauen lächerlich, nutzte sie aber auch immer wieder, denn auch auf ihn flogen sie. Der Student war genervt, und ich wollte meine Ruhe, möglichst viel trinken und wenn möglich mit der Studentin schlafen.

Irgendwann löste sich die Wohngemeinschaft auf. Wenn ich mich recht entsinne, hatte die Studentin ihr Studium beendet und warf alle raus. Ich durfte noch ein paar Wochen bei ihr wohnen, bis Marcel etwas Neues angemietet und dafür auch Leute gefunden hatte. Ein riesiges Haus in bester Lage, natürlich waren auch die Nachbarn etwas Besseres! Es zogen, neben Marcel und mir, eine vierköpfige Familie und ein Architekt mit seiner Freundin ein. Ich durfte mir ein Zimmer aussuchen und nahm ein Zimmer im Keller neben der Garage. Durch das kleine Souterrainfenster kam wenig Licht, aber das war egal. Ich hängte gleich ein dickes, dunkles Tuch davor. Mein Zimmer hatte den Vorteil, dass ich – ohne gesehen zu werden – durch die Garage rein und raus gehen konnte. Und das zu jeder Tag- und Nachtzeit. Das war wichtig, denn wenn ich nicht gerade sternhagelvoll war, mochte ich Menschen nicht und wollte auch unter keinen sein. Marcel kam manchmal herunter in mein Garagenzimmer, um nach mir zu schauen. Das hätte er aber nicht mehr müssen, er hatte aber wohl eine Absprache mit Gerhard. Ich war jetzt volljährig und hatte meine letzten Monate mit einer Halbwaisenrente bestritten.

Einmal kam Marcel in mein Kellerzimmer und meinte, er hätte mich eine Zeit lang nicht mehr gesehen, was ich tun würde. Ich sagte, ich versuche zu zeichnen. Er wollte unbedingt das Ergebnis sehen. Was er sah, schien ihn irgendwie zu beunruhigen. Es war nur ein einziges Motiv. Etliche Male versucht, irgendwie blieb es auch ein Versuch, denn es wurde nie fertig und ich kann auch nicht wirklich zeichnen. Was ich konnte, hatte Marcel mir beigebracht. Es war ein großes dunkles Auge, ein Zug spiegelte sich darin und Tränen tropften. Auf dem Boden war eine Tränenpfütze, in der Kreuze mit Namen zu sehen waren. Ein paar Utensilien verrieten, dass es Namen von Kindern waren. Ich fand es ein wunderbares Motiv, ich hatte von der Bedeutung meiner Zeichnung – bewusst zumindest – keine Ahnung. Aus heutiger Sicht möchte ich fast fragen: „Kann es deutlichere Hinweise auf erlebte Gewalt geben?“

Marcel war wirklich geschockt. Ich weiß bis heute nicht so recht, ob ich das richtig beurteile. Er schien total verstört zu sein. Ich habe ihn niemals vorher oder danach so erschrocken, fast verwirrt, gesehen. Es gab danach eine spürbare Veränderung. Ob an ihm oder zwischen uns kann ich heute nicht mehr so genau sagen.

Marcel ging irgendwelchen Arbeiten nach und hatte noch zwei Mädchen bekommen, für die er die Aufsicht übernommen hatte. Dafür bekam er Geld vom Amt. Manchmal kam der Vater des Jungen, mit dem ich im Landerziehungsheim auf einem Zimmer war und der einerseits Favorit von Gerhard Bruns war, andererseits auch von Marcel begehrt wurde, zu Besuch. Dann saßen

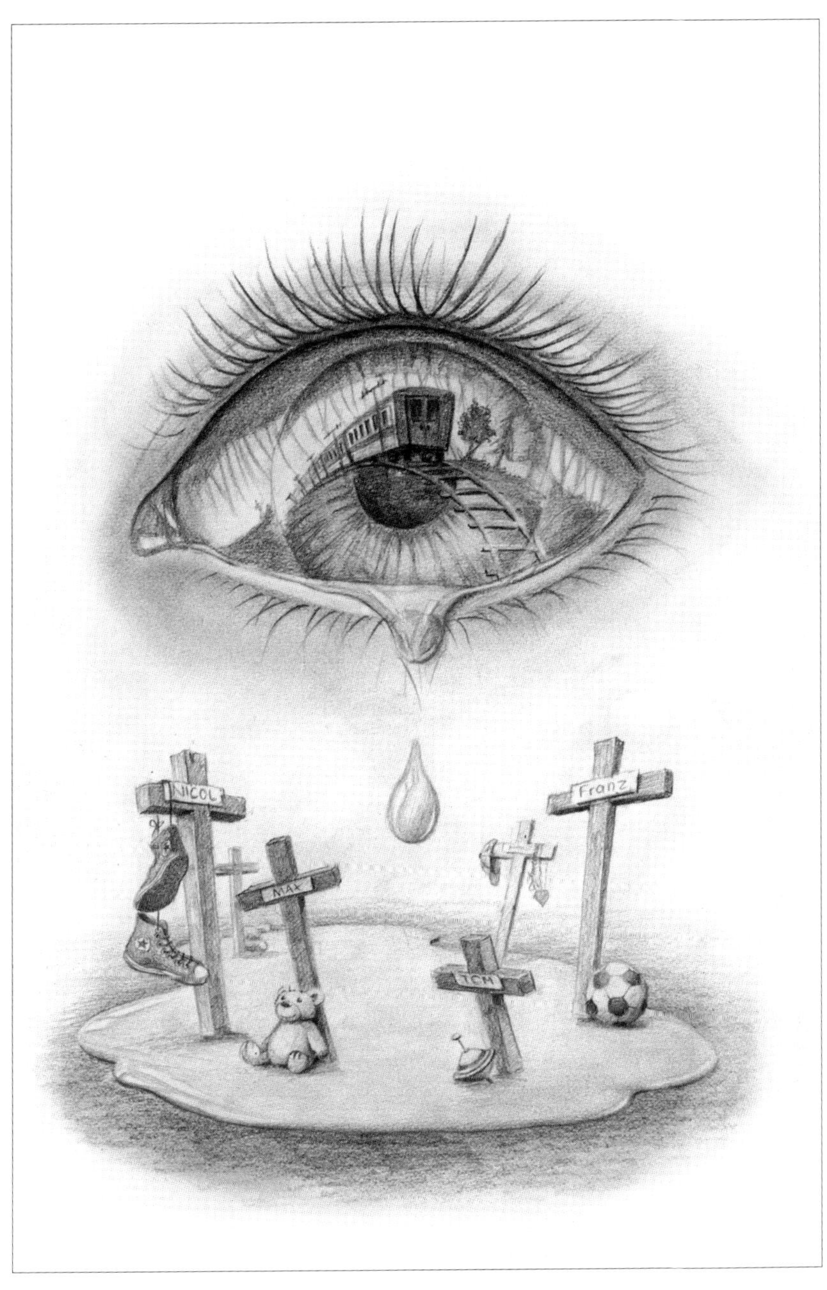
NICOL
MAX
Franz

wir auf dem Balkon und tranken Wein. Dieser Vater war damals schon ziemlich bekannt. Ich war nur dabei, weil es etwas umsonst zu trinken gab.

Mich wunderte es ein bisschen, was der bekannte Mann bei Marcel machte, denn Marcel war überhaupt nichts Besonderes. Er hatte weder irgendetwas Besonderes geleistet, noch war er bekannt oder berühmt, er hatte eben nur in dem Landerziehungsheim mit dem Sohn des Mannes onaniert, der nun zu Besuch kam. Aber warum besucht ein Vater einen Mann, der mit seinem minderjährigen Sohn längere Zeit rumgemacht hatte? Dieser Vater war wohl auch ein guter Freund von N.N.

Wenn ich kein Geld mehr oder nichts mehr zu trinken hatte, ging ich durch das Haus und suchte mir etwas: Bier, Wein, Schnaps. Es war mir egal. Manchmal hatte ich zwar Geld, aber ich glaubte, es nicht mehr bis zum Einkaufsladen an der Ecke zu schaffen. Ich zitterte stark und hin und wieder huschte etwas durch mein Sichtfeld. Nein, keine weißen Mäuse, aber ziemlich ähnlich. Ich war noch keine zwanzig und trotzdem schon zerstört worden. „Erziehung muss scheitern dürfen“, ist in diesem Zusammenhang der wunderbare Satz des großen Pädagogen N.N., den ich als Lebenspartner von Gerhard habe kennenlernen dürfen.

Bei der Suche nach etwas Trinkbarem kam ich einmal auch in Marcels Zimmer. Die Mädchen waren nicht da – sie saßen sonst oft wenig bekleidet auf seinem Bett – und Marcel war wieder irgendwas arbeiten, um Geld zu verdienen. Ich stöberte ein bisschen rum, weil ich wusste, dass er irgendwo Rotwein hatte. Den fand ich auch, zumindest eine angebrochene Flasche. Fürs Erste war das nicht schlecht. Ich fand auch ein paar Pornohefte. Die einzelnen Schwarz-Weiß-Aufnahmen lagen lose in ihrem Einband. Es waren Jungen im Alter zwischen sechs und acht darauf zu sehen, die von ziemlich behaarten Südländern – so kam es mir damals vor – in allen denkbaren Stellungen penetriert wurden. Einige Bilder zeigten etwas ältere Jungen, zwischen zwölf und fünfzehn, die sich gegenseitig penetrierten.

Ich war jetzt 19. In diesem Moment habe ich für mich entschieden, das ist nicht richtig! Das ist falsch, das ist ein Verbrechen, das lehne ich ab. Egal, was die in diesem wunderbaren Landerziehungsheim vormachten und vorlebten, egal, ob das scheinbar überall normal war. Ich war überrascht über mich und das Gefühl, eine eigene klare Meinung zu formulieren. Allerdings dachte ich auch, damit wirst du jetzt noch mehr zum Außenseiter, noch mehr zum Sonderling, wenn du dir so klar darüber bist, so etwas Normales abzulehnen. Die Welt der Täuschung, der Irritation und des Verrats, wie ich sie im Landerziehungsheim erlebte, hatte ganze Arbeit geleistet.

Ich wusste nicht, wo die Grenzen verliefen, ich hatte noch nicht die Ahnung, dass ich unter Verbrechern gelebt habe. Eine solche Orientierungslosigkeit ist für das Opfer außerordentlich hinderlich. Sie stärkt das Misstrauen und das Gefühl der eigenen Minderwertigkeit. Dem Täter aber ist die Orientierungslosigkeit seines Opfers hilfreich. Er wird sie nutzen.

Die Beziehung zu Marcel wurde schwieriger. Auch weil meine Halbwaisenrente nicht mehr gezahlt wurde und ich diese nur weiter bekommen würde, wenn ich in einer Ausbildung wäre. Marcel versuchte, mich irgendwie dazu zu bewegen, eine Lehre zu beginnen. Ich war dazu aber gar nicht fähig. Es war nicht möglich. Irgendwann ging ich notgedrungen zum Arbeitsamt. Ich wollte Koch werden. Der Berater meinte, das sei nichts für mich, das wäre eine harte Ausbildung; schon bei Dornröschen bekäme der Kochlehrling eine Ohrfeige. Nein, geschlagen werden wollte ich nicht. Er gab mir ein paar Adressen von anderen Ausbildungsbetrieben und ich hatte tatsächlich kurz darauf einen Ausbildungsvertrag.

Anfangs lief es so ab: Ich stand gegen vier Uhr morgens auf und trank eine Flasche Bier. Dann wusch ich mich, zog mich an, trank noch eine Flasche und ging durch die Garage nach draußen. Um sieben Uhr musste ich im Lehrbetrieb sein. Wäre ich mit den öffentlichen Verkehrsmitteln gefahren, wäre ich viel zu früh dort gewesen. Daher lief ich die drei Kilometer. Dabei kam ich an einem Kiosk vorbei und holte mir vier, fünf Flaschen Bier, mit denen ich langsam und trinkend durch die Stadt lief. Das war Freiheit, morgens allein durch die Straßen zu laufen. Nur ankommen wollte ich nicht.

Was das für eine Welt war, unglaublich. Alle Lehrlinge und Mitarbeiter redeten den Arbeitgeber mit Chef an! Nein, das würde ich nicht tun! Keiner wird Chef über mich sein, niemals wieder. Der Umgangston war rau und die Jugendlichen waren im Umgang untereinander ziemlich brutal. Ich empfand es zumindest so und wusste nicht, dass das noch eher harmlos war. Es dauerte nicht lange und ich kam das erste Mal zu spät. Ich hatte in der Altstadt noch ein Bier getrunken, weil mein Vorrat für den Weg schon leer getrunken war, und dann ist es eben später geworden. Es gab ein großes Theater wegen einer lächerlichen Stunde, die ich zu spät gekommen war. Der Arbeitgeber sagte, er würde mir das vom Lohn abziehen. Der Lohn war so gering, dass da kaum was abzuziehen war.

Manchmal war ich tagsüber schon ganz gut drauf und schämte mich dafür am nächsten Tag. Ich war mir nicht sicher, ob man schon gemerkt hatte, dass ich ein Trinker war. Wie viel ich trank, wusste mit Sicherheit keiner und konnte sich auch mit Sicherheit keiner vorstellen.

Manchmal fuhr ich mit Marcel noch in das Landerziehungsheim. Das machten wir schon so, seitdem ich dort von Bruns rausgenommen worden war. Was Marcel da wollte und wen er dort traf, wusste ich nicht, und es war mir auch egal. Ich weiß aber, dass er sein gesamtes weiteres Leben nicht die Wahrheit sagte, wenn er über seine Tätigkeit dort und seiner Beziehung zu Bruns redete. Einige Zeit später fuhr ich nicht mehr mit ihm, sondern allein mit dem Zug. Ich fing an, den Leuten zu erzählen, wie ich meine Zeit dort verbracht hatte, immer einzelnen, damit ich es im Notfall wieder zurücknehmen konnte. Ich hatte Angst vor Gerhard Bruns, seinem Lebensgefährten N.N. und anderen, die mich dort begleitet hatten.

Bei einem dieser Ausflüge in meine Vergangenheit landete ich mal wieder auf der mir aus Schulzeiten bekannten Drogenszene einer mittelgroßen Stadt. Ich ging in eine der Kneipen und trank Bier. Hinter der Theke stand dieser coole Typ mit langen blonden Haaren, die er zum Pferdeschwanz gebunden hatte. Das war schon supercool zu dieser Zeit. Er trug fast immer schwarze Klamotten und war, wie ich fand, sehr relaxt. Besonders imposant fand ich den Schmuck, den er um den Hals trug: eine Fahrradkette. Nach einigen Flaschen Bier fragte ich ihn nach Shit. Der Typ rastete sofort aus. Während er hinter der Theke hervorkam, schrie er, „Ihr sollt hier drinnen nicht nach Stoff fragen“, und zog mich im Schwitzkasten auf die Straße. Dort schmiss er mich an eine Hauswand, trat mir in den Unterleib und schlug auf Kopf und Magengegend ein. Zum Schluss schlug er mir die Fahrradkette ins Gesicht. Über dem linken Auge platzte das Fleisch auf und blutete fürchterlich. Ich hatte noch gar nicht begriffen, was da eigentlich passierte, da lag ich auch schon blutüberströmt auf dem Boden. Es kam ein Krankenwagen und ich wurde genäht. Eine Narbe über dem Auge erinnert mich heute noch an den coolen Typen.

Ich blieb etwas mehr als drei Monate in dieser Stadt und lebte auf der Straße. Das heißt, ich hatte jemanden kennengelernt, der in der Nähe wohnte und auf dem Flur vor seiner Wohnung einen großen Wandschrank hatte. Dort durfte ich einige Wochen verweilen. Dann schlief ich unten am Fluss, bettelte mir Geld zusammen und saß in der „Rebhütte“, einem heruntergekommenen Weinlokal, von dem mir Marcel öfter erzählte, er hätte dort auch schon Ensslin und Baader getroffen. Ich habe sie dort nicht getroffen. Wie ich es schließlich doch geschafft habe, in meinen Ausbildungsbetrieb zurück zu gehen, weiß ich nicht mehr. Es ist und bleibt mir ein Rätsel, wie ich die Ausbildung geschafft habe und warum der Ausbildungsbetrieb solch einen Langmut mit mir hatte.

Dann fing ich mit dem Führerschein an. Ich hatte nun auch immer etwas zum Gurgeln und Rasierwasser dabei. Letzteres trank ich – wenn nötig – auch. Ich bin nie mit weniger als zehn Flaschen Bier intus zur Fahrstunde gegangen. Ich hatte mich für den Motorrad- und Autoführerschein angemeldet. Motorrad war richtig mies. Auf zwei Rädern fühlte ich mich gar nicht wohl. Aber es galt als cool, also musste es sein. Die theoretische Prüfung bestand ich, obwohl ich mich volllaufen hatte lassen, weil ich dann nicht mehr daran denken musste, dass ich nichts kann und noch nie etwas konnte.

Dann kam der praktische Teil. Ich musste irgendwie bestehen! Wie peinlich wäre es gewesen, wenn ich durchgefallen wäre? Meine allererste Prüfung im Leben. Ich wollte nüchtern bleiben. Aber schon auf dem Weg zum Treffpunkt wurde mir klar, dass ich besser etwas trinken sollte. Ich leerte eine Flasche Bier und dann noch eine. Jetzt ging es schon besser. Wie lange die Prüfung wohl dauern würde? Ich kaufte mir ein Sechserpack und trank es leer. Dann ging ich weiter zum Treffpunkt, an dem ich mich mit meinem Fahrlehrer und dem Prüfer treffen sollte. Ich war zu früh. Also ging ich noch in eine Kneipe und trank zwei Bier. Jetzt war es an der Zeit. Als ich ankam, sah ich gerade den Prüfling vor mir einparken. Das machte er gut, vergaß dann aber die Handbremse anzuziehen und rollte rückwärts. Was ich nicht sah, aber sogleich klar wurde: Der Fahrlehrer hatte die Bremse betätigen müssen, um einen Blechschaden zu verhindern, und damit war der Fahrschüler durchgefallen.

Ich stand da, in einiger Entfernung, und beobachtete den heftigen Streit, der sich zwischen Fahrschüler und Prüfer entwickelte. Ich glaube, der Prüfer wäre auch nicht umzustimmen gewesen, wenn der Fahrschüler ihn nicht fortwährend als Arschloch tituliert hätte. Ich dachte daran wegzugehen oder zumindest noch ein Bier zu trinken. Aber der Fahrlehrer hatte mich gesehen und winkte mich heran. Schnell noch zwei Pfefferminz, dann ging es auch schon los. Am Ende musste ich fast so betteln wie mein Vorgänger, unterließ es aber, das Wort Arschloch zu gebrauchen, und der Prüfer meinte dann, ich hätte bestanden. Den Führerschein konnte er mir nicht geben, da ich ja noch die Prüfung für das Motorrad machen müsste. Das wollte ich auf gar keinen Fall. Ich verzichtete auf die Motorradprüfung, er strich es im Führerschein raus und ich hatte meinen Lappen. Den Motorradführerschein würde ich Jahre später nachholen, was aber ziemlich blamabel werden würde, denn ich fuhr das erste Motorrad zu Schrott. Nun aber hatte ich meinen Führerschein und bald darauf kaufte ich mir einen gebrauchten Wagen und konnte jetzt allein umherfahren.

Marcel war in meinen Augen nun irgendwie ekelhaft, zumindest wollte ich nichts mehr mit ihm zu tun haben. Ich bekam von meinem Lehrmeister ein Zimmer. Es war eine Bude, ein Loch, aber es hatte eine Tür und ich den Schlüssel. Nun war ich allein! Ich meine so richtig. Ich ging zur Arbeit und saß in meinem Zimmer. Dort standen ein Bett und ein Waschautomat. Letzteren hatte ich vom Second Hand-Laden. Man machte oben einen Deckel auf, legte seine Wäsche in eine Trommel, schloss diese und schüttete oben mit einem Eimer Wasser hinein und schaltete den Automaten an. Das Wasser holte ich von einem kleinen Waschbecken, das sich außerhalb des Zimmers in einem kleinen Toilettenraum befand. Diese Toilette teilte ich mit sieben anderen Personen, darunter eine Frau. Das Wasser wurde nun in dem Automaten erhitzt und man musste an einer Kurbel drehen, damit die Trommel im Wasser rotierte. Das funktionierte. Es wurde nicht ganz so sauber, aber ich war damit zufrieden.

Aber es war jetzt auch für mich eine deutlich spürbare Einsamkeit. Keine Schülergemeinschaft mehr, keine Bekannten, keine Verwandten, keine Freunde. Ich hatte diese Ausbildungsstelle und war da auch schon sehr anders. Außerdem gingen die anderen Lehrlinge nach der Arbeit nach Hause. Sonn- und Feiertage wurden so oft fast unerträglich.

Mit meiner Ausbildung klappte es nicht so gut. In meinem alten Variant konnte ich gut hinten drinnen liegen. So fuhr ich des Öfteren in das Landerziehungsheim und soff mit anderen Schülern. Das Benzin für die Rückfahrt saugte ich aus Gerhard Bruns' VW-Bus. Oft war ich freitags da und Montagabend immer noch. Es war meine Heimat, jetzt war ich frei. Ich konnte weg, wenn es nötig war, aber es war nicht nötig und so lungerte ich dort oft rum. Einmal lernte ich einen Schüler kennen, der mindestens so viel wie ich soff. Er war vierzehn Jahre alt. Wir tranken fast bis zur Besinnungslosigkeit, schleppten uns dann in einen der Duschräume und legten uns stundenlang unter die voll aufgedrehten Duschen. Wenn es wieder halbwegs ging, soffen wir weiter.

An einem Mittag kam eine Frau aus dem Dorf zu mir und meinte: „Max, lass doch den Jungen in Ruhe und geh' mit dem nicht immer saufen, den hat der Gerhard doch schon in der Mangel." Das war aber weder das erste noch das einzige und auch nicht das letzte Mal, dass mir klar wurde: Es ist bekannt! Das was hier läuft, ist bekannt! Irgendwie blieb mir das ein Rätsel. Auch als ich ganz am Ende meiner Schulzeit mit einem Abiturienten zusammen saß und soff, witzelten wir über schwule Lehrer. Da sagte er zu mir vollkommen unverhofft: „Aber du hast ja auch schon mit dem Bruns gevögelt." Das war ein Schlag! Am liebsten wäre ich im Boden versunken. Ich habe gar nichts getan, es wurde mit mir getan, das sagte ich bereits, aber ich wusste, wenn es rauskommt, würde es genauso kolportiert.

Genau so! „DU HAST DOCH ...". Aber ich war Kind! Es war in diesem Umfeld aber nicht möglich, sich als Kind Gehör zu verschaffen. Ich habe es hier schon oft versucht darzulegen. Diese innere Zerrissenheit ist auch an Folgendem zu erkennen: Als Kind zu dieser Zeit gab es zwei Dinge, die ich unbedingt wollte. Hätte ich zwei Wünsche frei gehabt, hätte ich mir gewünscht: Alles sollte bekannt werden und es gäbe dann Menschen, die mich beschützten. Und ich hätte mir gewünscht: Niemals sollte irgendjemand, irgendetwas erfahren.

Beides blieb ein Wunsch. *Das lange Schweigen hat auch etwas mit dieser Zerrissenheit zu tun!*

Ausbildung oder: Aus mit der Bildung?

Das mit der Lehre wurde immer mehr zum Desaster. Ich ging nur noch hin und wieder hin, meist, wenn ich wirklich am Ende war. Dann freute ich mich, dass ich wieder dort sein durfte, und arbeitete dreizehn bis sechzehn Stunden am Tag. Geld bekam ich keines mehr, aber ich behielt das Zimmer und die Waisenrente. Außerdem gab es etwas zu essen und zu trinken.

In der Berufsschule war ich ein misstrauisch beäugter Sonderling. Manchmal ging ich noch hin. Ich konnte nicht richtig schreiben, ich hatte ja in der fünften Klasse aufgehört, zur Schule zu gehen. Ich war Trinker, wieder der Schlechteste und so anders. Es fiel mir schwer, dorthin zu gehen. Bereits am Anfang hatte mich ein alter Lehrer, ein Zucht-und-Ordnung-Typ, auf dem Kieker. Er stieß mich sogar einmal durch den Schulgang zum Klassenzimmer, damit ich schneller liefe. Er hatte Glück, dass ich schon angetrunken war, sonst hätte ich auf ihn eingeprügelt. Das blieb ziemlich lange eine Feindschaft, bis er für mich einen Termin beim Direktor der Berufsschule machte. Das hieß in aller Regel, man wurde der Schule verwiesen, und das sagte der Lehrer mir auch ziemlich freudig. Im Endeffekt hätte es das Ende meiner Ausbildung bedeutet.

Ich ging zum Direktor und erzählte ihm meine Geschichte. Ich war wie immer betrunken, hatte mich aber im Griff. Ich erzählte ihm von meinem Aufenthalt im Kinderheim und von meiner Zeit im Landerziehungsheim. Ich erzählte ihm, dass ich mich mit zwölf schon regelmäßig betrunken hatte und dass es damit zusammenhing, was zwischen mir und manchem Lehrer geschehen war.

Der Mann vor mir war überfordert. Einfach nur überfordert, etwas anderes konnte ich nicht wahrnehmen. Seit dem Tag konnte ich in die Berufsschule kommen oder auch nicht, nur halbtags anwesend sein oder zwischendurch mal fehlen, wie ich eben gerade wollte. Der Zucht-und-Ordnung-Lehrer war auffällig freundlich und versuchte sogar, mir bei Aufgaben zu helfen. Das war unangenehm. Für die restlichen Schüler war ich nun zwar immer noch eine arme Sau, aber auch eine ziemlich coole.

Mir war schon vor einiger Zeit ganz in der Nähe meiner Behausung eine Suchtberatungsstelle aufgefallen. Ich hatte zwar Angst, aber irgendwann bin ich da doch mal hingegangen. Da saßen normale Menschen, sauber, nüchtern, unauffällig, anerkannt und scheinbar zufrieden. Normale Menschen eben. Das war ich nach über zwölf Jahren Landerziehungsheim nicht mehr. Ich war mir unglaublich peinlich. Es gab ein Gespräch, und der Sozialarbeiter meinte, ich solle morgen wiederkommen. Der hatte gut reden, so einen Termin einzuhalten ist total schwer. Außerdem meinte er noch, ich solle nichts trinken. Ich dachte, das war wohl nichts, da gehst du nicht wieder hin, zu hohe Auflagen.

Am nächsten Tag war ich aber doch wieder dort. Natürlich hatte ich etwas getrunken, aber nur so viel, dass man es nach außen nicht merkte, ich aber innen zur Ruhe kam. Ich setzte mich hin und wollte quatschen. Der wollte Tests machen und mich zu Ärzten schicken. Das wollte ich aber nicht. Er wollte mir auch nicht zuhören. Ich stand auf und ging. Der Sozialarbeiter war mir irgendwie unsympathisch. Er war mir auch irgendwie zu nahe. So aufdringlich. Und aufdringlich konnte ich seit dem Landerziehungsheim nicht mehr ertragen. Nähe seitdem auch nicht, das ist in Beziehungen noch heute ein ziemliches Problem.

Eines Nachmittags, ich saß mit einem Kasten Bier in meinem Zimmer, klopfte es an die Tür. Das war schlecht. Ich schaute mich einmal um. Bett mit Decke und Kopfkissen alles nicht bezogen, kein Bettlaken über der dreiteiligen, alten und stark abnutzten Federkernmatratze, der Waschautomat, eine total verdreckte Herdplatte und überall Flaschen. Wein, Bier, Schnaps, Flachmänner, das meiste leer oder mit schimmligen Resten darin und mein Kasten Bier, den ich heute noch leeren würde. Es klopfte wieder und ich öffnete die Tür einen Spalt. Da stand dieser Sozialarbeiter. Jetzt ärgerte ich mich, dahin gegangen zu sein. Lieber süchtig als so einen am Hals. Er ließ sich nicht abwimmeln. Etwas später stand er ziemlich entsetzt in meinem Zimmer. „Du musst das mal sauber machen und hier mal putzen und die Herdplatte kriegst du auch sauber."

Irgendwann bin ich aggressiv geworden und habe ihn rausgeschmissen. Aber er kam dann immer wieder mal vorbei. Er hat es tatsächlich geschafft, dass ich in ein Krankenhaus ging und eine Woche lang entgiften konnte. Danach war ich zwei, drei Wochen trocken. Das war furchtbar. Ich hatte Albträume und – egal was ich machte oder was gerade um mich herum geschah – ich dachte immer, gleich passiert etwas Schreckliches. Das war das, was ich in der Kindheit und Jugend auch so erfahren hatte. Immer passierte etwas Schreckliches. So nüchtern kannte ich mich gar nicht. In meinen Träumen besuchten mich diese ganzen ekelhaften Lehrer.

Ich wurde von allen möglichen Dingen getriggert und ich begann wieder vorsichtig zu trinken. Es dauerte allerdings einige Zeit, bis ich wieder richtig soff, aber in dieser Zeit des Nicht-Trinkens und des moderaten Trinkens lernte ich tatsächlich ganz gut für meine Ausbildung. Schlecht war nur, dass ich mir nicht vorstellen konnte, etwas lernen zu können. Ich dachte immer, wenn ich etwas wusste, was ich ja gerade gelernt hatte, das kann nicht richtig sein, denn du weißt doch nichts. Eine Antwort, die ich auf eine Frage gab, musste fasch sein. Das war ständig mein Gefühl, eben eines ohne jedes Selbstwertempfinden und geprägt von großer Unsicherheit.

Dann kam auch schon die Gesellenprüfung. Ich wollte nüchtern bleiben, hatte wirklich vorher versucht, noch etwas zu lernen. Ich weiß gar nicht, wie man das lesen konnte, was ich da auf die Blätter kritzelte. Zum Glück gab es auch Bögen zum Ankreuzen und es langte dann insgesamt doch für einen schlechten Dreier. Ich hatte etwas gekonnt!

Bei der praktischen Prüfung gab es auch Schwierigkeiten. Im Gegensatz zu allen Anderen war ich überhaupt nicht vorbereitet. Aber ich war nüchtern! Das war natürlich falsch. Es gelang mir nichts. Die Anderen arbeiteten an ihren Prüfungsstücken, ich hörte schon nach etwa einer Stunde entnervt auf und ging. Ich ging in eine gegenüberliegende Kneipe und trank innerhalb von ungefähr dreißig Minuten fünf Liter Bier. Dann ging ich wieder zurück, sagte, ich wäre auf dem Klo gewesen und würde jetzt noch mal anfangen. Die zwei Prüfer schauten mich ausdruckslos an. Einer half mir aber, wenn mir irgendein Material fehlte. Das lief wie geschmiert. Ich war gar nicht so schlecht. Meine Prüfung wurde schließlich mit einer glatten Drei benotet. Ich war fast fertig geworden, was die wenigsten der Prüflinge geschafft hatten.

Musterung

Kurz zuvor war ein Brief von der Bundeswehr gekommen. Ich sollte zur Musterung. *Bundeswehr! Ich!*

Ich kannte schon einige, die bei der Grundausbildung der Bundeswehr waren. Sie erzählten mit Stolz über ihre Zeit, ihre Erlebnisse. Neben dem Saufen – ein Problem, dass die Institution Bundeswehr weder wirklich zum Thema macht, noch versucht dagegen ernsthaft vorzugehen – war das, was ich in den Erzählungen hörte, nichts anderes als Gewalt, Erniedrigung und Übergriffigkeit gegenüber den Schwächeren einer Gruppe. Das wurde dann durch Mitwisser aktiv geschützt, indem es als normal, zumindest aber als nicht schlimm heruntergespielt wurde. Es erinnerte mich stark an meine Zeit im Landerziehungsheim. Nein, bei solchen Erzählungen war es nicht nur ein Erinnern. Oft hörte ich Geschichten von jungen Männern, die vom Grundwehrdienst zurückkamen und in die Altstadtszene gespült wurden. Nach solchen Erzählungen war meine Stimmung außerordentlich depressiv und ich hatte den Drang, mich noch mehr als sonst mit irgendetwas zu betäuben.

Die Vorstellung, dorthin zu müssen, die Gewissheit, dem nicht entgehen zu können, war für mich entsetzlich. Ich kam nicht auf die Idee, dass es auch ein Nacherleben meiner Landerziehungsheimzeit war. Aber es gibt natürlich Parallelen. Viele wissen um die Missstände, keiner redet darüber, und wenn jemand etwas sagt, wird er sanktioniert. Täter werden geschützt, Opfer sind nicht nur Opfer einer Gewalttat. Sie werden Opfer eines kollektiven Wegschauens, das Gemeinschaftserleben wird für sie zur Tortur. Sie werden ausgeschlossen von dieser Gemeinschaft, weil ihnen ihr Recht auf so vielfache Weise und ohne die Aussicht auf erfolgreiche Gegenwehr genommen wird.

Ich hätte versucht, mir das Leben zu nehmen, hätte ich dorthin müssen. Ich hasste die Gewalt, ich konnte und kann es nicht ertragen mitzuerleben, wie Menschen erniedrigt werden. Ich kam damals nicht auf die Idee, dass der Suizid auch eine Gewalttat ist, eine extreme Form der Gewalt sogar. Für mich war es die letzte Rettung, sollte es nicht mehr zu ertragen sein. Bei der Institution Bundeswehr fing das – wie ich selbst erfahren konnte – schon mit der

Musterung an und es war meiner Meinung nach ein Vorsatz. Die Musterung gibt es so sicher nicht mehr, die Gewalt gegen Schwächere wird es in der Bundeswehr immer geben.

In meinem Ausbildungsbetrieb bot mir mein Ausbilder an, mich noch in einem artverwandten Beruf auszubilden. So hatte ich plötzlich meinen zweiten Lehrvertrag in der Tasche. Mit Zimmer und ohne Lohn, denn längst war klar, ich kam nicht regelmäßig. Aber ich hatte noch meine Halbwaisenrente. Damals galt, wer in der Ausbildung ist, wird nicht oder kann nicht eingezogen werden. Zur Musterung musste ich dennoch.

Ich weiß, mein ganzes Leben hatte irgendwie etwas mit dieser sexualisierten Gewalt zu tun, und vielleicht war ich daher besonders empfindlich. Das mag schon sein, aber so eine Musterung war schwer übergriffig, das ging an meine Würde. Es war würdelos, was Ihr da betrieben habt! Ich weiß, dass Hunderttausende, die das vor mir auch durchgezogen haben, es nicht schlimm fanden. Aber ich hatte meine Würde in Kindertagen verloren, ich hatte sie – so empfand ich es – nicht wieder zurück erlangt. Ich bin, was diesen Punkt angeht, sicher sehr sensibel.

Und dennoch, bei genauem Hinsehen kann man nur feststellen, dass diese Musterung gegen die Menschenwürde ging. Und das ganz offiziell! Kein Zweifel. Manche stört es nicht, mich störte es sehr. Ich wollte es nicht! Ich wollte es niemals wieder, ich wollte solche entwürdigenden Momente nicht noch mal, nicht noch mehr und nicht immer wieder erleben müssen. Ich gerate in solchen Situationen derart in Stress, dass sich mir der Suizidgedanke geradezu aufdrängte. Mit der kurzen Erwägung, aus dem Fenster zu springen, konnte ich mich dann aber nicht anfreunden. Diese unfreiwillige Begutachtung meines Körpers und hier besonders der Leistenbruchtest, bei dem man an die Hoden gefasst bekam und das im Beisein anderer Personen, die gemustert wurden, sowie das Überprüfen eventuell vorhandener Hämorriden war ein fast unerträglicher Akt, den ich über mich ergehen lassen musste – und das von einem nicht von mir gewähltem Arzt und im Beisein anderer Musterungskandidaten.

Der Ort der Musterung war ein großes altes Haus, Deckenhöhe in Fluren und Zimmern so bei etwas über drei Meter. Kalte und lange Flure, von denen es rechts wie links zu den verschiedenen Büros oder Labore ging. Das Erste, was man nach Ankunft und Anmeldung machen musste, war, sich bis auf die Unterhose ausziehen. Das wollte ich nicht! Ich bestimme über mich! Aber ich musste. Von da an lief man in Unterhose durch diese Flure zu den jeweils angegebenen Räumen. Dabei kamen einem auch normale Menschen entgegen, also zivil und komplett bekleidet. Männer wie Frauen. Ich fand das äußerst erniedrigend. Mit fremden Männern in einer Reihe stehen und auf Geheiß die Unterhose runterziehen müssen, damit dann der Arzt denn Hoden drückt oder das Glied begutachtet, ist nicht akzeptabel. Frauen würden sich eine solche Prozedur niemals gefallen lassen. Und wozu? Musste man im Krieg den Gegner mit den Hoden erschlagen können? Ich wusste nicht, dass man eventuell unentdeckte Leistenbrüche damit erkennen wollte. Denn ein ärztliches Gespräch gab es nicht!

Ich bekam ein Ergebnis, war wohl noch tauglich, sagte dem Herrn aber, ich wäre nicht geeignet für den Krieg. Eigentlich wäre ich für gar nichts geeignet. Das verstand er nicht so ganz, aber ich wollte hier nicht meine Geschichte erzählen, nachdem ich das Gefühl hatte, sie hätten mir hier gerade mal wieder jede Würde genommen. So fügte ich etwas einfallslos hinzu, mir wäre der Russe sowieso lieber als der Ami. Das war aber dann doch bei weitem zu viel. Man kann im Umgang miteinander ja schon mal etwas falsch machen! Aber das, was ich gerade geäußert hatte, ging doch entschieden zu weit. Er machte sich in seinem Sessel ganz groß, und wurde laut. Ich wäre tauglich und wer mir lieber sei, würden sie mir schon noch beibringen. Mir war es egal, weil ich ja einen Ausbildungsplatz hatte. Zu dem ging ich zunächst nicht mehr. Nach dieser Musterung musste ich mich betäuben. So saß ich dann die meiste Zeit der nächsten Tage in den Altstadtkneipen.

Es war so gegen sieben Uhr morgens, als eine Frau in die Kneipe kam, in der ich schon zwei Stunden saß, und mich fragte, ob ich sie kurz wohin fahren könnte. Das war mir nicht recht, ich fuhr nur, wenn ich wirklich musste, oder ich war richtig betrunken. Ich hatte aber erst ein paar Bier getrunken und zwingend fahren musste ich nicht. Ich kannte die Frau aus dieser Kneipe und sie ließ nicht locker, also fuhr ich mit ihr los. Die Fahrt dauerte ungefähr zehn Minuten, als sie abrupt endete. Ich war auf ein parkendes Auto aufgefahren. Die Polizei kam, ich hatte nicht mal so viel Promille, aber natürlich deutlich über dem, was damals erlaubt war. Das Auto musste ich stehen lassen, der Führerschein war weg. Am Abend habe ich dann – mit weit mehr Promille – den Wagen geholt und an seinen Platz in der Altstadt gestellt.

Die Arbeit in dem Ausbildungsbetrieb fiel mir zunehmend schwerer. Ich stürzte immer häufiger in der Altstadt oder sonst wo ab. Ich nahm jetzt auch Kokain.

Unvermittelt unvermittelbar

Als die zweite Lehrzeit zu Ende ging, konnte ich dort nicht weiterarbeiten. Ich hatte mir darüber aber keinen Kopf gemacht. Ich war jetzt frei. Dachte ich zumindest! Leider musste ich kurze Zeit später aus dem Zimmer raus. Daran hatte ich nicht gedacht oder es verdrängt. Mein gesamtes Zeug passte in eine Tasche. Von diesem Tag an schlief ich im Auto. Es ging rapide bergab. Ich soff wieder den ganzen Tag, war in der Altstadt unterwegs und kiffte, sniffte oder nahm andere Trips. Irgendwann in der Nacht legte ich mich in mein Auto. Jetzt war ich am Ende.

Rückblickend wundert es mich, dass ich überhaupt so lange durchgehalten habe. Ich würde noch viel länger durchhalten müssen. Nach einigen Monaten war ich von einem Penner nicht mehr zu unterscheiden. So konnte es nicht weitergehen. Die Waisenrente war eingestellt worden, und dass ich jeden Tag von irgendwem ausgehalten wurde, änderte sich auch langsam. In meinen lichten Momenten wurde mir klar, jetzt nimmst du dir selbst die Würde, aber wie sollte ich da rauskommen? Einen Zusammenhang mit meiner Kindheit und Jugendzeit erkannte ich nicht. Ich war an diesem ganzen Mist selbst schuld. Wie immer.

Ich ging also besoffen und ziemlich stinkend zum Arbeitsamt. Dort musste man auf dem Flur einige Zeit warten und ich war froh, dass ich eine Tasche mit vier Flaschen Bier dabei hatte. Drei davon trank ich aus, bevor ich aufgerufen wurde. Ich ging in das Zimmer und hörte durch die offene Tür aus dem Nebenzimmer eine Frauenstimme: „Augenblick, ich komme gleich." Ich setzte mich auf einen Stuhl und wartete nicht sehr lange, da kam sie auch schon herein. Sie rümpfte die Nase, ging zum Fenster und riss es auf. Dann setzte sie sich und sah mich angeekelt an. Aber vielleicht täuschte ich mich auch. Ich meinte, ich würde eine Arbeit suchen. Sie unterbrach mich ziemlich schnell und meinte, es sähe zurzeit ganz schlecht aus. Das ging schnell! Und jetzt? Sie gab mir einen Zettel und sagte, ich müsse zum Sozialamt gehen. Ich ging dann.

Mein erster Weg führte wieder in die Altstadt. Ich saß in der Kneipe, der Alkoholpegel war wieder hoch, nicht nur bei mir, und ich erzählte, dass ich beim Arbeitsamt war, dass es keine Arbeit gäbe und dass ich so einen Zettel bekommen hätte. Man wollte wissen, was das für ein Zettel war. Vor allem der Deutschlehrer – der so hieß, weil er das wohl mal war, bevor er Penner wurde – wollte Genaueres wissen. Ich kramte das zerknüllte Schreiben aus der Tasche und legte es auf den versifften Kneipentisch. Sofort gab es ein großes Hallo. Mir wurde auf die Schulter geklopft und ich wurde beglückwünscht. „Max, wie hast du denn das gemacht? Klasse!"

Ich wusste nicht, was ich Tolles getan hatte und worauf ich jetzt stolz sein musste, das wurde mir dann aber sogleich erklärt. „Mensch Max! Nicht mehr vermittelbar, wie lange habe ich dafür kämpfen müssen." Ich verstand nicht so recht, und man erklärte mir – mit diesem Tonfall, mir nun etwas wirklich ganz Wunderbares zu eröffnen – ich müsse nicht mehr zum Arbeitsamt. Nie mehr! Ich hätte den Schein für das Sozialamt. Der Deutschlehrer bot sich gleich an, mich morgen dorthin zu begleiten, man müsse gewisse Dinge wissen und er wusste alles in Bezug auf dieses Sozialamt. Er kenne die Leute gut, es wären ja fast schon seine Kumpel. Ihm war klar, dass damit sein nächster Tag gerettet war. Ich war ziemlich voll, aber ich wusste, dass ich nun ganz unten angekommen war.

Das Gefühl, nun wirklich ganz unten angekommen zu sein, gab es in immer kürzeren Abständen und ziemlich verlässlich. Am nächsten Morgen war der Deutschlehrer tatsächlich zur Stelle, wir betranken uns und gingen zum Sozialamt. Es war nicht das normale Sozialamt, es war eine Stelle, die sich nur mit Obdachlosen beschäftigte. Die Gesichter vor dem Haus und in der Wartehalle kannte ich alle. Es wurde gegrölt und zwei Liter Flaschen Lambrusco gingen von Penner zu Penner. Einige schliefen ihren ersten Rausch aus. Ich dachte an die Idylle des Landerziehungsheims. Tiefer konnte es doch nun wirklich nicht mehr gehen! Ich kam dann irgendwann an die Reihe. Der Sozialarbeiter war etwas überrascht, einen so jungen Penner zu sehen. Es gab Geld für eine Woche, Essensmarken, um bei Horten Lebensmittel zu kaufen, und einen Kleiderschein. Mit diesem Schein konnte man sich in einem bestimmten Kaufhaus Kleider kaufen. Das war cool. Für jedes Kleidungsstück gab es einen Schein, einen für eine Hose, einen für ein Hemd oder Pullover und so weiter. Der Schlafsack war auch ein Kleidungsstück! Als ich das Sozialamt verließ, war der Deutschlehrer schon weg, es hatte sich wohl eine Gelegenheit zum Saufen ergeben, aber er wusste, dass ich ihm nicht weglief. Ich sah den Deutschlehrer dann aber eine ganze Weile nicht mehr, er hatte im Streit um ein Bier einem Kontrahenten ein Ohr abgebissen. In der Kneipe, in der das passierte, gab es an dem Abend kein anderes Gesprächsthema. Man war sich einig, dass der Deutschlehrer nicht mehr alle Tassen im Schrank hatte.

Mir war schon klar: Hier hatte keiner mehr alle Tassen im Schrank. Ich schloss mich da mit ein. Von dem einen Kleiderschein kaufte ich mir tatsächlich eine Hose und einen Pulli, die ich in mein Auto legte. Das Geld war schnell versoffen, aber es kam immer jemand gerade vom Sozialamt. Den Lebensmittelgutschein hatte ich für etwas mehr als die Hälfte seines Wertes verkauft. Dafür gab es vor dem Kaufhaus Horten eine richtige Szene, in der mit Lebensmittelscheinen und Kleiderscheinen gedealt wurden. Übervorteilt wurden dabei aber natürlich immer die Penner. Ich hatte beim ersten Mal aber diese Hose und den Pulli gekauft, eine Woche später einen Schlafsack.

Aber so ging es nicht weiter. Ich musste etwas ändern. Aber wie? Irgendwann kam das Gespräch auf Arbeit und Leben und den ganzen Rest und irgendjemand sagte mir, er wisse, wo Arbeiter gesucht werden, da könnte ich doch mal hingehen. Ja, klar mach ich, habe ich gesagt. Im Suff ist alles einfach. Am nächsten Morgen war es aber nicht mehr so einfach. Ich ging auch nicht hin. Zunächst wollte ich nüchtern werden. Dazu trank ich sechs bis acht Flaschen Bier. Dann war alles ganz gut zu ertragen und ich verschob meine Vorhaben auf den nächsten Tag. So ging es eine ganze Weile.

Irgendwann ging es mir wieder mal richtig dreckig. Ich hatte eine dieser Drogenwochen hinter mir. Manchmal traf ich Leute, die mehr auf Drogen standen, und dann war ich eine Zeit lang in dieser Clique. Ich soff trotzdem, und ich nahm zudem reichlich Drogen. Auch Heroin. Ich war auf jeden Fall total fertig.

So wollte ich nicht weitermachen. Ich ging zum Sozialamt und bettelte regelrecht, man solle mir helfen. Das Resultat war, dass ich ein Hotelzimmer bekam. Ich ging zu der mir angegebenen Adresse: Es war tatsächlich ein Hotel. Also nicht so richtig. Oder doch. Ich weiß gar nicht, wie ich das beschreiben soll. Es war wohl mal ein Hotel gewesen, und nun hieß es noch so, jedoch wurden die Zimmer meist vom Sozialamt belegt. Es war dreckig, dunkel und nicht sonderlich einladend. Dennoch, ich konnte duschen und in einem Doppelbett schlafen. Am Morgen stand ich auf, wusch mich, zog meine neue Hose und den Pulli an, trank nur so viel, wie gerade nötig war, um einen normalen Eindruck zu machen – das waren um die acht bis zwölf Flaschen Bier –, und ging dann zu der Firma, die mir der Typ in der Kneipe vor einiger Zeit einmal gesagt hatte. Und es passierte ein Wunder: Ich wurde genommen!

1300 Mark würde ich ungefähr rausbekommen. Ich hatte noch eine Woche Zeit bis zum Start in mein richtiges Berufsleben. Nun wird alles gut! Der Tag, an dem ich arbeiten gehen sollte, kam immer näher. Ich bekam immer größere Panik, die ich mit immer mehr Drogen bekämpfte. Aber ich schaffte es. Ich ging dort hin. Ich war so unsicher. Ich konnte ja nichts und keiner durfte wissen, dass ich Drogen nahm, wie viel ich trank und dass ich in einem miefigen Hotelzimmer wohnte. Keiner durfte überhaupt etwas von meinem Leben wissen, denn ich hatte ja schon immer und überall versagt, selbst in diesem einmaligen Landerziehungsheim, in dem ich doch von den Besten betreut worden war.

Bevor ich die Arbeit antrat, trank ich nur sieben oder acht Flaschen Bier und eine Flasche Rotwein. Schon nach einer Stunde sehnte ich mich da raus. Ich sollte selbstständig etwas tun, musste auf fremde Menschen eingehen, sollte mich konzentrieren, aber das widerspricht dem Drang, sich betäuben zu wollen. Ich war nervös und dachte nur daran, wie ich irgendwie was zu trinken bekommen könnte. In der Mittagspause ergab sich endlich eine Möglichkeit. Ich goss in mich rein, was nur rein ging, und begab mich wieder in die Firma. Schon nach ein, zwei Wochen war ich der Außenseiter. In der Mittagspause ging ich nie mit den Anderen. Man muss sich in jeder Firma irgendwie behaupten. Ich konnte mich nicht behaupten. Das hatte man mir nicht beigebracht. Ich wusste ja, dass ich immer der Schlechteste war. Man hatte mich wie Dreck behandelt und jetzt fühlte ich mich wie Dreck. Ich wusste, was ich soff, wie viele Drogen ich nahm und wo ich schlief.

Ich wollte nur meine Ruhe und dass mich keiner anmacht. Aber es werden immer irgendwelche Hierarchien angestrebt. Ich fühlte, wie ich eingeordnet werden sollte. Natürlich ganz unten. Das passte mir nicht. Ich war also ein stiller Mensch, aber wenn jemand zum falschen Zeitpunkt zu mir sagte, mach' mal, konnte es sein, dass ich ziemlich heftig reagierte. Es war in der Firma bald klar, der hat 'ne Macke.

Ich bekam meinen ersten Lohn! Lauter Fünfzigmarkscheine in bar. Nichts wie in die Altstadt. Einige fanden toll, dass ich arbeitete, andere hielten mich für einen Vollidioten: „Du brauchst doch nur zum Sozialamt gehen."

Der zweite Monat brach an. Ich tat mich noch schwerer als zuvor, weil ich die letzten Tage in der Altstadt so ausgiebig gefeiert hatte. Etwas anderes hatte sich aber geändert und mir war wirklich nicht wohl dabei, obwohl ich mir gar nicht denken konnte, was diese Veränderung mit sich bringen würde. Im Grunde ist es auch undenkbar! In meinem Hotelzimmer stand eine zusätzliche Liege. Die stand da seit zwei Tagen und ich dachte jetzt schon, man hätte sie da nur mal so abgestellt. Aber sie störte mich. Sie stand da und störte mein Alleinsein. Ich lag nachts ziemlich betrunken in meinem Bett, als weit nach Mitternacht zwei total besoffene Männer ins Zimmer kamen. Rumänen, glaube ich. Sie grölten und soffen ihren Schnaps, ich stellte mich schlafend. Was sollte ich auch tun. Jetzt war ich wach, wenn man wach ist, muss man trinken oder Drogen nehmen. Denn sonst kommen die Erinnerungen.

Aber ich wollte – nein ich musste – morgen arbeiten. Die beiden gerieten dann in Streit. Sie schrien sich an und dann prügelten sie sich. Aber richtig. Dabei flogen sie auch über mich drüber, nahmen aber weiterhin keine Notiz von mir. Irgendwann wurde es stiller. Der eine klagte und jammerte noch einige Zeit vor sich hin, dann war Ruhe.

Neben mir lag jetzt ein fremder dreckiger, stinkender, besoffener Typ und schnarchte. Ganz kurz musste ich an meinen Mathelehrer denken. Dieser Typ hier schien unglaublich brutal, aber es ging von ihm jetzt keine Gefahr aus, bei meinem Mathelehrer wäre ich mir jetzt nicht so sicher gewesen. Der Andere lag auf der Liege. Aufgrund meines guten Pegels konnte ich wieder einschlafen. Als ich um sechs aufstand, sah ich, dass alles blutverschmiert war. Die Decke, das Bettgestell, der Teppich. Im Zimmer stank es wie in einem Katzenkäfig. Ich wusch mich leise am blutverschmierten Waschbecken. Eigentlich brauchte ich nicht leise zu sein, die zwei waren unmöglich wach zu bekommen. Ich trank die zweite Flasche Bier und ging.

Das konnte unmöglich richtig gewesen sein, was da in der Nacht passierte. Das war irgendein Versehen und würde sich klären. In meine schöne dunkle, dreckige Rückzugsmöglichkeit war eingebrochen worden. Am nächsten Abend war es genauso! Sie kamen spät, total besoffen, tranken Schnaps, stritten sich und prügelten sich. Eine dritte Nacht versuchte ich es noch mal, danach schlief ich in meinem Auto, das in der Altstadt geparkt war. Wie lange das Hotel wohl das Zimmer für mich noch beim Sozialamt abgerechnet hat? Den Monat bekam ich in der Firma noch rum. Ich wurde auch nicht rausgeschmissen, aber ich konnte einfach nicht mehr und ging nicht mehr hin. Geld verdienen schien unheimlich schwer zu sein.

Ich hatte wieder einmal versagt. Denn sonst wäre ich doch wieder zur Arbeit gegangen. Ich konnte eben nichts, machte alles falsch, soff und war ein Penner. Wie recht Gerhard Bruns doch immer gehabt hatte. Ich schlief wieder in meinem Auto. Gut, dass ich das noch hatte. Wenn ich voll war, hatte ich auch keine Angst. Dann war ich frei. Frei von Erinnerungen und Ängsten, wobei das Eine das Andere bedingte.

Ich saß nun entweder den ganzen Tag in einer der Altstadtkneipen oder, wenn ich wieder Anschluss an eine Drogenclique fand, in irgendwelchen Zimmern, wo anscheinend alle wohnten. So sah es da auch aus. Ab und zu konnte ich da auch schlafen. Ich drückte das erste Mal Heroin. Das war klasse. Ja, das war es! Es war klasse! Innerhalb von Sekunden hatte ich ein vollkommenes und vollkommen anderes Gefühl. Fand ich mich eben noch einen absoluten Versager und alle anderen irgendwie cool und die Menschen, die Geld verdienten, als vorbildhaft, war es jetzt genau andersherum. Ich war so cool, ich war so unglaublich cool, ich war der Coolste! Alles andere war total lächerlich. Alles, die ganze Welt, all die Menschen, alle Probleme, einfach alles war total lächerlich, nur mich fand ich total cool. Was für ein Gefühl. Was für ein erhebendes, befreiendes, wunderbares Gefühl! So fühlt es sich also an, wenn man ein Selbstwertgefühl hat. Heroin! Diesem Gefühl der Überlegenheit war nicht zu widerstehen. Ich fühlte mich unantastbar. Unantastbar! Das hatte mir in Kindheit und Jugend so oft gefehlt.

Heute verstehe ich gut, warum es Menschen so schwer fällt, davon wieder loszukommen. Dass ich letztlich damit in meinem Leben nicht so große und lang anhaltende Probleme bekam, lag daran, dass ich schon sehr lange den Alkohol als mein Betäubungsmittel einsetzte. Er war mir bekannt und vertraut. Außerdem heißt, harte Drogen zu konsumieren, sich mit wirklich miesen Dealertypen einzulassen. Das wollte ich nicht. Meine Motivation, überhaupt weiter zu leben, war auch die Rückgewinnung und Erhaltung meiner Würde.

Das klingt sicher eigenartig, aber ich fand den Gedanken, würdevoll behandelt zu werden, unglaublich schön. Es war bisher in meinem Leben ja so noch nie gewesen. Ich war jetzt bemüht, die Folgen des würdelosen Umgangs vor mir selbst zu verbergen. Eine Folge waren die schrecklichen Erinnerungen. Um diese zu vergessen, betäubte ich mich nun seit Jahren. Ich betäubte mich nicht nur wegen der Erinnerungen, ich tat es auch, weil in diesen Erinnerungen ich der Schlechte und der Schuldige war. Ich konnte mit mir, mit dem, was scheinbar ich getan hatte, mit dem, was ich scheinbar aus Eigenverschulden wurde, nicht leben. Die Erinnerungen waren also nicht nur schrecklich, weil das Erlebte immer wieder hochkam, die Erinnerungen ließen mich immer wieder auch nur einen einzigen Menschen wirklich verachten. Mich! Ich konnte nicht erkennen, was für Verbrecher es waren, die mich durch Kindheit und Jugend begleitet hatten. Sie ernteten weiterhin Hochachtung über alle Grenzen. Warum hast du nicht geredet? Wie denn? Warum hast du so lange geschwiegen? Darum!

Ich hatte drei Typen kennengelernt, die mir in der Kneipe öfter einen ausgaben. Sobald sie in die Kneipe kamen, winkten sie mir zu, riefen mich beim Namen, begrüßten mich herzlich und bestellten mir etwas zu essen und zu trinken. Coole Typen und die gaben sich mit mir ab. Es ging aufwärts. Sie hatten auch immer etwas „äitsch“ – also Heroin – dabei. Davon bekam ich auch oft etwas einfach so, weil wir eben Kumpel waren. Dachte ich. Bald fragte dann einer, ob er sich mal mein Auto leihen könnte. Das war mir gar nicht so recht, es war meine letzte sichere Schlafgelegenheit. Aber sie sagten, sie würden es abends wieder hier in der Altstadt hinstellen, vollgetankt und ich bekäme fünfzig Mark. Ich konnte es kaum glauben, solche Kumpel braucht man. Sie liehen sich das Auto echt oft, aber ich hatte dann auch Geld. Das ging einige Monate so. Ein bisschen ein Problem hatte ich plötzlich, wenn ich kein „äitsch“ hatte, mir ging es ziemlich schlecht. Ich soff mehr, kiffte mehr und dann fiel ich irgendwann einfach um und schlief. Meist in der Kneipe oder ich schaffte es noch bis zum Auto. Ich lag aber hin und wieder einfach an irgendeiner Hauswand in der Altstadt.

Einmal lief ich also nachts zu meinem Auto, da holten Passanten – möglicherweise auch Anwohner – die Polizei. Ich lag hinten in meinem Auto und die Polizisten klopften, bis sie mich wach bekommen hatten. Ich wusste nicht, was sie wollten. Ob das mein Auto wäre, wollten sie wissen. Dann musste ich ihnen die Papiere zeigen. Das habe ich noch auf die Reihe gebracht. Die Polizei ging wieder, aber jetzt war es mir hier zu unsicher. Es war ein Uhr nachts, ich war noch betrunken, trank aber erst mal zwei Bier und setzte mich hinters Steuer. Den Führerschein hatte ich zu diesem Zeitpunkt noch nicht wieder. Ich musste einen neuen Schlafplatz finden. Ich fuhr etwas planlos rum, zum Glück war kein Verkehr. Dann kam mir die Idee, in die Schrebergartensiedlung ganz in der Nähe zu fahren, wo es in der Nacht sicher ruhig sein würde.

Ich fuhr in die Richtung. Ab einem bestimmten Moment merkte ich, dass hinter mir ein Auto fuhr. Wir waren die einzigen Autos weit und breit. Ich bekam totale Panik. Ich fuhr rechts, der hinter mir auch, links, der hinter mir auch, schneller, langsamer, der andere Wagen blieb stets hinter mir. Ich war schon im Bereich der Schrebergärten. Ich drehte auf einem nicht befestigten kleinen Platz um und blieb stehen. Das andere Auto stand jetzt genau vor mir. Wir machten beide die Scheinwerfer aus. Es war dunkel, denn es gab keine Straßenbeleuchtung. Ich blieb sitzen, der Andere auch. Irgendwann war ich müde, ich wollte mich hinlegen und ich konnte ja auch nicht so die ganze Nacht sitzen bleiben. Also stieg ich aus, um mich hinten in mein Auto zu legen. In dem Moment, als ich mein Fahrzeug verließ, stieg der Typ auch aus. Er hatte einen Baseballschläger in der Hand. Wir standen uns einige Meter entfernt gegenüber.

Zum Glück kam er nicht gleich auf mich zu und hat zugeschlagen. Ich hätte mich widerstandslos erschlagen lassen. „Was wollen Sie hier!“, rief er und kam einen Schritt auf mich zu. „Ich will in meinem Auto schlafen, ich komm zu Hause nicht rein.“ Jetzt war er so nah, dass er mich trotz Dunkelheit sehen konnte. Wahrscheinlich war er deshalb auch gleich beim du. „Verschwinde hier, sonst hol‘ ich die Bullen!“ Er stand etwas breitbeinig und hatte den Schläger oben mit beiden Händen umfasst. „Warum? Darf ich hier nicht stehen?“ „Du verschwindest auf der Stelle, oder es passiert was!“

Ich setzte mich in mein Auto und fuhr den Weg wieder zurück. Er blieb lange hinter mir. Dann war er weg. Später erfuhr ich, dass in die Schrebergartenhäuschen öfter eingebrochen wurde und man eine Nachbarschaftsbürgerwehr gegründet hatte.

Ich war wieder in der Stadt! Mittendrin auf der größten Durchfahrtsstraße und mitten auf einer der größten Kreuzungen, an dem am Tage Tausende von Autos entlang fuhren: Dort blieb mein Auto stehen. Der Tank war leer. Zwei Uhr nachts, betrunken und ohne Führerschein. Die Straße ging etwas bergauf, rückwärts konnte ich nicht, da war die Bundesstraße, von der ich gerade abgebogen war. Die Kreuzung war hell erleuchtet. Ganz kurz versuchte ich zu schieben. Dann schmiss ich die Wagentür zu und rannte weg. Ich habe das Auto nie wieder gesehen.

Plötzlich war ich viel zu nüchtern. Mir war kalt und heiß. Ich zitterte am ganzen Körper. Das war ehrlich gut. Ich wusste nie, ob ich auf Entzug von „äitsch“ war, vom Alk oder tatsächlich Panik schob, weil das Leben wieder einmal unerträglich war. Ich versuchte dann, mich mit dem, was ich bekommen konnte, zu betäuben. Jetzt hatte ich nichts. Ich lief durch die Stadt zu den Pennern. Das war gefährlich, weil die um diese Zeit unberechenbar waren. Jetzt waren sie alle im Vollrausch. Sie hatten zum Glück noch viel zu trinken und einige kannte ich vom Sozialamt, so konnte ich mich gut volllaufen lassen. An diesem Platz würde ich jetzt einige Monate leben. Wieder ein Tiefpunkt. Noch nicht ganz 23 Jahre und total kaputt. Immer wieder diese Frage: Warum war ich so schlecht? Ich bekam vom Sozialamt noch mal einen Schlafsack, Geld und Lebensmittelkarten – die ich wieder zu Geld machte. Ich soff mehr als je zuvor. Tagsüber ging ich über den Platz und fragte die Leute, „Haste ma' 'ne Mark“. Ich nahm mir selbst die Würde und ich hatte keine Kraft, es zu ändern.

Zwischenstopp im Knast

Ich hatte es mal wieder geschafft so betrunken zu sein, dass ich mich kaum halten konnte. Ich torkelte durch die Straßen, ob ich zu meinem Schlafplatz wollte oder irgendwo weiter saufen, weiß ich nicht mehr. Ich glaube, damals wusste ich es auch nicht. Ich torkelte durch die Straßen, als ich ins Straucheln geriet, mich an einer Autoantenne festhielt, die aber gleich abknickte, sodass ich doch hinfiel. Sofort waren zwei Männer zur Stelle, versperrten mir – nachdem ich mich aufgerappelt hatte – den Weg und riefen die Polizei. Die kam dann auch. Ich musste mit auf die Wache, wollte aber lieber wegrennen, denn ich dachte, ich wäre schnell wie der Blitz, aber ich kam in meinem Zustand natürlich nicht weit. Sie brachten mich in eine Ausnüchterungszelle.

Ich hatte die ganze Nacht dort verbracht. Ich wusste nicht, wie spät es war, und in der Zelle war es heiß. Das war gewollt, denn man sollte nüchtern werden. Ich bemühte mich, mich an den gestrigen Tag zu erinnern. Es gelang mir aber nicht so recht. Ich versuchte durch die Lamellen, die außen am Zellenfenster angebracht waren, nach draußen zu gucken. Dabei musste ich von unten nach oben schauen und bekam nur das Grau des Morgenhimmels zu sehen. Mir war elend, wieder ein Tiefpunkt in meinem Leben. Warum war ich so?

Ich setzte mich auf die Pritsche und schaute auf mich herunter. Ich war total verdreckt und stank. Ein Schlüssel drehte sich im Schloss, die Tür ging auf, egal wer kommen würde, ich schämte mich. Ein großer bulliger Polizist stand mir gegenüber und fragte, ohne dass ich Freundlichkeit oder Unfreundlichkeit feststellen konnte, wo ich zuletzt gemeldet gewesen wäre. Ich überlegte kurz. Ich war wohnsitzlos und schlief in einem Schlafsack hinter einer Bäckerei auf dem Lüftungsschacht. Meine Gedanken schweiften ab. Da kam immer etwas warme Luft raus. Ein toller Platz, ich hatte echt Glück.

Aber der Polizist wollte meine letzte offizielle Wohnadresse wissen, dachte ich, und gab nach kurzem Überlegen die Adresse an, bei der ich das letzte Mal angemeldet war. Mir kam es vor, als wäre das damals die letzte Verbindung zur Gesellschaft und zu normalen Menschen gewesen. Da war ich noch gemeldet, da war wenigstens das noch in Ordnung in meinem Leben. Der Polizist holte unverhofft aus und schlug mir mit der flachen Hand und ziemlicher Wucht ins Gesicht. Ich fiel nach hinten auf die Pritsche. „Du dreckiges Schwein!", schrie er. „Lüg' doch nicht, nirgends bist du gemeldet, solche wie du gehören vergast!" Er drehte sich um, ging hinaus und zog die Zellentür krachend hinter sich zu. Ob die Backe aufgeplatzt war, fragte ich mich in Gedanken. Es fühlte sich zumindest fast so an.

Jetzt war ich schrecklich einsam. Nicht allein, denn hinter der Zellentür waren welche und sie konnten jederzeit wieder kommen und zuschlagen. Totschlagen wäre nicht schlecht, oder vergasen hatte der Polizist angeboten. Warum tat er es nicht einfach? Das alles macht keinen Sinn mehr, beende es so schnell wie möglich, du bist auf den falschen Weg geraten, du hast alles falsch gemacht, bring dich um, sobald es möglich ist. Ja, umbringen sollte ich mich. Wenn ich hier wieder draußen bin, dann werde ich das so schnell wie möglich tun.

Jetzt hatte ich wieder etwas Hoffnung. Sobald ich draußen bin, bringe ich mich um, alles wird dann gut, nichts muss dann mehr ertragen werden. Ich weiß nicht, wie lange ich so da saß, mit diesem wunderbaren Gedanken, alles hinter mir zu lassen, als wieder die Zellentür aufgesperrt wurde. Ein anderer Polizist kam herein. Er rümpfte die Nase, meinte dann aber nur kurz „Mitkommen!" Ich ging hinter dem Polizisten her, den Gang hinunter an anderen Zellentüren vorbei, bis zu einem Vorraum, in dem ein Tisch sowie einige Schränke und Regale standen. Dort wurde ich gefragt, ob ich jemanden anrufen wolle. Ich kannte niemanden. Wen sollte ich anrufen? Mir fiel der Name des Sozialarbeiters von der Suchtberatung ein. Sozialarbeiter sind immer gut! Irgendwie klappte das mit dem Anruf aber nicht. Der Polizist legte mir Handschellen an. Ich wurde in einen vergitterten Bus gesetzt und zu einem Haftrichter gefahren. So ist das also, wenn man eine Autoantenne abbricht.

Ich hatte ein echt schlechtes Gefühl. Wahrscheinlich auch, weil ich nüchtern wurde. Das Büro des Haftrichters war ganz in der Nähe des Ortes, an dem ich gemustert worden war. Der Polizist brachte mich zu dem Richter und stand dann etwas abseits. Dieser fragte total dummes Zeug. Wo mein Auto wäre, wo ich damit immer hinfahren würde. Plötzlich fiel mir das Auto wieder ein. Klar, das hatte ich ziemlich blöd geparkt. Ich habe ihm dann erzählt, dass ich das Auto verliehen hätte. Da wollte er wissen an wen, aber ich kannte nur irgendwelche Spitznamen, so wie Ecki oder Lakke. Das glaubte er natürlich nicht. Er hätte für die volle Wahrheit nur warten müssen, lange konnte es nicht mehr dauern und ich hätte für ein Bier, irgendwelche Medikamente oder sonst was alles gesagt, was er hätte hören wollen. Aber er wollte sich wohl nicht weiter mit einem solchen Subjekt abgeben. Außerdem hatte er den Sozialarbeiter von der Suchtberatung erreicht. Ein bisschen Knast täte mir ganz gut, soll dieser dem Haftrichter am Telefon verraten haben. Er eröffnete mir seine Wahrheit und als er mir diese eröffnete, verkrampfte sich mein Magen schmerzhaft.

Die Kriminalpolizei hatte mein Auto schon einige Zeit im Visier. Es war des öfteren im Großraum Frankfurt gesichtet und fotografiert worden. Die Beamten hatten ermittelt, dass mit diesem Fahrzeug das Heroin für die gesamte hiesige Region beschafft wurde. Das Auto wurde verlassen mitten auf einer Kreuzung aufgefunden. Man hat darin Einwegspritzen mit 13er-Nadeln gefunden und Spuren von Heroin und anderen Rauschmitteln. Er wolle mal die Kleinlichkeiten weglassen, meinte der Haftrichter, allein für die Mitgliedschaft in einer kriminellen Vereinigung gäbe es gut siebeneinhalb Jahre. Ich wurde ins Gefängnis gefahren. Endpunkt eines verkorksten Lebens. Hatte ich jemals eine Chance? Jetzt nicht mehr, das schien mir klar.

Straße, Gewalt und krumme Jobs

Es dauerte nicht lang (ich meine ein, zwei Tage), und ich war wieder draußen. Man gab mir zwei Mark für die Straßenbahn. Dafür kaufte ich mir Bier und klaute dabei eine Flasche Schnaps. Dann fuhr ich schwarz in die Stadt, wieder zu den Pennern. Meine drei Kumpel wurden einige Zeit später – ich meine, es wäre weit über ein Jahr später gewesen– in Spanien verhaftet. Ich war so schnell wieder auf freien Fuß gekommen, weil es keine Zeugen gab, keine Bilder, auf denen ich an oder in meinem Fahrzeug zu sehen war oder mit den Personen, die mit dem Fahrzeug Drogen transportierten. Es gab nur meine Aussage, dass ich das Auto verliehen hatte.

Immer wenn ich nur ein bisschen nüchtern wurde, erkannte ich den ganzen Mist, die Hoffnungslosigkeit und die Aussichtslosigkeit. Dann bekam ich Angst, darauf folgte die Panik oder waren es Entzugserscheinungen oder beides. Ich klaute Schnaps, ich trank mit den Pennern den erbettelten Fusel, ging manchmal in die Altstadt, aber ich war jetzt eine weitere Stufe abgerutscht. Zwischen den Altstadtpennern und den Pennern, die nur noch bettelten, gab es auch noch einen sozialen Unterschied. Ich gehörte nun zur untersten Kaste.

Das war eine ganz harte Zeit. Der Anführer dieser Pennergruppe war ein nicht ganz zurechnungsfähiger Mann, gelernter Metzger. Er rastete total aus, wenn er nichts zu trinken hatte und wenn er zu viel intus hatte, auch. Er war der Anführer, weil er riesig war und irrsinnig kräftig. Wie gesagt, irrsinnig auch. Er wusste, wer schon lange nichts mehr zum Trinken „rangeschafft" hatte, manchmal hatte er damit recht, manchmal nicht, aber das war egal. Er wandte sich demjenigen zu und befahl: „Besorg Du jetzt mal was zum Saufen, hier arbeitet jeder mit!" Wer dieser Aufforderung nicht nachkam, hatte spätestens dann ein Problem, wenn der Metzger richtig besoffen war. Er schlug dann den Betreffenden oft Stunden später und ohne weitere Vorwarnung einfach zusammen.

Gegen Abend verschwand ein Penner nach dem anderen, wenn er betrunken genug war, hinter einem in der Nähe liegenden Geschäftshaus, dessen hintere Seite an einen Grünstreifen grenzte. Zwischen Hauswand und

Grünstreifen war ein mit Waschbetonplatten belegter Streifen, ungefähr zwei Meter breit und fünfundzwanzig Meter lang. Von hieraus konnten die Haustechniker im Notfall an die Lüftungen und Klimageräte der vorne liegenden Geschäfte kommen. Dort lagen wir in der Nacht beziehungsweise jeder lag dort, wenn er genug gesoffen hatte. Ich war froh, wenn ich voll war, und lag oft früh dort. Dann lag ich auf einem Lüftungsgitter. Die waren immer gut, es kam in kalten Nächten etwas warme Luft aus ihnen. Nachts gab es immer wieder Schlägereien, dann war ich wieder wach. Um dann weiter zu schlafen, hatte ich immer einen Flachmann oder ähnliches als eiserne Ration. Das war ziemlich gefährlich: Alk zu bunkern und nicht zu teilen, war gegen die Pennerehre.

Einmal lag ich betrunken auf meinem Platz, als einer der Penner ganz happy zu unserem Schlafplatz kam und eine Flasche Schnaps dabei hatte. Die hätte er natürlich teilen müssen. Er redete freundlich mit mir. Er hätte schon so oft etwas abgegeben, ich dürfte natürlich auch mit trinken, aber die Anderen sollten schauen, dass sie sich selbst was besorgten. Plötzlich stand der Metzger da. Er schrie rum, nahm ihm die Flasche aus der Hand, stellte ihn gegen die Wand und drosch auf ihn ein. Der erste Schlag ging mit der Faust, voller Wucht und ohne irgendwelche Hemmungen, mitten ins Gesicht. Die Lippen platzten auf, die Zähne schienen abgebrochen, aber in dem blutigen Matsch konnte ich das nicht mehr so richtig sehen. Das war aber nur der erste Schlag. Der Metzger drosch auf ihn wie besessen ein, der Mann rutschte langsam, blutüberströmt an der Wand runter und blieb liegen.

In dieser Haltung war er auch noch am nächsten Morgen und als er das erste Mal versuchte aufzuschauen, konnte man kein Gesicht mehr erkennen. Der Metzger war schon wach und meinte, es täte ihm leid, aber er wäre selber schuld, das müsse er verstehen. Der zusammengeschlagene Penner ist dann irgendwann gebückt und wortlos weggegangen. Ich habe ihn nicht wiedergesehen.

Die Gewalt war enorm. Erich, einem alten weißhaarigen Penner, erging es genauso. Irgendwann rutschte auch er blutüberströmt an der Wand runter. Der Metzger hatte Recht gesprochen. Was war passiert? Ich lag auf dem Lüftungsschacht in meinem Schlafsack und war eingeschlafen, als mich ein abartiger Gestank weckte. Ich dachte, ich ersticke. Wenn man so besoffen ist, braucht man eine Zeit, um zurückzukommen und eigentlich will man das nicht. Denn wenn man wach wird, muss man gleich wieder versuchen, sich richtig zu betrinken, damit man wieder einschlafen kann oder einfach umkippt. Als ich also in meinem Schlafsack liegend, zu mir kam, saß Erich genau neben meinem Kopf im Abstand von etwa dreißig Zentimetern mit runter gelassener Hose und verrichtete sein Geschäft. Bevor ich mich übergab, sprang ich auf schrie: „Hey du Drecksau!" Dabei übergab ich mich auf den Grünstreifen. Der Metzger hatte das natürlich mitbekommen, stand ziemlich ruhig auf, schaute sich den Kackhaufen an und schrie dann Erich an: „Ich habe gesagt, hier wird nicht hingeschissen!" Dann drosch er auf Erich ein.

Es gab da so ein Projekt. Für ein paar Penner, die schon seit Jahrzehnten auf der Straße lebten und nun am Ende ihrer Tage angekommen waren, hatte das Amt ein älteres Haus angemietet. Es hatte zwei Nachteile: Es lag zweieinhalb bis drei Kilometer von der Altstadt, vom Hauptbahnhof und der Innenstadt entfernt. An diesen Plätzen hielten sich die Penner aber tagsüber auf. Dann wurde der Umstand nicht berücksichtigt, dass solche Menschen auf der Flucht sind, sie fliehen in jeder Sekunde ihres Seins vor sich selbst. Wohnungen, Räume oder Häuser sind ihnen ein Graus. Ein eigenes Zimmer, ein eigenes Bett, das gibt dem Leben Struktur, es bindet sie an etwas, sie müssten sich darum kümmern, sie sind dadurch mit etwas verbunden! Das alles konterkariert ihr ganztägiges Bemühen zu fliehen. Sie sind auf der Flucht vor Allem und vor sich selbst. Sie fliehen oft lebenslang. Ich tat das ja auch.

Oft können sie auch nur schlecht in Räumen schlafen. Das kommt natürlich auch stark auf ihre Biografie an. Ich zum Beispiel habe die meiste Zeit meines Lebens auf ein Bett verzichtet und nur auf einer Isomatte oder Matratze geschlafen. Das Bett war seit meiner Kindheit ein unsicherer Ort, war man erst einmal dort. Ich wusste von den Pennern von diesem Haus und nach den Vorfällen der letzten Zeit lief ich dann irgendwann mit meinem Schlafsack dort hin.

Die Haustür war eingetreten, aber das war keineswegs verwunderlich. Wir gingen rein und es stank entsetzlich. Es waren unten zwei Räume, eine Toilette (eigentlich ein vollgeschissener Raum mit einer zerschlagenen Toilettenschüssel) und eine Küche. Die Treppe hoch waren oben nochmals zwei Räume und ein Bad. Die Küche war voll mit Müll. Der ganze Raum, hoch bis zur Spüle, die wiederum überladen war mit Müll, der unter anderem schimmlig grün, feucht und schleimig war. In der Ecke, dürftig von Müll befreit, lag eine verdreckte Decke auf dem Boden. Hier hatte es sich also jemand gemütlich gemacht. Dieser Platz war vergeben. In den anderen drei Zimmern lagen verdreckte Matratzen und Decken, die wie die Zimmerecken und Wände auch verschissen und volluriniert waren. Die Zimmer oben sahen genau so aus. Im Bad lag auch viel Müll, die Wanne der Duschkabine war zugeschissen. Komplett zugeschissen! Irgendjemand hatte wohl dort mal seinen Darm entleert, und dann haben es wohl viele – wenn nötig – nachgemacht. Ein Haufen neben dem anderen in der Wanne! Manch einer musste sich wohl auch mit den Händen abstützen oder hatte einfach das Gleichgewicht verloren, die Hände wurden dann an der Wand abgewischt. Schuhabdrücke vor der Wanne zeugten davon, dass der Eine oder Andere auch reingetreten war. So sahen aber auch die Zimmerwände und Böden aus.

Ich beschreibe es so deutlich, weil man sich keine Vorstellung machen kann, man kann sich den Gestank, den Dreck und das Ausmaß der in den Räumen verteilten Fäkalien nicht vorstellen. Eddi, der Penner, mit dem ich dort hingelaufen war, zeigte mir alles. „Hier wohnen wir“, sagte er stolz. Wir setzten uns auf den Boden und soffen zwei Flaschen Schnaps. Es war Nacht geworden, ich war einige Male in den Schlaf gefallen, und als ich morgens früh aufwachte und mich orientierte, stellte ich fest, dass mindestens 20 Penner da rumlagen. Auch vor der Duschkabine lagen welche. In der Küche lag der Deutschlehrer. Bärtige Männer, keiner von ihnen wollte – genau wie ich – wirklich wieder aufwachen. Bei ihrem Anblick musste ich an frühere Lehrer von mir denken, bloß hatte das hier nun gar nichts mehr mit „griechischer Hochkultur“ zu tun.

Ich wollte das alles nicht mehr. Würdelosigkeit, Gewalt und Fäkalien, wenn das das Leben war, musste es doch bald enden. So konnte es nicht weiter gehen. An diesem Tag rollte ich meinen Schlafsack zusammen und suchte mir einen neuen Schlafplatz. Ungefähr 800 Meter weiter entfernt und wieder näher an der Altstadt war ein Friedhof, da baute ich mir jetzt mein Lager. Wenn es zu kalt wurde, gab es eine kleine Halle, die meist nicht abgeschlossen war. Von dort ging ich wieder in die Altstadt. Ich lernte das Fixerpärchen Jack und Jasmin kennen. Jacks richtigen Namen kannte ich nicht, er hieß so, weil er am liebsten Jack Daniels trank. Er war irgendwo Aushilfsfahrer und sie ging putzen.

Wir verstanden uns gut. Sie drückten beide noch nicht lange. Wir waren jeden Tag zusammen und sie gaben mir immer etwas von ihrem „äitsch“ ab. Wir wohnten in einer Gartenhütte und auch ich schlief bald dort. Da stand ein Stockbett drin und ich schlief unten. Jack war sehr aktiv, aber Jasmin hatte sich in mich verliebt. Jack brachte aber die meiste Kohle an und hatte die guten Connections. Jede Nacht irgendwie dasselbe. Oben das Drama – „Ach, komm, mach schon …“, „nein ich will nicht …“, „du blöde Schlampe“, „hör auf …“, „mach doch mal mit, warum denn nicht …,“ – und unten ich, betäubt von allen möglichen Rauschmitteln mit einer Flasche in der Hand, wollte nur meine Ruhe haben, musste aber immer an das Landerziehungsheim denken. Irgendwie verfolgte mich dieser Mist. Fehlende Intimität ist würdelos. Es hat nichts mit Verklemmtheit zu tun, wenn man seine Intimität schützen möchte und es unangenehm findet, ungefragt an der Intimität Anderer teilhaben zu müssen.

Jack verlor seine Arbeit, Jasmin ging nicht mehr putzen, es wurde ungemütlicher und aggressiver.

Jasmin wie auch Jack kamen immer öfter mit irgendwelchen Dingen, die sie aus der jeweiligen elterlichen Wohnung mitgenommen hatten. Kofferradio, Werkzeug, Schmuck, Schuhe, Kleidung. Oft stritten sie, weil der Eine dem Anderen vorwarf, nur Scheiß von den Eltern geklaut zu haben, den man gar nicht versetzen konnte. Der eigentliche Umstand, dass die eigenen Eltern zu bestehlen vielleicht verwerflich sein könnte, war nie ein Thema. Was in diesen Familien wohl falsch gelaufen war? Sucht ist grausam.

Ich hatte keine Verwandten, die ich bestehlen konnte. Aber ich fuhr immer mit, wenn wir den elterlichen Besitz in einem Pfandhaus zu Geld machten. Oft war Jack schon ziemlich auf Turkey und wir waren meist spät dran. Die Fahrten durch die Stadt waren bedenklich verwegen, um nicht zu sagen lebensgefährlich. Aber es war das einzige Pfandhaus, das verlässlich alles zu Geld machte, was wir anbrachten. Der Pfandleihhausmitarbeiter fragte auch nicht, woher das Zeug kam, und wenn wir mal einige Minuten zu spät kamen, konnten wir auch noch klopfen. Er öffnete extra noch mal für uns sein Geschäft. Toller Typ, dachten wir damals. Ich konnte nicht viel Geld beitragen, manchmal etwas von Sozialamt. Es war daher meist unklar, ob ich etwas vom „äitsch“ abbekam, aber oft war es so und ich hatte ja zudem die Möglichkeit, mich mit Alkohol abzuschießen.

Alkohol war jederzeit zu bekommen. Ich trank alles: Schnaps, Bier, Wein, Likör, wenn es sein musste auch Eau de Cologne und Aftershave. Aber meist war es nicht so schwer, sich irgendwo eine Flasche Schnaps zu besorgen. Dann war für mich der Anfang für einen halbwegs erträglichen Tag schon mal gemacht. Auf diese Weise das Geld für „äitsch" zusammenzubekommen, ging natürlich nicht lange gut.

Eines Tages waren wir wieder mal ganz gut drauf, und Jack erzählte mir, wie er jetzt sein Geld machte. Er holte auf öffentlichen Toiletten Männern einen runter. Ich war total geschockt. Wieder war diese Scheiße irgendwie in meinem Leben getreten. Ich weiß nicht, ob Jack in meinem Gesicht las, dass ich entsetzt war, aber er sagte immer wieder: „Ist doch nichts dabei, Max, oder? Ist doch ganz normal." Ich hatte niemanden, den ich bestehlen konnte, und auch sonst wenig Möglichkeiten, zu Geld zu kommen, aber diese Art des Geldverdienens kam für mich auf keinen Fall in Frage. Aber wie gesagt, meine Hauptdroge war und blieb der Alkohol. Wäre ich in Jacks Situation gewesen, hätte es vielleicht anders ausgesehen, so aber war es mir unvorstellbar.

Jack hatte nun ähnliche Erfahrungen wie ich. Mich zwangen damals die Täter, ihn zwang nun die Sucht. Mir aber kam es damals vor, als täte Jack das freiwillig. Er sprach darüber, ich hatte es tief in mir begraben. Er begründete es damit, dass er Geld verdienen müsse, ich konnte nichts begründen. Nicht vor mir und schon gar nicht vor Anderen. Ich war im Waisenhaus misshandelt worden. Dann wurde ich als Kind – warum auch immer – an einem wunderbaren Ort wie diesem Landerziehungsheim zu einem Schwein. So stellte es sich seit Kindertagen für mich dar, und die Bestätigung dafür fand ich jeden verdammten Tag, wenn ich mich betrachtete und mir klar wurde, was aus mir geworden war. Niemals würde ich irgendetwas erzählen.

Manchmal dachte ich mit Entsetzten daran, dass ich diesen Versuch tatsächlich immer wieder mal unternommen hatte. Zaghaft, ja! Und ängstlich, aber ich hatte das doch zumindest von 1975 bis etwa1982 getan und – ich greife vor – würde es ab etwa 1987 wieder tun. Erfolglos, denn es interessierte niemanden. Und ganz ehrlich! Wer würde einem wie mir schon glauben? Nein, sprechen war aus so vielen Gründen nicht mehr möglich. Es kommen auch wenige aus dieser Welt, in der ich leben musste, zurück, um dann zu berichten. Man wird mir dann mitteilen, „selbst Schuld. Schau doch auf dein

Leben. So schlimm wie dein Leben jetzt ist, wird das bisschen Sex nicht gewesen sein. Warum hast du nichts gesagt? Warum geschwiegen?"

In den letzten zwei so häufig gestellten Fragen – im übrigen Fragen, die Täter und Taten schützen sollen – wird schon unterschwellig eine Antwort mitgeliefert. „Weil du etwas zu verbergen hast." Auch ist festzustellen, dass diese Fragen bewusst in die falsche Richtung zeigen! „Warum hast du geschwiegen? Warum hast du das getan?" Jetzt waren es nicht mehr die Täter, sondern das Opfer! Das Opfer hat etwas getan! Es hat geschwiegen, pfui.

Ich ging jetzt abends oft nicht mehr mit ins Gartenhaus. Jasmin fiel es, glaube ich, schwer, mit Jack zu vögeln, wenn ich dabei war. Ich schlief wieder am Friedhof. Jasmin und Jack traf ich aber weiterhin noch.

Ab und zu ging ich zur Arbeiterschnellvermittlung. Die machten morgens um fünf oder sechs Uhr auf. In der Halle saßen nur Penner. Sie waren in der Regel alle schon zu dieser Zeit „breit". Viele kamen nur, weil sie wussten, man traf jemanden, der Schnaps oder Wein dabei hatte. So gingen da die Flaschen rum, es würde gegrölt und viele schliefen schon ihren ersten Rausch aus. Manchmal ging die kleine Klappe einer gepanzerten Tür auf und ein Mann schrie etwas heraus. „Zwei Leute Schlachthof!" oder „Drei Mann Gerüstbau!", oder „Eine Hilfskraft Gartenbau!" Dann musste man schnell seinen Ausweis durch die Klappe stecken. Man bekam daraufhin die Adresse von der Firma mit seinem Ausweis zurück und fuhr schließlich dort hin. Jetzt war man für diesen Tag durch das Arbeitsamt versichert.

Alle, die noch nicht ganz kaputt waren, die, die dringend Geld brauchten, und ein paar normale Arbeitslose standen vor der Tür, um möglichst schnell ihren Ausweis durch die Klappe zu strecken. Um halb sieben waren in der Halle fast nur noch volltrunkene Penner. Dann ging die Klappe auf und jemand rief wieder irgendetwas raus, aber die Penner, die noch wach waren, grölten nur und meinten, da könne man nicht hin. Draußen vor der Tür ging es ab sechs Uhr richtig rund. Da kamen Kleintransporter und Kleinbusse angefahren und die Fahrer oder Beifahrer riefen etwas aus dem Wagen. Ein paar Männer stiegen ein und dann fuhren sie weiter. Das war aber alles Schwarzarbeit. Die Leute waren nicht versichert.

Ich habe meinen Ausweis einmal in die Luke der Panzertür gesteckt, als der Typ etwas rausgerufen hatte. Ich hatte das nicht verstanden, es war mir auch egal, denn ich brauchte Geld, und wenn ich erst mal die Adresse hatte, konnte ich immer noch überlegen, ob ich dort hinging. Hinter mir lachten und grölten die besoffenen Penner und nannten mich einen Idioten. Ich hatte anscheinend meinen Ausweis für einen ganz miesen Job hergegeben. Es wurde mir durch das kleine Türfenster gesagt, ich müsse nirgends hin, hinterm Haus stände ein Kleinlaster, da sollte ich mitfahren. Mit mir ging ein anderer Penner.

Wir stiegen ein und fuhren ab. Zum Glück hatte ich in meiner Jacke noch einen Flachmann und eine Flasche Bier und im Hosenbund zwei weitere Bierflaschen. Wir fuhren etwa 25 Minuten. Bevor wir an einem Bauwagen ankamen, fuhren wir drei, vier Kilometer auf einer gesperrten, holprigen Strecke. Es stellte sich heraus, dass ich beim Straßenbau gelandet war. Hier wurde ein Stück Bundesstraße neu gebaut. Im Bauwagen gab es reichlich Bier. Der Penner, der mit mir gekommen war, trank eine Flasche und legte sich hinter den Bauwagen schlafen. Das fand ich wirklich peinlich. Ich hingegen wollte möglichst mein Bestes geben.

Das war aber gar nicht nötig. Man sagte mir, ich solle eine Schaufel nehmen und die ganze Baustellenstrecke bis zum Ende runterlaufen. Bis dorthin also, wo wir auf die noch unbefestigte Piste aufgefahren waren. Und wenn ich dort angekommen sei, solle ich wieder zurücklaufen zum Bauwagen. Nur wenn ich ein dickes Auto sehe, soll ich so tun, als wenn ich grabe. Es kam aber kein Auto. Das Wetter war schön, ich nahm Bier mit und lief los. Ganz runter und wieder zurück und wieder ganz runter und zurück. Den ganzen Tag. Am Abend gab man mir einen Zettel, auf dem stand, was ich getan hatte und was mein Lohn dafür war. Das habe ich unterschrieben und dann das Geld bar bekommen. Also nicht das Geld, das auf dem unterschriebenen Zettel stand, aber immerhin fünfzig Mark. Zweieinhalb Monate machte ich diesen tollen Job.

Ich musste auch nicht zur Arbeiterschnellvermittlung, ich wurde morgens an einem Treffpunkt mitgenommen. Ich war dadurch allerdings nicht versichert. Dafür konnte ich jetzt auch mal „äitsch" kaufen, und war nicht immer auf Jack und Jasmin angewiesen. Das waren schöne Wochen. Immer genug Drogen und tagsüber allein spazieren laufen, immer etwas zu trinken und das bei fast ausnahmslos gutem Wetter. Ich kaufte mir sogar ein paar Klamotten, die ich bei einem Bekannten von Jack unterstellen durfte. Neben Anziehsachen hatte ich in den folgenden Wochen einen gebrauchten Plattenspieler mit Boxen, ein paar Platten, einen Fotoapparat, Schuhe, ein paar Schmuckstücke und andere Dinge gekauft, die ich zuvor nicht besessen hatte. Das lagerte alles bei dem Kumpel. Irgendwie fand ich, dass man solche Sachen im normalen Leben haben musste, und darauf arbeitete ich ja hin, auch wenn meine Mittel und Möglichkeiten dafür sehr gering waren. Ich hatte natürlich alles umsonst gekauft, denn der Kumpel war Fixer. Fixer sind link – Alkis übrigens auch, wenn es um den nötigen Stoff geht – und so versetzte der Kumpel die Sachen gleich wieder. Ich hatte sie nur gekauft und ihm gegeben. Mehr hatte ich davon nicht.

Irgendwann war ich wieder derart im Altstadtmilieu versumpft, dass ich zwei Wochen nicht zu dem vereinbarten Treffpunkt ging. Das heißt, ich ging meiner regelmäßigen Schwarzarbeit nicht mehr nach. Als dann der Druck wieder wuchs und ich dringend Geld brauchte, war an diesem Treffpunkt keiner mehr anzutreffen. Auch auf der Arbeitsvermittlung sah ich niemanden von dieser Firma. Ich traf aber auf einen der Obdachlosen, die dort mal mit mir gearbeitet hatten. Er erzählte mir, dass es jede Menge Ärger gegeben hatte. Einer der Schwarzarbeiter hätte angetrunken und ohne Führerschein einen Unfall gebaut. Dabei hätte sich der Kleintransporter in einer Ortschaft überschlagen. Alle Insassen des Fahrzeugs waren zwar glimpflich davongekommen, aber es waren eben alles Schwarzarbeiter und diese Firma baute dort keine Straße mehr.

Den Job beim Straßenbau gab es also nicht mehr und das nächste, was ich von der Vermittlung bekam, war eine Arbeit in einer Brauerei. Es war eine damals große und bekannte Brauerei und ich freute mich irgendwie, jetzt an der Quelle zu sitzen. Ich fuhr dort hin und wurde direkt zu meinem Arbeitsplatz gebracht. Es war eine große, kalte und feuchte Halle. Auf der einen Seite die Rampe, an denen die LKW standen, und auf der gegenüberliegenden Seite rollten aus ungefähr drei Metern Höhe über Holzrampen 30- und 50-Liter-Bierfässer, die gerade frisch befüllt worden waren.

Meine Aufgabe war es, die herunterrollenden Fässer unten zu stoppen und in den LKW zu laden. Ich bekam eine Schürze, ansonsten gab es keine Arbeitskleider. Das war ein Knochenjob. Das volle Fass, das aus der Höhe auf einen zugerollt kam, musste gestoppt, zum LKW gerollt und dann aufgestellt werden. Dann schnell zurück, denn das nächste Fass war bereits im Anmarsch.

Dieses musste ebenfalls zum LKW gerollt und auf das dort stehende Fass draufgelegt werden. Jedes Fass wog circa zwischen 40 und 60 Kilo. Sechs Stunden täglich. Zwei Liter Bier gratis am Tag. Ich hätte mindestens zehn Liter gebraucht. Die Fässer waren zudem nass, kalt und außerdem aus Aluminium. Das stinkt an den Händen. Am ersten Tag war ich versichert, danach ging ich zwei Wochen schwarz dort hin. Da ich nur die Kleidung hatte, die ich am Leib trug und es keine Arbeitskleidung gab, musste ich mir von den dreißig Mark am Tag auch noch neue Kleidung kaufen.

Es war ein Knochenjob, der kein Geld brachte, also ging ich nicht mehr hin und saß wieder den ganzen Tag in den Altstadtkneipen, schlief dort oder auf der Straße.

Irgendwann schaffte ich es wieder zur Arbeiterschnellvermittlung. Ich bekam von dort einen Job am Schlachthof. Dort verdiente ich aber nichts, denn ich rannte nach zwei Stunden weg. Nachdem ich dort angekommen war, sollte ich Schweinehälften von einem Lastwagen abladen. Wieder keine Arbeitskleidung, nur ein Tuch für die Schulter. Einer stand auf dem Lastwagen und gab einem die Schweinehälfte auf den Rücken. Die wogen alle etwa 90 Kilo. Damit lief ich ein paar Meter. Dann musste ich die Schweinehälfte an einen Haken hängen. Der Haken war mit Rollen an einem Stahlprofil befestigt und dieses Profil führte hinunter in einen offenen Kellerraum und kam von dort wieder hoch. Es war also ein Kreis, an dem das Schlachtgut am Haken eingehängt hinunter rollte und die leeren Haken wieder hochkamen. Ich musste die Schweinehälften an den Haken hängen und sie fuhren dann mit einem immer gleichen surrenden Geräusch in den Keller. Dort standen zwei Männer und nahmen die Schweinehälften abwechselnd von den Haken, um sie in einen Kühlraum zu tragen. Das war nach zehn Minuten Routine. Ich hängte die Schweinehälfte oben ein, es surrte auf der Fahrt nach unten und der Mann im Keller lief schon los, um den Schwung der halben Sau aufzunehmen, auf seinem Gang zum Kühlhaus.

Aber einer der beiden schrie immer rum und beleidigte mich. Er hatte sicher recht mit allem, was er sagte, aber ich lasse es mir dennoch nicht einfach so ins Gesicht sagen. Nach nicht einmal zwei Stunden hängte ich eine Schweinehälfte ein und sie surrte schon am Haken nach unten, als ich sie noch einmal kurz festhielt. Der Mann unten aber, der das Surren der anrauschenden

Schweinehälfte hörte, war schon losgelaufen und so traf ihn die Schweinehälfte sehr ungünstig in den Rücken. Er flog durch den Gang und landete direkt auf seinem Gesicht. Endlich war Ruhe! Aber ich bin lieber schnell weggerannt.

Wieder bei der Arbeitsvermittlung landete ich jetzt beim Gerüstbau. Diesmal hatten die Penner recht, als sie lachten, grölten und mich einen Idioten riefen. Denn auch das war Knochenarbeit. Ich bekam die Adresse und fuhr dort hin. Das heißt, ich fuhr nicht allein. Mit mir fuhr ein ungefähr 30 Jahre alter großer, breitschultriger Mann. Dieter hieß er. Er wirkte verschlagen. Nicht nur weil seine Nase extrem schief war – man sah sofort, dass diese schon oft gebrochen war –, sondern er hatte eine verschlagene Art. Er wirkte äußerst brutal, war aber dauernd bemüht, unauffällig und leise zu sein. Zudem schien er immer gehetzt und gereizt zu sein. Beides versuchte er jedoch zu verbergen.

Das war kein Guter, dafür hatte ich ein Gespür. Später erfuhr ich, dass er tatsächlich wegen einiger Gewalttaten gesucht wurde. Ich hatte mich auf diesen Typ einzustellen. Er ging mit mir nicht nur zu dieser Gerüstbaufirma, er saß in denselben Kneipen und wir mochten dieselbe Frau, Heike. Er allerdings hatte eine Beziehung mit ihr. Sie war blond und zierlich, etwas melancholisch, aber dennoch voller Leben. Es gab keinen Tag, an dem er ihr nicht mal so richtig eins aufs Maul gab. Und wie er weiter zu sagen pflegte: „Sonst würde sie irgendwann übermütig." Oder sagte er „aufmüpfig"? Das kann auch sein! Heike hatte oft sichtbare Verletzungen im Gesicht. Ich konnte ihr nicht helfen. Ja, wenn er mal mit dem Bierglas in der Hand ausholte, um es ihr ins Gesicht zu schlagen, dann konnte ich noch den Arm festhalten. Er stellte dann sein Glas aus der Hand und scheuerte ihr einfach so eine oder schüttete ihr das Bier ins Gesicht. Dabei war sie nur still dagesessen. Solche Situationen gab es oft. Aber sie blieb an seiner Seite. Ich war neidisch auf ihn! So wie er sollte man sein, dann wurde man auch geliebt. Ich wurde es nicht.

Mir kam wieder der Gedanke, dass ich ein Verlierer bin, weil ich nicht gewalttätig bin, weil ich nicht mal in der Lage bin, auf Gewalt zu reagieren. Es schien, als könne man mit Gewalt mehr erreichen, seine Wünsche besser befriedigen. Dass mich Gewalt aber seit meiner frühsten Kindheit begleitete, das war mir nicht so bewusst. Natürlich wusste ich, dass die ersten Jahre schwierig waren, und dass das, was man mir da antat, Gewalt, also Unrecht, war. Aber im Landerziehungsheim hatte ich doch nur milde, friedfertige Lehrer und Erzieher um mich gehabt, die zwar ekelhafte Dinge taten. Aber das war ja nur so ekelhaft, weil ich so kaputt war, weil ich nicht verstehen konnte, weil ich anders war und schlecht. Ja, diese Landerziehungsheimzeit als Zeit voller Gewalt zu sehen, wurde mir erst sehr viel später möglich. Jetzt also ging ich mit Dieter zu dieser Gerüstbaufirma arbeiten.

Der Vorarbeiter war ganz freundlich, die Gerüstteile aus Holz waren oft nass und dann unglaublich schwer. Für mich zumindest, Dieter hatte weniger Schwierigkeiten damit. Das Wetter war schlechter geworden und das Klettern auf den feuchten und nassen Gerüsten bei meinem immensen Alkoholkonsum äußerst gefährlich. Außerdem kam häufig ein älterer Typ, den sie Boss nannten, der alles kontrollierte. Er sah mich auch schon am ersten Tag, kam auf mich zu, sagte mir, wie hier gearbeitet wird und dass es ihm egal sei, was ich angestellt hätte, ob ich meine Alimente nicht gezahlt oder eine Frau vergewaltigt hätte. Hier würde gemacht, was er sagt.

Der Boss war ein unangenehmer Typ, aber Dieter kam sehr gut mit ihm zurecht. Ja, die beiden verstanden sich prächtig. Es waren beide Verbrecher. Beim Boss war es so, wie ich es schon so oft in meinem Leben erfahren hatte: Er war bekannt in seiner Kleinstadt, hatte gute Verbindungen, genug Geld, war angesehen als toller Geschäftsmann und man kam ihm allseits mit Hochachtung entgegen. Seinen Erfolg hatte er jedoch den vielen Schwarzarbeitern aus Polen und den Niederlanden zu verdanken. Er war also ein Schmarotzer, der sich alles erlauben konnte. Das kam mir bekannt vor. Wenn ich das so erzähle, wundert es mich, warum da ausgerechnet so viele Niederländer arbeiteten. Sind das Gerüstbauspezialisten? Auf jeden Fall wohnte jede Menge Niederländer in Wohnwagen auf dem Hof der Gerüstbaufirma.

Ab dem nächsten Tag nannte mich der Boss – wenn er mich ansprach, was immer anschreien hieß – „du Hurenfotze". Er besaß einen sympathischen Dialekt, weshalb es bei ihm „du Hurefotz" hieß. Er merkte bald, dass ich nicht für den Gerüstbau geeignet war. Und so musste ich andere Drecksarbeiten machen. Das war gar nicht so schlecht, denn wenn die anderen Arbeiter, unter anderem auch Dieter, mit den Lastwagen vom Hof fuhren, um irgendwo ein neues Gerüst aufzubauen, blieb ich allein auf dem Platz und musste Teile sortieren, putzen, aufräumen. Es war kalt, nass und saudreckig. Außerdem war es körperlich schwere Arbeit. Aber ich konnte in Ruhe mein Bier trinken. Ich versuchte echt mein Bestes, ich weiß nicht, ob ich wirklich viel geleistet habe, aber der Boss war sowieso nie zufrieden.

Eines Tages fragte er mich, ob ich einen Führerschein hätte, ich bejahte, was nicht stimmte. Warum ich das antwortete, weiß ich nicht, aber er gab mir von nun an Aufträge, bei denen ich mit einem Kleintransporter Material von einer Baustelle auf eine andere fahren sollte. Bei meiner letzten Fahrt fuhr ich mit dem Kleinlaster in die Altstadt. Ich betrank mich richtig. Als ich zurück kam, stand der Boss schon auf der Baustelle. Ich kletterte auf die Ladefläche und wollte abladen, da kam er schon angelaufen! „Du Hurefotz, wo warst du? So lange braucht kein Schwein!“ Er schrie und tobte.

Beim dritten „Hurefotz“ hatte ich ein ziemlich schweres Kantholz in den Händen, das ich ihm von oben auf seine Businessslippers schmiss. Ich war wirklich erschrocken, dass ich den Typ so gezielt getroffen hatte, später war ich stolz! Der tanzte ganz schön und fand gar keine richtigen Worte mehr, humpelte vom Fahrzeug weg, drehte sich wieder um und humpelte wieder auf mich zu, weil er wohl dachte, er könne schon wieder weiterbrüllen. Schließlich drehte er wieder ab, weil der Schmerz doch zu groß war. So hinkte und humpelte er im Kreis. Ich sprang von der Ladefläche und ging. An diesem Tag hatte ich kein Geld verdient. Bei ihm hatte ich trotz allem jeden Tag achtzig Mark bekommen und hatte es echt fast zehn Wochen ausgehalten. Das war nun wirklich nicht schlecht für jemanden, der eigentlich zu gar nichts mehr fähig war. Tagsüber zwei Kästen Bier und abends „äitsch“. Und dann auf dem Friedhof schlafen.

Ich bekam von der Vermittlung noch ein paar andere Jobs, aber irgendwie konnte ich nicht mehr. Ich hing immer noch mit Jasmin und Jack rum und wollte mal wieder mit eigenem „äitsch“ etwas beitragen. Ich hatte nicht die Connection, die Jack hatte. Ich musste schauen, dass ich irgendeinen Dealer traf. Ich hing oft in der Szene rum, also auf der Straße, an den Orten, wo gedealt wurde. Wir saßen an einem kleinen Platz auf einer Steintreppe. Ein-, zweimal am Tag kam ein Mann – wahrscheinlich irgendein Hausmeister – und schüttete wortlos neben uns und zwischen uns irgendein Zeug, das höllisch in den Augen und Atemwegen brannte. Dann gingen wir genauso wortlos und kamen später wieder.

Auf der Suche

Einmal sagte eine junge Frau zu diesem Hausmeister: „Sag mal du Arschloch, was soll denn das?“ Das war Evelyn. Da lernte ich sie kennen. Evelyn war so. Wenig später arbeiteten wir zusammen am Großmarkt.

Wir saßen meist schon nachmittags in einer der Altstadtspelunken. Evelyn war ganz anders als ich. Sie hatte Power, so schien es mir. Sie war beliebt, war schlagfertig, wusste zu allem etwas zu sagen. Sie war nicht größer als ich, auch nicht viel kleiner, eher stämmig, aber nicht dick. Ich fand sie hübsch. Evelyn saß mal hier mal dort am Tisch, trank mit diesem oder jenem ein Bier oder einen Schnaps. Meistens ging sie noch mal fort, während ich in der Kneipe blieb, aber so gegen Mitternacht trafen wir uns wieder. Wir fuhren gemeinsam zum Großmarkt, beluden unseren Kleinlastwagen mit frischem Obst, Salat und Gemüse. Ich hatte meine Bierflaschen im Fahrerhaus deponiert. Gegen zwei Uhr morgens fuhren wir los, nur eine kurze Strecke bis zu einem Parkplatz. Dort hielten wir, ich trank drei oder vier Flaschen Bier, sie band sich den Arm ab und gab sich einen Schuss. Sie konnte mir selten etwas von ihrem Stoff abgeben, aber ich war ja auch immer schon sehr betrunken, wenn es los ging. Meist saßen wir kurz noch da, bevor wir durch die Nacht fuhren und Frischware an die verschiedenen Einkaufsläden auslieferten, die auf unserer Route lagen. So gegen sieben Uhr morgens waren wir wieder am Großmarkt.

Das ging ein paar Monate. Irgendwann wollte Evelyn nicht mehr. Sie wollte nicht mehr arbeiten und ich glaube, sie wollte auch nicht mehr leben. Also hörte sie auf zu arbeiten und nicht viel später auch auf zu leben. Ich weiß nicht, was sie für eine Geschichte hatte. Was ihr passierte, ist nicht passiert, weil sie es nicht erzählt hat, bevor sie ging. Ich mochte sie. Ein goldener Schuss war ihr Ende, ob absichtlich oder nicht, darüber habe ich zu lange gegrübelt. Und sollte ich es je erfahren, dann nur, weil es dann wohl doch ein Leben nach dem Tod gibt, was in unserem Fall wohl das erste Mal wirklich leben bedeuten würde.

Alleine konnte ich nicht dort weiterarbeiten. Es waren zu viele Kunden und ich war zu besoffen und ganz allgemein zu fertig. Ich hätte mich dauernd verfahren und ich hatte meinen Führerschein noch nicht wieder, obwohl ich ihn zu dieser Zeit wohl schon wieder hätte holen können. Aber ich war zu beschäftigt damit, mich zu betäuben. Evelyn hatte weder mit vielen Kunden ein Problem, noch hatte sie eines, wenn sie sich verfuhr. Sie verfiel nie in Panik. Auf ein „Scheiße, wir sind total falsch“, folgte gleich ein „na, dann fahren wir eben anders.“ Wenn sie merkte, dass ich Angst hatte, und ich hatte meistens Angst, klopfte sie mir auf den Schenkel und sagte: „Keine Angst, mein Schisser, das kriegen wir schon hin.“ So war sie, bis zum Schluss.

* * *

Alleine konnte ich dort nicht weiterarbeiten, auch deshalb nicht, weil ich andauernd Angst vor dem Erwischtwerden hatte. Dann hätte ich wieder mit den Polizisten zu tun. Wie soll man erklären, dass man täglich zwei Kästen Bier trinkt und als Kraftfahrer arbeitete? Es war so nicht zu erklären. Sie würden mich spüren lassen, was für ein dreckiges versoffenes Schwein ich war. Sie würden es mich wieder spüren lassen. Davor hatte ich Angst: immer wieder, immer weiter entwürdigt zu werden. Ich war jetzt um die 25 Jahre alt. Erwachsen, volljährig, selbst verantwortlich und wollte mich nur noch betäuben und vor der Welt verstecken. Immer weniger war für mich und andere zu erkennen, dass es der jahrelange sexuelle Missbrauch in meiner Kindheit und Jugend war, der mich auf diesen Weg gebracht hatte.

Etwas ganz anderes war geschehen. Ich sehnte mich zurück in das Landerziehungsheim, weil ich dort das einzige Mal in meinem Leben Gemeinschaft erlebt hatte. Ich war unter anderen Schülern und fühlte mich da oft wohl. Wenn bloß die Erwachsenen nicht gewesen wären.

Evelyn war weg und Jasmin und Jack hatte ich auch schon eine Zeit lang nicht mehr gesehen. Ich wollte aber mal wieder richtig abschalten. Ich suchte also irgendeinen Dealer und traf diesen Typen. Er war in meinem Alter, sah aber noch ordentlich aus. Wahrscheinlich ein Jungfixer. Er ging mit mir in eine Altstadtspelunke, vorne rein und hinten gleich wieder raus, über einen Innenhof und dann in eine Toilette. Das war die dreckigste Toilette, die ich je gesehen habe. Nicht nur die Schüssel, der ganze Raum war verschissen und voller Urin.

Das Einzige, was nicht ganz so dreckig war, war ein sehr kleines Waschbecken. Der Typ holte ein paar „Briefe“ hervor (kleine Stücke Silberpapier, in denen das „äitsch“ gepackt ist), öffnete eins und zeigte mir, was drin war. Ich sagte: „Ist gut. Nehm’ ich“ und gab ihm das Geld. Jetzt wäre der Deal gelaufen, aber er schaute mich an, schaute in seine Hand, stöberte hektisch in seinen Hosentaschen und zischte dann: „Willst du mich ablinken oder was?“ Ich wusste nicht, worum es ging. Er meinte, er hätte eben noch vier Briefe gehabt und fragte mich, wo der vierte sei. Ich sagte, dass ich das nicht wüsste, aber er schlug schon zu. Er schlug richtig zu und als ich lag, trat er. Dann sah er den Brief im Waschbecken liegen. „Ah, sorry“, sagte er und war weg. Mein Magen und mein Bauch schmerzten, Nase und Kopf bluteten.

Jetzt lag ich also blutend in Urin und Kot. Es war mir nichts geblieben, kein bisschen Würde. Nichts, gar nichts. Ich musste an das Landerziehungsheim denken, daran, dass ich damals schon dachte, man dürfe die Würde eines Menschen nicht so verletzten. Ich weinte und übergab mich immer wieder. Ich wollte auch nicht mehr aufstehen, es war genug, endlich genug! Eine Weile drückte ich mich noch in dem Innenhof herum. Mit der anbrechenden Dunkelheit schlich ich langsam und stinkend zum Friedhof. Ich saß dort in der Aussegnungshalle und irgendwann zog ich Hose und den Pulli aus, um in meinem Schlafsack zu kriechen. Es stank trotzdem höllisch.

Am nächsten Morgen musste ich die Kleider wieder anziehen, aber sie waren wenigstens getrocknet. So ging ich zur kirchlichen Kleiderhilfe und bekam neue Unterwäsche, eine neue Hose, ein Hemd, eine Jacke und ein paar alte, aber nicht kaputte Schuhe sowie Shampoo und Seife. Auf dem Klo des Sozialamtes habe ich mich gewaschen und die neuen Kleider angezogen. Die Hose war etwas zu groß. Um irgendwie klar zu werden, trank ich eine Flasche Chantré (0,7 Liter).

In der Apotheke holte ich mir eine Einwegspritze mit 13er-Nadel und setzte mir auf der Toilette einer Altstadtkneipe meinen letzten Druck. Dann saß ich den ganzen Tag allein in der Stadt rum und trank ein Bier nach dem anderen. Ich war nachts zu nichts mehr imstande. Ich legte mich vor die Tür eines Krankenhauses. Dort schlief ich ein und wachte erst auf, als zwei Sanitäter mich auf eine Pritsche legten. Ich lag wohl in irgendeinem Nebeneingang und so hatte ich ziemlich lang dort gelegen. Unterkühlt und total fertig.

Ich zitterte stark, was nicht nur an der Kälte lag. Man wollte wissen, was los sei. Ich meinte, mir gehe es schlecht. Bier, Schnaps, Heroin, ich wolle entziehen. Ich glaube mich zu erinnern, dass der Restalkohol um drei Promille lag. Den Puls konnte man nicht richtig messen, es war nur jeder vierte oder fünfte Schlag wirklich fühlbar.

Ich kam, mit meinem Einverständnis, in die Geschlossene. Circa zehn Tage war ich da. Das Schlimmste waren die Betten, es waren dieselben wie im Landerziehungsheim. An das musste ich dann denken. Ich bekam einige Medikamente und es ging ganz gut. Vor Pfleger und Pflegerinnen schämte ich mich sehr. Es waren so normale Menschen. Ich fand aber auch, dass sie mich und alle anderen Insassen von oben herab behandelten. Ein Pfleger sagte einmal zu mir: „Solchen Typen wie dir sollte man einmal helfen, danach sollte man sie verrecken lassen." Ich fand, er hatte recht, aber verrecken war gar nicht so einfach. Ein alter Mann zog sich oft splitterfasernackt aus, lief so durch den Flur und fragte ganz freundlich, wo die nächste Haltestelle wäre. Dann kam die Pflegerin und meinte: „Opa, du weißt doch, für dich ist hier Endstation."

Ich glaube, ich war eine Woche dort, oder zehn Tage. Ich hatte panische Angst, gar nicht mehr raus zu dürfen. Nach meiner Entlassung sollte ich mich bei der Suchtberatung melden. Ich ging aber zu den Pennern und soff die ganze Nacht durch. Gut, das war vielleicht ein Fehler, aber nüchtern ging nicht. Immer Panik, immer die Angst, gleich passiert etwas Schlimmes. Mein Leben, vor allem die prägende Kindheit und Jugend im Landerziehungsheim, hatte mich nichts anderes gelehrt. Nachts den Geruch des damaligen Mathelehrers in der Nase, das Bild von Gerhard Bruns vor Augen, wie er nackt, zäh und drahtig nicht wegzuschieben war, seine kalten Augen, wenn er sich erst einmal entschlossen hatte, das zu bekommen, was er wollte. Dann wachte ich schweißgebadet auf. Und das trotz der Medikamente. Ich soff also gleich wieder, habe aber niemals mehr harte Drogen genommen, obwohl die Ärzte sagten, das wäre nicht möglich und dabei von einer äußerst schlechten Prognose redeten. Ich saß wieder ein, zwei Wochen auf der Straße, als jemand vorbeikam, den ich aus der Zeit kannte, als ich in die Berufsschule ging.

Er sprach mich an und ich erkannte ihn nicht. Ich kann nicht denken, wenn ich in Panik gerate, und ich dachte, der kennt mich sicher aus der Schulzeit, da bekam ich Panik. Er kannte mich aber aus der Lehre und erzählte mir, wo er jetzt wohnte und dass er nicht mehr in dem erlernten Beruf arbeitete, sondern bei der Stadt. Ich meinte, bei mir wäre es gerade schlecht gewesen und dass ich gerade aus dem Krankenhaus gekommen sei und jetzt eine Wohnung suchen würde. Ich könne erst mal bei ihm wohnen, seine Wohnung wäre groß genug, antwortete er. Ich verließ die Innenstadt und wohnte nun in einem Randbezirk. Es gab die Penner nicht mehr und auch nicht die Altstadt. Der Stadtteil, in dem ich jetzt über ein Jahr wohnen sollte, war ein sogenannter sozialer Brennpunkt.

Mit einem Dach über dem Kopf versuchte ich, etwas weniger zu trinken. Ich zögerte dies bis zu dem Augenblick hinaus, in dem ich wirklich nicht mehr konnte, um dann nur so viel zu trinken, dass das Feeling da war. Das Feeling war, wenn ich mich befreit fühlte, wenn mir keine Gedanken in den Kopf schossen, die sich mit meiner verpfuschten Kindheit und Jugend beschäftigten. Mit meinem verpfuschten Leben.

Es war jetzt ungefähr achteinhalb Jahre her, dass meine Schulzeit zu Ende gegangen war. Mir war klar, dass ich mein eigenes Leben ruiniert hatte, weil ich so war wie ich war, anders, verrückt, krank, irre oder sonst etwas. Noch kam mir nicht der Gedanke, dass die Schuldigen die sind, die mir nüchtern immer noch den Schlaf raubten, noch schien ihre Lebensleistung bewundernswert. Noch konnte ich nicht erkennen, dass es Täter waren, die mir mein Leben zerstört hatten.

* * *

Die Clique, in der ich nun war, bestand aus Jugendlichen, die hier in diesem Brennpunkt geboren waren und nichts anderes als diese Welt kannten. Sie waren hart, sie waren brutal, sie soffen, sie stahlen und prügelten. Man trug Gaspistolen und Schlagringe bei sich. Wir klauten Autos und Motorräder, machten Einbrüche in Lebensmittelmärkte und Kneipen, wobei ich Schmiere stand. Ich machte das, weil ich zu allem anderen viel zu viel Angst hatte, das sagte ich so natürlich nicht. Es gab Gott sei Dank genügend andere, die in vorderster Front beteiligt sein wollten. Das habe ich nicht verstanden, ich fand das äußerst unklug. Es hatte wohl mit Ehre zu tun. Viele saßen schon öfter im Knast, manche wohl bis heute.

Ich erinnere mich an Harro. Sein Vater war Alkoholiker und Harro hatte von seiner Kindheit nur zu erzählen, dass er sich erinnerte, wie seine Mutter und er täglich grün und blau geprügelt wurden. Solange er sich erinnern konnte, machte sein Vater das, bis er sich mit 13 oder 14 Jahren wehrte und seinen Vater verdrosch, als dieser im Rausch war. Er teilte seinem Vater mit, sollte er noch einmal prügeln, würde er ihn totschlagen. Das half. Harro hatte ein Bubigesicht. Niemand, der ihn traf, traute ihm zu, gewalttätig zu sein, aber Harro wusste jetzt die Lösung: selbst Gewalt ausüben.

Wie oft habe ich durch ihn brutalste Gewalt zu sehen bekommen. Die ganze Clique saß in einer Kneipe an einem Tisch, als ein Zweimetermann den kleinsten aus unserer Gruppe, Tom, anpöbelte. Tom machte aber seit frühster Kindheit Kampfsport und so brachte der ein Meter sechzig große Tom den Zweimetermann sehr schnell zu Boden und brach ihm dabei gezielt den Arm. An der Theke saß ein junger Mann, der meinte ganz cool: „Leute, Leute seid doch friedlich." Ich war damit beschäftigt, andere abzuhalten, auf Tom loszugehen, der immer noch den Zweimetermann nicht losließ, weil der schreiend mit grotesk abgewinkeltem Arm auf dem Boden lag, aber die Frage „Gibst du auf" nicht beantworten konnte oder wollte. Harro stand auf, hatte den Schlagring schon an und schlug dem jungen Mann an der Theke mit voller Wucht und ohne weitere Vorwarnung ins Gesicht. Der flog vom Hocker und wimmerte. Laut schreien konnte er nicht mehr, sein rechter Mundwinkel war mehrere Zentimeter aufgerissen. Alles war voller Blut. Harro stand mit Boxerdeckung da und erwartete einen Gegenangriff. Da kam aber nichts mehr. Jetzt kam der Wirt dazu. Ein anderer aus unserer Gruppe zog die Gaspistole. Es kam zum Handgemenge, die Pistole ging los und jeder schaute, dass er schnell wegkam.

Ein andermal – auch in einer Kneipe – rempelte ein Typ Harro aus Versehen an. Harro schlug sofort mit der geballten Faust von unten in das Gesicht des Remplers. Die Faust traf genau auf die obere Zahnreihe, die auch gleich ihren Halt im Zahnfleisch verloren. Außerdem platzen die Lippen auf. Die Schneidezähne des Kontrahenten hatten Harros Faust zwischen Knöcheln und Fingeransatz tief eingeschnitten. In Sekunden war alles über und über mit Blut besudelt. Wegen eines versehentlichen Remplers.

Ich fragte Harro mal, warum er gleich zuschlug. „Max, das ist mein Hobby, so wie andere Modellflieger bauen. Und wenn ich mal Schläge bekomme, gehört das dazu. Bei dem Modellbauer fliegt auch nicht gleich jeder Flieger." Ich hatte ein Dach über dem Kopf, etwas zu trinken und die Situation schien für mich besser zu sein. Aber ich hasste die Gewalt. Ich hatte Angst. Angst ist nicht mit Feigheit gleichzusetzen. Angst ist die Vorbereitung auf das Schreckliche, das passieren wird. Das war ein Ergebnis aus meiner Säuglings-, Kinder- und Landerziehungsheimzeit. Es kann gleich etwas Schreckliches passieren. Also pass stets auf! Hab immer Angst. Ich sage es ungern, aber nur Mutige können diese Angst so lange aushalten.

* * *

In meiner Erzählung habe ich meine Beziehungen zu verschiedenen Frauen ausgelassen, da sie eine Geschichte für sich sind. Manche Frauen waren für mein weiteres Leben von großer Bedeutung. Sie haben mir gezeigt, dass man sich vorbehaltslos und selbstlos für mich interessieren kann. Auch wenn ich das immer nicht glauben will.

Auf eine Beziehung möchte ich kurz eingehen. Sie lernte ich zu dieser Zeit kennen und ich lernte, dass ich Tätern tatsächlich mit Hass begegnen konnte. Das scheint etwas unverständlich, aber bisher wusste ich nicht so genau, was richtig und falsch war, ob das, was mir widerfuhr, höchste pädagogische Kunst oder eben doch nur ein Verbrechen war oder irgendetwas dazwischen. Ich wusste es nicht und so lange war ich mein größter Feind. Es stellte sich für mich so dar: Ich hatte scheinbar alles falsch gemacht und alles gegen die Wand gefahren, während es denen, die mich auf diesen Weg geschickt hatten, gut zu gehen schien. Sie waren anerkannt und ihnen wurde applaudiert.

Ich lernte eine junge Frau kennen. Ich nenne sie Nicole. Nicole hatte lange rote Haare und ein wunderbares Lachen. Sie schien aber weder glücklich noch fröhlich zu sein. Sie war unsicher und konnte Nähe schlecht ertragen. In diesem Punkt waren wir uns ähnlich. Auch sie hatte diese Abwehr, die aus der Angst entsteht, dass gleich etwas Schreckliches passiert. Wir bewegten uns schon einige Zeit umeinander herum. Ich wollte sie nicht ansprechen, schon gar nicht anmachen. Es war mir so eindeutig, dass sie zumindest Letzteres auf keinen Fall wollte. Die meisten Typen versuchten es irgendwann natürlich. Ihnen fehlte das Gespür. Vielleicht darf man das Gespür auch einfach nicht haben, um erfolgreich zu sein. Wir sahen uns häufig und so im Nachhinein habe ich das Gefühl, wir sprachen über Dritte miteinander. Manchmal kam auch schon ein kurzer Satzwechsel zustande. Ich saß morgens alleine in diesem dunklen Hinterhof-Pub. Es lief immer dieselbe Musik: Neue Deutsche Welle.

Nicole kam rein und bestellte sich einen Kaffee. Dann saßen wir da. Trotz Musik herrschte eine unangenehme Stille, weil jeder einfach nur da saß und vor sich hin starrte. Es wurde nichts geredet. Um irgendwie das Schweigen zu brechen, frage ich die ältere Frau hinter der Theke, ob sie nicht andere Musik anmachen könne. „Wieso? Is' doch gut", antwortete sie, worauf ich lakonisch meinte: „Ja, ich fang gleich an zu tanzen." Das fand Nicole wahnsinnig witzig. Sie lachte lang und laut. Eine andere Freundin von mir nannte das „sich ausschütten vor Lachen". Das fiel mir bei diesem Lachen wieder ein. Ja, Nicoles Lachen war klasse. Wir kamen ins Gespräch und tranken Bier.

Irgendwann kam wieder so ein bescheuertes Lied und sie rutschte vom Barhocker und fing an zu tanzen. Ich stand auf und machte mit. Ich konnte natürlich nicht tanzen und verrenkte mich absichtlich komisch. Das machte sie dann auch! Zwei junge, vom Leben gezeichnete Menschen, verrenkten sich wortlos zwischen Theke und Tischen in einer Spelunke auf dem Gang, der zu den Toiletten führte, und das werktags, morgens um acht. Die Frau hinter der Theke putzte weiter und runzelte die Stirn. Was für ein Bild.

So lernte ich Nicole kennen. Ihr Vater war ein Geschäftsmann mit eigenem Geschäft und politisch regional aktiv. Kein Grüner, was man in diesem Zusammenhang vielleicht denken könnte. Er war, glaube ich, ein ganz Liberaler. Er liebte seine Tochter sehr! Seit ihrem sechsten Lebensjahr liebte er sie ganz besonders. Bis sie 15 war, dann wehrte sie sich gegen dieses Schwein.

Wieder einmal bemerkte ich das mir so bekannte Muster! Hier der angesehene Mann, der ein Verbrecher war, und dort der junge Mensch, der in seiner Art immer seltsamer wurde und dem man auch zeigte, dass er nicht normal war. In diesem Punkt hatten wir das gleiche Leben gelebt. Wir waren jetzt zusammen. Ich wollte sie nicht beschämen, sie wollte Frau sein, fasste ich sie vorsichtig an, konnte es sein, dass sie Panik bekam, machte ich nichts, war sie enttäuscht. Denn sie wollte doch auch begehrt werden, sie wollte meine Freundin, sie wollte Frau sein. Ja, sie wollte doch, dass wir ein normales Paar waren. Aber normal hatte man uns vor langer Zeit schon genommen. Ich wusste, was sie meinte, ich verstand sie gut. Es war sehr schwer mit uns.

Wir waren nicht sehr lange zusammen. Wir waren jung und doch schon ganz am Ende. Zumindest sie. Wenig später nahm sie Tabletten und starb mit Mitte 20. Sie hatte es hinter sich.

Ich dachte oft über den Moment nach, als sie diese Entscheidung traf. Es ist der Moment, da scheint es unumgänglich, all das Erlebte, das Schlechte, Böse und Gewalttätige, all die daraus entstandenen Ängste, Nöte und Sorgen, die Ausweglosigkeit haben sich verbunden. Es drückt auf deine Seele, zwingt dich zu diesem Schritt, denn wenn du ihn nicht gehst, wird der nächste Schritt ein nächster Tag sein. Und manchmal schien es, als wäre es unmöglich, noch einen weiteren Tag zu leben. Ich war oft so weit, dachte ich, und dennoch muss es einen Moment der noch größeren Hoffnungslosigkeit und Leere geben. Es muss ein noch hoffnungsloseres, einsameres und beängstigenderes Fühlen geben, als ich es kenne. Im Fall von Nicole war der Vater der Mörder. Nicole hatte sich den Körper genommen, ihre Seele hatte der eigene Vater, schon in Kindertagen erschlagen. Ich war oft sehr nahe dran, mir das Leben, das ja keines war, zu nehmen. Manchmal glaube ich, ich kann es mir nicht nehmen, weil es mir im Landerziehungsheim schon genommen wurde. Auch zu dieser Zeit war es irgendwann wieder einmal so weit: Ich wollte mir das Leben nehmen.

* * *

Ich hatte die letzten zwei Nächte durchgemacht. Das ging ganz gut, wenn man große Dosen Antiadipositum X112 einnahm. Das wirke wie Speed und man konnte nächtelang durchsaufen. Ich lief direkt an den Gleisen entlang. Es war Zeit zu gehen. Was hinderte mich noch? Ich weiß es bis heute nicht. Es war kein Leben, so war es nicht zu ertragen und so wollte ich es nicht ertragen. Es ist diese lächerliche, diese verdammte Hoffnung, dass ich in diesem Leben einmal finden werde, was mir nie zuteil wurde, was ich nie erfahren habe und – wie ich heute entsetzt feststellen muss – nie erfahren werde: Liebe. Eine Liebe zu mir selbst und ein Geliebtwerden.

An der nächsten Haltestation ging ich in eine Telefonzelle. Da stellte ich mich rein und überlegte unter Tränen, wie ich mein Leben beenden könnte. Das mit den Gleisen konnte ich nicht. Ich hatte es wieder einmal nicht geschafft. Ich weiß nicht, wie ich darauf kam, ich meine die Nummer der Telefonseelsorge hätte in der Telefonzelle ausgehangen – auf jeden Fall rief ich dort an. Ich wollte erzählen, alles oder irgendwas, wie es war, wie es dazu gekommen ist, wie ich der wurde, der ich bin. Aber erstens konnte ich vor Schluchzen nicht reden und zweitens wusste ich nicht, warum ich so war und wie ich auf diesen Weg gekommen war. Als am anderen Ende der Hörer abgenommen wurde, brachte ich unter Mühen und sicher schwer verständlich den Satz hervor: „Ich bringe mich jetzt um." Nach kurzer Stille meinte die Stimme am anderen Ende etwas verstört, ob ich später anrufen könne, sie könne gerade nicht helfen.

Was immer das auch heißen sollte, warum auch immer die Stimme so geantwortet hatte, kann ich nicht sagen. Ich legte auf und wusste. Auch das ist allein mein Problem. Einen Barmherzigen schien es nicht zu geben und wenn man das erkannt hat, dann fällt unter diesen Umständen auch noch das Sterben schwer.

Die Clique, in der ich jetzt war, zog allabendlich durch das Viertel, und wenn alle Kneipen zu gemacht hatten, gingen wir zu irgend jemanden, der gerade sturmfreie Bude hatte. Einige Zeit wohnten wir in einem Hochhaus und hatten bald Ärger mit dem Hausmeister. Ein mittelgroßer, dürrer Mann, sicher auch Trinker, aber er machte einen ziemlich gelassenen Eindruck. Am Anfang sagte er ein paar Mal – ohne erkennbar wütend zu sein –, wir sollten nachts nicht so laut im Hausgang grölen und uns auch sonst in der Wohnung bis neun Uhr morgens etwas ruhiger verhalten. Ich wies immer wieder darauf hin, dass der Hausmeister das gesagt hatte, wenn die Anderen wieder grölend durch den Hausgang zur Wohnung liefen. Irgendwann packte der Hausmeister einen von uns und zog ihn ganz nah zu sich heran. „Wenn ich nachts noch einmal etwas höre, tut's richtig weh", meinte er, jetzt sichtbar zornig.

Am Abend torkelten wir nach Hause, laut das Treppenhaus hoch und in die Wohnung. Auch dort waren wir nicht gerade still. Zwei von uns gingen eine Stunde später noch einmal runter, um die nächtliche Anlieferung am Supermarkt zu kontrollieren und das Brauchbarste davon einzustecken. Irgendwann klingelte es und der Hausmeister stand vor der Tür. Wir sollten sofort runtergehen und die Sauerei aufwischen. Morgen früh wolle er nichts mehr davon sehen. Wir gingen runter. Im Eingangsbereich war alles mit Blut verschmiert, es waren richtige blutige Brocken dabei. Der Hausmeister war in seiner Jugend Amateurboxer und hatte nun für Ruhe gesorgt. Unsere zwei Kumpel waren tagelang außer Gefecht und sahen noch lange ziemlich übel aus. Hier in diesem Viertel herrschte eben die Gewalt. Sie war aber auch als solche zu erkennen.

Das war die Gewalt, die Nicole, ich und so viele andere Kinder erfahren mussten, eben nicht. Sie war oft nicht zu erkennen und deshalb so niederträchtig und so nachhaltig zerstörend.

Ich arbeitete zu dieser Zeit in einer kleinen Firma, die im Stadtteil ansässig war. Das heißt, ich ging hin, wenn es mir möglich war. Der Arbeitgeber war selbst Alkoholiker, ich weiß nicht, wie er Geschäfte machen konnte. Das Saufen verband uns. Er kam manchmal schon früh morgens und stellte jedem eine Flache Jägermeister hin. Keinen kleinen Flachmann! Jedem eine Flasche! Wenn ich mal eine Woche nicht zur Arbeit kam, motzte er und drohte, aber wenn wir wieder zusammen tranken, meinte er mich gut verstehen zu können. Manchmal ging ich tagelang arbeiten und trank nur das Nötigste. Zu dieser Zeit schaffte ich es auch zum Amt, um mir meinen Führerschein wiederzuholen.

Abends zog ich weiterhin mit der Clique durch die Kneipen. In der Kellerbar sprach mich zu dieser Zeit einmal eine Frau an. Sie würde mich kennen und fragte, wie es mir ginge. Ich erkannte sie nicht. Sie war vielleicht 18 oder 20 Jahre alt, total kaputt und redete und redete. Sie war damals die Kleine in der Wohngemeinschaft bei Marcel und ob ich es wirklich nicht mehr wisse. Ich hatte ziemlich viel getrunken und ihr leider nicht richtig zugehört. Ich glaube, sie hat mir ihr Herz ausgeschüttet. Sie ging jetzt der Prostitution nach. Marcel war für mich weit weg, eine andere Zeit, die ich ganz stark mit meiner Zeit im Landerziehungsheim verband. Schade, dass ich ihr nicht richtig zugehört habe, daran denke ich häufig.

In dieser Kellerbar saß auch häufig Rudi. Er arbeitete in dem Betrieb, in dem auch ich mein Geld verdiente. Er war unglaublich kräftig und genauso irre. Wenn er trank, wurde er vollkommen unzurechnungsfähig. Im besoffenen Zustand vergewaltigte er einmal einen Lehrling. Er hatte Bewährung bekommen und arbeitete weiterhin in diesem Betrieb. Rudi wohnte ein Stockwerk unter mir in einem Zimmer. Das war unangenehm und er störte mich oft.

Es arbeitete noch ein anderer Typ in dieser Firma. Er hieß „Langer", weil er groß war und schlaksig wirkte. Er soff auch, und auch er wurde dann sehr verlässlich immer aggressiv. Ihn sah ich nur ein paar Mal. Er war in einem angrenzenden Stadtteil in eine Kneipe gegangen und als er kein Geld mehr hatte, frage er einen Rentner, ob er ihm ein Bier ausgeben würde. Der verneinte und als er die Kneipe verließ, ging der Lange ihm nach, schlug ihn vor der Kneipe nieder und trat ihm solange auf den Kopf, bis er tot war. Der kam dann nicht mehr zur Arbeit, seinen Job machte dann Rudi.

Rudi wohnte also eine Etage unter mir. Ich hatte mich gerade hingelegt, als Rudi mich wieder weckte. Ich solle sofort mitkommen, es wäre wichtig. Es war zwei Uhr nachts, aber wenn Rudi seinen Rappel bekam, musste man genau überlegen, was man tat. Ich torkelte mit Ihm die Straße runter, die den Stadtteil in ganzer Länge durchschnitt. Mich wunderte das Seil in Rudis Hand, aber das war eben Rudi. Unten an einer Kreuzung angekommen wartete schon ein Mannschaftswagen der Polizei. Rudi drehte durch, ich wollte weglaufen. Ich hatte gar nichts getan. Mich hatten sie schnell und haben mir den Arm fast bis zum Auskugeln auf den Rücken gedreht. Ich wusste gar nicht, was los ist. Mit Rudi hatten sie es nicht so einfach. Er wehrte sich mit Händen und Füßen. Dann saßen wir in Handschellen im Bus, Rudi weinte. Wir kamen in einen Kellerraum unter der Polizeiwache. Da war nichts drin. Es war einfach nur ein leerer Raum. Ich meine, es war ein Gewölbekeller. Die Tür wurde hinter uns verriegelt und wir lagen auf dem Boden, Arme auf dem Rücken mit Handschellen gesichert. Rudi war wieder mutig. Er schrie, man solle ihn rauslassen. Tatsächlich wurde die Tür geöffnet, ein Polizist kam herein, trat uns beiden mit Wucht in den Unterleib und ging wieder. Die Tür wurde verriegelt und ich hörte den Polizisten rufen: „Alles in Ordnung hier."

Rudi hatte besoffen die Polizei angerufen und gesagt, er würde sich unten an der Kreuzung an der Laterne aufhängen. Dann hatte er mich mitgenommen und nun lag ich mit Handschellen auf dem Rücken in einem Kellerraum, den die Polizisten als Arrestzelle nutzten.

Die Jugendlichen und viele der jungen Erwachsenen waren bei der ortsansässigen Polizei meist gut bekannt. Ich irgendwann auch. So hatte ich öfter mit denen zu tun. Ich wurde einfach kontrolliert und hatte einmal eine Gaspistole dabei, das war nicht meine, aber egal, in genau dem Moment trug ich sie rum. Wieder auf die Wache, aber zum Glück nicht lang. Wenn ich zu besoffen aufgegriffen wurde, sperrten sie mich zum Ausnüchtern eine Nacht weg.

Als sie mich wieder einmal wegsperrten, weil ich so betrunken war, musste ich, bevor ich in die Zelle ging, Hose und Unterhose runterlassen. Zwei Polizisten standen neben mir. Einer zog einen Gummihandschuh an und steckte mir den Finger in den Hintern. Dabei grinsten sie. Muss man einem Betrunkenen den Finger in das Rektum stecken? Ich werde das Gefühl nicht los, es war nicht richtig, und die Motivation zu diesem Handeln war keine andere als die des Gerhard Bruns.

Ein andermal prügelte ich mich mit zwei Jugoslawen auf der Straße, sie waren zu zweit, dafür hatte ich meinen Schlagring, aber das dauerte nicht lange, da sah ich im Augenwinkel schon die Polizei. Die brachten uns schnell auseinander. Die beiden Jugoslawen weinten jetzt. Ich wurde mitgenommen. Mir wurde wieder eine Gaspistole abgenommen und der Schlagring. Ich glaube, die Anzeige lautete: Körperverletzung in Zusammenhang mit einer gefährlichen Tatwaffe. Das war jetzt schlecht, denn ich hatte auf Ratenzahlung ein gebrauchtes Auto gekauft. Die Raten waren aber nur anfangs bezahlt und ich hatte das Auto verkauft. Es lief also auch eine Anzeige wegen Betrug gegen mich. Langsam wurde es eng.

Aufstieg oder Ausstieg?

Nachdem sich mein Arbeitgeber betrunken in sein Auto gesetzt und mit einem Schlauch die Abgase ins Wageninnere geleitet hatte, woraufhin er verstarb, hatte ich keine Arbeit mehr. Und ich hatte – ehrlich gesagt – auch wieder einmal keine Lust mehr auf dieses Leben. Es war schon immer so, es wurde mir bloß immer bewusster. Ich wollte nichts mit der Gewalt zu tun haben, nichts mit der Polizei und nichts mit den Menschen. Es war immer würdelos gewesen. Mein ganzes Leben. Früh hatte man mir sie mir genommen, die Würde, ich konnte die Folgen jetzt nur noch schwer ertragen, aber ändern konnte ich es scheinbar auch nicht.

Es ist auch wirklich schwer, aus der eigenen Existenz auszubrechen. Eine Existenz, die sich Schritt für Schritt ergeben hat, die ihren Ursprung in der sexualisierten Gewalt hatte, die sich immer aus dem gerade Vorausgegangenen ergab, und die einem deshalb zwangsläufig und unausweichlich erscheint. Einen Plan B – falls das Leben derart scheitert – hat man in der Regel nicht. Ich hatte jedenfalls keinen. Die Rettung konnte tatsächlich nur im Suizid liegen. Der Gedanke war allgegenwärtig. Er konnte nur noch schwer verdrängt werden. Täglich dachte ich daran. Der Gedanke, sich das Leben zu nehmen, war ein Begleiter, der auch trösten konnte. Wenn es nicht mehr zu ertragen ist, kannst du dir ja das Leben nehmen. Das war beruhigend.

Ich hatte einen Job als Fahrer gefunden. Ich fuhr jetzt jeden Tag mit einem Mercedes Benz TN 208 D Kleintransporter Baustoffe auf irgendwelche Baustellen. Diese Arbeit ist unglaublich nervenaufreibend, wenn man vor Arbeitsbeginn schon 15 Flaschen Bier getrunken hat. Die Angst fährt immer mit. Die Angst, dass etwas passiert, und die Angst, dass man erwischt wird. Es gab auch noch logistische Probleme. So musste ich dafür sorgen, dass ich mindestens zehn Flaschen Bier dabei hatte, bevor ich losfuhr. Und bevor ich am Nachmittag wieder auf den Hof zurückkehrte, musste sämtliches Leergut zurückgegeben sein. Und es gab das Problem mit dem menschlichen Bedürfnis. In dieser Situation Kraftfahrer zu sein, ist in vielerlei Hinsicht keine gute Idee. Ich sah damals aber keine andere Möglichkeit, um Teilhabe am Leben zu erlangen. Und das war mein Ziel. Unauffällig in dieser Gesellschaft mitleben zu dürfen, ohne würdelos behandelt zu werden.

Ich lernte zu dieser Zeit eine junge Frau kennen. Sie hatte Eltern und Geschwister. Sie nahm mich auch dort mit hin. Eine neue Welt. Nein, es war sicher kein gutes Familienleben. Aber was wusste ich schon davon. Es war immerhin ein Familienleben. Es gab einen Zusammenhalt, man gehörte und man hielt zusammen. Du Arschloch, du taube Sau, Idiot und Depp gehörten hier zur Umgangssprache. Wenn ich heute daran zurückdenke, dann glaube ich, dieser Familienverband wollte Anschluss an die untere Mittelschicht finden, raus aus der sogenannten Unterschicht. Das ist aber in unserem Staat kaum zu schaffen. Das hatte Ähnlichkeit mit mir. Ich wollte auch raus aus diesem Leben und die beste Möglichkeit wäre der soziale Aufstieg. Aber realistischer schien tatsächlich der Ausstieg aus dem Leben. Mit Freundin und deren Familie musste ich nun meine Trinkgewohnheiten ändern. Aufhören konnte ich nicht, vielleicht könnte ich weniger trinken, aber die erste Maßnahme war, nicht mehr öffentlich, also heimlich, zu trinken. Das bedeutet unglaublichen Stress, aber es geht. Es ist wirklich unglaublich, welche Perfektion man dabei entwickeln kann.

Ich bezog mit meiner Freundin in einem anderen Stadtteil, einem gutbürgerlichen, eine ganz einfache Zweiraumwohnung. Das war eine wirklich große Veränderung für mich. Eine Wohnung, eine Partnerin, eine Arbeit. Fast ein normales Leben. Vor gar nicht allzu langer Zeit schlief ich noch auf dem Friedhof. Meine Freundin wusste, dass ich ordentlich trinken konnte, die Ausmaße kannte sie nicht. Sie waren auch unvorstellbar und ich musste versuchen, diese Ausmaße meines Trinkens zu verheimlichen. Gut, irgendwann merkte sie schon, dass ich gerne und viel trank. Aber es war nicht unnormal für sie, es war nichts, worüber man weiter nachdenken musste, sie kannte das übermäßige Trinken von ihrem Vater und ihrem Onkel seit ihren Kindertagen.

Zu dieser Zeit bekam ich ein weiteres Mal einen Brief von der Bundeswehr. Und Panik. Es war ausgeschlossen, dass ich dort in irgendeiner Weise bestehen konnte oder wollte. Ich sollte wieder zur Musterung. Ich ging dort auch hin und fand es wieder entwürdigend. Natürlich war ich nicht nüchtern. Die Musterungsstelle war immer noch in der Nähe der Altstadt, meine Freundin sah mich dann zwei Tage nicht mehr. Ich war abgestürzt. Bei der

Musterung sollte ich wie üblich in einen Becher urinieren. Ich musste wieder in Unterhose durch Gebäude laufen und ich wollte das nicht. Ich hatte eine richtige Wut. Ich ging also in Unterhose über den Flur in den vorbestimmten Raum und dort standen zwei Frauen, etwas jünger als ich, eine schaute kurz hoch, hielt mir einen Becher entgegen und meinte: „Hinter der Wand, hier rein urinieren!" Das wollte ich auf gar keinen Fall.

Ich stand in Unterhose vor zwei jungen Mädchen, was ich schon als eine Zumutung empfand, und dann befahlen sie mir auch noch, hinter so einer dünnen Wand, quasi in ihrem Beisein, in einen Becher zu pinkeln. Ich bin da empfindlich, ich weiß, aber es gibt Grenzen. Ich musste sie mir selbst irgendwie und irgendwo beibringen und setzen, denn lernen hatte ich das nirgends können. Also sagte ich: „Ich kann nicht." Die junge Frau schrie mich unvermittelt an: „Sie gehen jetzt sofort da hinter und urinieren in den Becher!" Ich zeigte ihr den Mittelfinger. „Sie können mich mal!" Mit diesen Worten drehte mich um und ging. Ich war schon einige Schritte auf dem Flur zurück zum Entkleidungszimmer und zu meinen Sachen gelaufen, als die Tür aufging und die junge Frau herauskam. „Das werden wir ja noch sehen, wer hier wen ...". Sie hielt den gestreckten Zeigefinger hoch. Das also war die zweite Musterung.

Ich war mir nicht ganz sicher, was nun geschehen würde. Fahrer wollte ich nicht bleiben und die Bundeswehr saß mir im Nacken. Ich begann eine dritte Lehre. Das ging unter größten Schwierigkeiten ein knappes Jahr gut. Dann wurde ich rausgeschmissen. Oder ich ging nicht mehr hin, ich weiß es nicht mehr, aber ich war froh, dass es vorbei war. Ich bekam eine Bescheinigung, dass ich ein einjähriges Praktikum absolviert hätte. Immerhin! Das mit der Bundeswehr lag jetzt schon wieder weit zurück. Ich wurde wieder Kraftfahrer. Diesmal fuhr ich einen MAN-VW-Lkw G 90, also die Klasse bis 7,5 Tonnen. Das war kaum mehr machbar. Wieder die Angst, erwischt zu werden, und ich hatte Angst, mit diesem für mich riesigen Auto zu fahren. Ich konnte nirgends in der zweiten Reihe parken, weil ich stets Sorge haben musste, dass irgendein Polizist dann auf mich aufmerksam wird. Ich musste mich viel unauffälliger verhalten als alle anderen Kraftfahrer, dabei an den unmöglichsten Stellen abladen.

Es kam immer wieder zu grenzwertigen Situationen. Einmal stieg ich vorsichtig aus meinem Lkw und berührte mit der Tür ein nebenstehendes Fahrzeug. Der Besitzer war sofort zur Stelle und meinte, ob ich nicht aufpassen könne. Ich roch natürlich stark nach Bier, das merkte er auch gleich. Er strich über den Lack seines Autos, dort wo ich wohl versehentlich drangekommen war. Es war nichts zu sehen. „Total vermackt“, meinte er, da müsse er die Polizei rufen. Ich meinte, das könne man doch so regeln, und daraufhin fragte er, was ich denn dabei hätte. Ich sagte schnell „50 Mark“ und die wollte er dann auch haben. Als ich das Scheinfach des Portemonaies öffnete, sah er, was drin war. Achthundert Mark, mein Nettomonatslohn. Das nahm er dann und meinte, ich hätte noch mal Glück gehabt.

Ein anderes Mal stand ein Polizist auf der Kreuzung und regelte den Verkehr, es war Winter und ziemlich glatt. In meinem Zustand wusste ich nicht so genau, was er mit seinen Gesten meinte, und fuhr einfach weiter. Er pfiff in seine Trillerpfeife und stellte sich genau vor meinen Lkw. Der Polizist hat echt Glück gehabt. Trotz Rutschen hielt ich genau vor ihm an. Er kam zur Fahrertür. Das war‘s, dachte ich, machte das Auto aus, zog den Schlüssel ab und wartete erst gar nicht ab, was der Verkehrspolizist von mir wollte. Ich öffnete die Tür, sprang aus dem Wagen, rutschte aus, verlor den Halt, hielt mich an dem langen, weißen Mantel des Polizisten fest, ließ dabei den Autoschlüssel los, der nun erst in hohem Bogen über die Kreuzung flog und dann über die Fahrbahn rutschte. Der Polizist und ich lagen auf dem Boden. Er muss es sofort gerochen haben. Er sagte ohne erkennbare Regung: „Stehen Sie auf und fahren Sie weiter.“ Ich schlitterte zu meinem Schlüssel, stieg in mein Auto und fuhr weg.

Einmal musste ich zum Anliefern in eine Art Tiefgarage fahren. Abends wurde an dieser Einfahrt ein Rollgitter runtergelassen. Ich war mit meinem Lkw gerade so reingekommen, in der Höhe waren vielleicht noch knapp zwei Zentimeter zu dem hochgelassenen Rollgitter Platz. Ich lud meine Paletten aus und war froh, dass der Wagen nun gänzlich leer war. Als ich rausfahren wollte, war das Fahrzeug aber zu hoch. Ich kam da nicht mehr raus. Ich musste aber. Ich steckte mit meinem 7,5-Tonner in einer Tiefgarage fest, hatte wie immer schon zu viel getrunken und musste noch eine Tour machen. Sollte ich jemanden anrufen? Dann würde man merken, was mit mir los ist! Oder sollte ich die Polizei holen? Nein, das ging gar nicht. Also habe ich richtig Gas gegeben. Erst gab es ziemlich laute Geräusche, daraufhin schien ich festzuhängen, aber plötzlich hatte ich es geschafft! Als ich bei der Firma ankam, stand der Lagermeister schon da. Ich hatte reichlich Pfefferminz gegessen und Mundwasser gegurgelt und tat so, als wüsste ich von nichts. Ich hätte das gar nicht bemerkt, es täte mir ja so leid, es wäre mir ja so peinlich. Peinlich war es mir tatsächlich. Das Rolltor zum Schließen der Tiefgarage war Schrott. Ich wollte nur noch meine eigene Lebenssituation retten. Es war totaler Stress. Wenn ich in Panik bin, kann ich nicht denken. Hier war es auch so. Ich hätte nur etwas Luft aus den Reifen lassen müssen. Wäre mir aber der Gedanke gekommen, hätte ich es nicht gemacht, weil ich immer befürchtete, genau das Falsche zu tun.

Dann kam erneut ein Brief von der Bundeswehr. Ich sollte nicht etwa schon wieder zur Musterung – nein, ich wurde direkt eingezogen. Ich solle mich in irgendeiner Kaserne zu dem und dem Zeitpunkt melden. Zu irgendeinem Bataillon. Ich ging zum erstbesten Anwalt. Er war freundlich und fragte, was er für mich tun könne. Ich sagte, ich will nicht zur Bundeswehr. Erst dachte er, ich wolle verweigern oder so, aber ich erzählte ihm, wie es bei mir so aussieht. Minimum zwei Kästen Bier am Tag, außerdem Drogen, allerdings seit einiger Zeit keine harten Drogen mehr. Das hörte er sich seelenruhig an und schrieb mit, dann fragte er ganz beiläufig, während er noch schrieb, „Was arbeiten Sie?“ Ich sagte, dass ich Kraftfahrer bin. Er schaute mich an, ich glaube mich zu entsinnen, dass ihm der Kuli aus der Hand gefallen ist. Er suchte etwas in meinem Gesicht, an dem er erkennen konnte, dass ich eben einen Witz gemacht hätte, aber da war nichts, außer dem ausdruckslosen, aufgedunsenen, versoffenen Gesicht eines Trinkers. „Sind Sie bescheuert?“, schrie er. Ja, er schrie!

Kurz darauf hatte er sich wieder im Griff. Es waren nur ein paar Zeilen, die er schrieb, und ein paar Mark, die es mich kostete, dann gab es das Problem Bundeswehr für mich nicht mehr. Dafür hatte ich wenig später ein Neues. Ich wurde entlassen, ich würde viel zu lange für das Ausliefern der Ware brauchen. Heute weiß ich, das hätte unter den Umständen, unter denen ich auslieferte, niemand hinbekommen.

Ich suchte mir wieder eine Arbeit und wieder fand ich eine Stelle als Kraftfahrer. Diesmal fuhr ich einen Mercedes LP 813 Lkw, mit extragroßem Koffer für den hinteren Aufbau. Ich hatte nicht so viele Kunden zu beliefern, dafür war der Radius, den ich fahren musste, größer. Das kam mir aber ganz recht. Ich war auf den Autobahnen ungestört in meiner Fahrerkabine und fühlte mich irgendwie frei, wenn ich dahinfuhr und mein Bier trank. Der Nachteil bei so langen und ungestörten Fahrten, bei denen die Sonne warm und freundlich in das Führerhaus schien, war die aufkommende Müdigkeit. Mit meinem Alkoholpegel konnte ich mich dem Einschlafen nur ganz schwer erwehren.

So gab es oft Fahrten, bei denen ich fuhr und die Augen nur für zehn, zwanzig Sekunden schloss. Das war aufregend, spannend und hielt mich wach, weil es nach den ersten paar Sekunden echt schwer fällt, die Augen bewusst geschlossen zu halten. Andererseits konnte ich in diesen Phasen hin und wieder für ein paar Sekunden entspannen. Oft war es aber wirklich knapp! Passiert ist aber fast nie etwas. Ab und an musste ich mich doch auf einen Parkplatz stellen, weil ich merkte, dass ich wirklich fast eingeschlafen war.

Wenn ich darüber nachdenke, dass es eine höhere Macht gar nicht geben kann, weil ich sonst ein solches Leben nicht hätte führen müssen, dann fallen mir auch solche Situationen wieder ein und ich denke, da hatte ich doch einen Schutzengel. Aber das ist bei dem Weg, den ich gehen musste, dann wohl auch das Mindeste! Und ehrlich gesagt war es eine ziemlich niedere Macht, besser gesagt niederträchtige Macht, die mich an diesen Punkt geführt hatte. Wie weit das nun schon weg war. Diese Menschen genossen immer noch das Leben, sie waren gut und anerkannt. Ich war schlecht! Und ehrlich, daran gab es keinen Zweifel mehr, wenn man so sah, wie ich lebte und mein Geld verdiente.

Meine Freundin und ich waren in eine kleinere Wohnung umgezogen, die in einem gutbürgerlichen Viertel lag. Ich war nun etwa 26 Jahre alt. Mein Tagesablauf war stets der Gleiche. Ich stand um fünf Uhr auf und trank ein Bier. Nach dem Waschen und Anziehen verließ ich die Wohnung, um im Keller zwei Flaschen Bier zu trinken. Dann setzte ich mich in mein Auto und fuhr 600 Meter bis zu meinem Stammkiosk. Dort trank ich drei Flaschen Bier und nahm drei Flaschen mit. Diese leerend fuhr ich circa sechseinhalb Kilometer durch die Stadt, was ich meist in 20 Minuten schaffte. An einer Tankstelle angekommen, gab ich die drei leeren Bierflaschen ab und kaufte vier neue.

Eine trank ich gleich, eine weitere im Auto, mit dem ich während dessen den restlichen Kilometer zu meinem Arbeitsplatz fuhr. Im Umkleideraum hatte ein Kollege einen Bierverkauf arrangiert. Dort trank ich nochmals zwei Flaschen und steckte mir zwei weitere in den Hosenbund unter meinen Arbeitsmantel. Die trank ich, während ich mein Fahrzeug belud. Bevor ich dann mit dem Lkw losfuhr, ging ich auf Toilette und trank dann dort eine weitere Flasche Bier.

Es war jetzt ungefähr acht Uhr und ich hatte meine Fahrt noch nicht begonnen, aber schon 16 Flaschen Bier getrunken. Ich fuhr vom Hof und holte die Flasche Bier aus meinem Pkw. Jetzt begann die eigentliche Fahrt, aber bei der nächsten Gelegenheit hielt ich an, um mir zehn Flaschen Bier zu kaufen. Wenn ich von meiner Tour zurückkam, waren auch die leer. Es war dann 15 oder 16 Uhr. Ich trank auf dem Nachhauseweg noch zwei oder drei Bier und bis ich abends ins Bett ging, noch mal einige Flaschen. Meine Freundin war genervt, dass ich nach Feierabend immer so viel Bier trank und dann nicht mehr ganz nüchtern war. Sie ging aber immer noch von weit unter zehn Flaschen aus.

Als ich zu der Zeit einmal krank wurde, konnte ich beim besten Willen nicht mehr so viel trinken. Ich trank nur das Allernötigste und versuchte es nicht gleich wieder auszuspucken. Ich erwärmte das Bier sogar leicht in einem Topf, damit ich den Magen nicht so sehr reizte. Zu dieser Zeit wurde meine Freundin von mir schwanger. Als das Kind auf der Welt war, gab es für mich nur zwei Möglichkeiten: Jetzt dieses Leben beenden, damit das Kind nicht unter mir zu leiden hätte, oder das Leben ändern. Ich wollte und konnte nicht einen Vater spielen und wissen, das ich mit meinem Tun und Handeln dem Kind so sehr schade. Das hatten doch schon die Täter mit mir getan.

Auf dem Trockenen schwimmen?

Da ich es nicht schaffte, mir das Leben zu nehmen, setzte ich mich hin und begann zu schreiben. Ich wollte meine Geschichte aufschreiben, denn was ich nicht gesagt oder geschrieben hätte, würde nicht passiert gewesen sein. Immer noch waren die, die mich auf diesen Weg geschickt hatten, angesehene Menschen. Ich fing also an zu schreiben. Ich hatte es fast vollständig verlernt und tat mich richtig schwer. Es schien mir, als hätte ich viele Worte noch nie geschrieben gesehen.

Ich schrieb zunächst kleine Texte über das, was mir passierte. Wie es dazu kam, dass ich der geworden bin, der ich bin. Ich wollte damit auch Verständnis wecken. Umgebracht habe ich mich im Gegensatz zu einigen meiner Schulkameraden nicht. Ich begann eine Langzeittherapie, die ich nach wenigen Wochen abbrach. Ich habe mich danach nicht mehr betrunken. Ich bin nüchtern geblieben und habe versucht, so zu überleben.

Das ist nicht so einfach. Die ersten fast 30 Jahre meines Lebens hatten mich geprägt. Ich konnte mich an keinen Tag erinnern, in dem Angst und Abscheu mir selbst gegenüber nicht deutlich spürbar waren, und keinen Tag, an dem ich nicht wenigstens einmal den beruhigenden Gedanken hatte: Wenn es nicht mehr auszuhalten ist, dann kannst du dich umbringen. All das war längst verinnerlicht. Ich brauche darüber nicht nachzudenken. Ich bin schlecht, ich kann nichts, ich bin nichts wert. Diese Gedanken sind tief in meinem Denken und meinem Fühlen verankert. Ich musste nun versuchen, das nüchtern auszuhalten.

Als Kind war es mir nicht möglich, das Unrecht zu erkennen, und später war es mir aufgrund der Folgen dieser Verbrechen ebenso wenig möglich, das Unrecht zu erkennen und zu benennen. Ich hatte schon vorher zweimal versucht, Gesprächstherapien zu machen. Ich weiß nicht, was dabei schiefgelaufen ist. Klar zu erkennen waren meine soziale Phobie, meine Ängste, meine Suchtprobleme. Aber selbst in diesen Therapien sprach ich selten oder zumindest nicht so ausführlich über die Verbrecher, über die Missbraucher, über meine verlorene Kindheit. So tief saßen die Scham und die Angst, dass man mir nicht glaubt und erneut die Täter schützt. Ja, und so tief saß die Erkenntnis, dass ich der Schlechte bin und wahrscheinlich nicht fähig war, die Liebe und Zuneigung, die man mir während meiner Schulzeit gab, richtig zu bewerten.

Ich wurde das, was ich wahrscheinlich vom Typ her immer war: ruhig und besonnen. Meine Freundin hatte aber den Max kennengelernt, der auch als Rampensau bei jeder Feier im Mittelpunkt stand, der dumme Sprüche machen konnte und dem kein Witz zu platt war. Diesen Menschen gab es nun nicht mehr. Wir trennten uns. Unser Kind blieb bei mir. Aber das ist eine andere Geschichte. Sie fühlte sich zu jung für ein Kind und ich mich sehr verpflichtet.

Ich hatte tatsächlich zu dieser Zeit viele Helfer. Alleine hätte ich es nicht geschafft. Aber es gab die Gruppe der Alleinerziehenden, die Tagheimbetreuerinnen, die Vorschullehrerinnen, die Nachbarinnen, später Lehrer und Lehrerinnen. Es war unglaublich schwer, nüchtern mit Menschen umzugehen, und sicher war es für viele Menschen schwer, mit mir umzugehen. Ich begann eine Umschulung und holte zwei Schulabschlüsse nach. Ich war jetzt nicht ganz 30 Jahre alt. Ich hatte mich äußerlich aus den Fängen meiner eigenen Kindheit und Jugendzeiterinnerungen befreit. Nun musste ich versuchen, in einem mir fremden Leben, mit meinem Ich, welches mir auch fremd war, zurecht zu kommen. Ich hatte meine Sozialisation im Rausch erlebt. Ich kannte mich nicht! Ich wusste nicht, wer ich war, wusste nicht, wie man in welchen Situationen zu reagieren hat. Im Grunde war ich lebensuntüchtig. Immer noch und schon wieder!

Es war das Resultat meiner Schulzeit. Es ist verständlich, dass zwei Größen immer an meiner Seite blieben: die Unsicherheit und die Angst. Manche Texte – ich werde einige hier beifügen – habe ich später überarbeitet, andere blieben unverändert, nachdem 2010 etwas Unglaubliches passierte.

Das Schweigen verstummt, die Einsamkeit bleibt

Man begann den Opfern zu glauben. Das war nach so vielen Jahrzehnten tatsächlich unglaublich und nicht wirklich vorstellbar. Plötzlich wollte eine Öffentlichkeit mehr wissen über das, was geschehen war. Das konnte doch nicht sein! Ich suchte erst nach dem Grund für diese Veränderung. Dann wurde etwas anderes deutlich. Gehör zu finden, geglaubt zu bekommen und seine Erlebnisse erzählen zu können tat gut und doch es gab eine große Gefahr: Menschen, die es nicht glauben wollen. Menschen, die nicht in die Nähe von Tätern gerückt werden möchten. Menschen, die ihre eigene Biografie nicht beschädigt haben wollten. Menschen, die nicht wahrhaben wollten, lange blind gewesen zu sein, und genau deshalb blindlinks und kritiklos einer Philosophie nachgerannt sind. Und auch Menschen, die selbst in ihrer Kindheit Opfer geworden waren und sich das nicht eingestehen wollten.

Diese Menschen wollten nun retten, was zu retten war. Sie stemmten sich gegen die Wahrheiten, sie bezweifelten Hunderte von Zeugenaussagen oder versuchten, zu relativieren und zu bagatellisieren. Es wird diese Zweifler, Verdränger, Bagatellisierer und Vertuscher weiterhin geben, die, die über die Täter, die Taten und das damalige Klima sagen: „Aber es waren doch auch gute Pädagogen“, oder „Das war eben die Zeit, wir wissen nicht, was Kinder in dieser Hinsicht wirklich wollen. Die Opfer tragen Mitschuld.“ Und vieles andere mehr.

Es gibt dabei eine große Gefahr: Sie lösen wieder eine Diskussion aus, ob Sex mit Kindern nun wirklich schädlich sei. Aber schon dadurch, dass es zu einer Diskussion kommt, entsteht der Eindruck, man könne sich dieser oder jener Meinung anschließen, denn noch sei ja nichts abschließend geklärt. Damit legitimiert man schon teilweise ein Gewaltverbrechen gegen Kinder.

So ist es in den Jahren um 1968 geschehen. Es gab eine Diskussion, es gab ein scheinbares Pro und ein Kontra. Wer nicht als rückwärtsgewandt gelten wollte, hielt sich erst einmal an Pro. Die APO war pro, weil nicht rückwärtsgewandt. Allein der Name Außerparlamentarische Opposition gibt der Diskussion, die niemals hätte geführt werden dürfen, etwas Förmliches, denn schließlich gehört zu einer funktionierenden Demokratie eine Opposition. Was dann ein Studentenführer in einem Buch beschrieb, wie beispielsweise: „Es ist mir mehrmals passiert, dass einige Kinder meinen Hosenlatz geöffnet und angefangen haben, mich zu streicheln". Was dieser in Artikeln wie im Frankfurter Stadtmagazin PflasterStrand als dessen Spiritus Rektor absegnete: „Letztes Jahr hat mich ein sechsjähriges Genossenmädchen verführt. Es war eines der schönsten und sprachlosesten Erlebnisse, die ich je hatte". All das wurde von pädosexuellen Straftätern umgesetzt. Aus diesen öffentlichen, schamlosen und scheinbar unwidersprochenen Beschreibungen sexualisierter Handlungen an Kindern leiteten viele Sexualstraftäter eine gewisse Legitimität für ihr Handeln ab. Noch 1981 wünschte sich dieser Führer einen vielfach verurteilten Päderasten in das Berliner Abgeordnetenhaus. So wurde aus einem Studentenführer der 68er der Hindenburg der Päderasten-Szene.

Den Opfern dieser Verbrecher hilft es nicht mehr, wenn man 45 Jahre später sagt: „Ich wollte nur provozieren". Es ist – nebenbei – auch wenig glaubhaft. Auch wenn er kein pädosexueller Straftäter sein sollte: Er wollte nicht provozieren, er wollte sich profilieren und über das, was in der Folge seiner Äußerungen Kindern angetan wurde, hat er sich gar keine Gedanken gemacht – auch, weil es ihm egal war.

Und weil meine ersten fast 30 Jahre so waren, wie ich sie hier beschrieben habe, rede ich davon, dass mir das Leben genommen wurde – das Leben, welches ich hätte führen können. Ich rede davon, dass man mir das Leben genommen hat, weil es kein Leben war, das ich geführt habe, weil ich nach den Taten nicht mehr fähig war zu leben. Ich habe versucht zu überleben, warum auch immer und so sinnlos es doch war. Und wer die Sinnlosigkeit des eigenen Seins so deutlich spürt, der wartet, dass es vorübergeht. Jeden Tag ein Warten, ein Warten, dass dieser Tag vorübergeht, und am nächsten Tag das gleiche Warten und tags darauf wieder. So wird aus dem Leben ein Warten, dass es endlich vorüber ist. Ich lebte nicht, ich wartete nur. Ein Leben kann einem nach sieben Jahrzehnten noch kurz vorkommen. Warten hingegen ist immer eine lange Zeit!

Heute kann ich über das reden, was mir passiert ist. Ich kann auch über das Leben reden, das ich selbst zu verantworten habe. Die Zeit von meinem 18.

bis 30. Lebensjahr. Das Leben dieser Jahre war die Folge dessen, was man an mir in Kindheit und Jugend tat. Danach ist es mir gelungen, Kindheit und Jugend so weit in mir zu begraben, dass ein unauffälliges Existieren möglich wurde. Ich entwickelte Strategien, die mich gegen aufkommende Ängste, Panikattacken und Erinnerungen schützten.

Ich lernte, mich vor mir selbst zu schützen. Tue dies nicht, es könnte sein, das jenes darauf folgt. Gehe dort nicht hin, vielleicht passiert da etwas, was dich so belastet, dass du lange brauchst, um es wieder zu verdrängen. Mache dies nicht, weil es sein könnte, dass dann etwas anderes eintritt, was dich triggert. Gib hier keine Antwort oder lasse dich dort nicht auf ein Gespräch ein, weil die Erwiderungen eventuell für dich schwer zu ertragen sind, weil sie dich so verletzten.

Ich wurde immer defensiver, zog mich immer weiter zurück. Das war eine Isolation, die ich nicht mehr wollte, die mir aber half, mit den Menschen zu leben. Aus dieser Isolation hätte ich mich gerne befreit. Jetzt schien das Leben zum Greifen nah. Ich habe es nicht geschafft. Ich habe von Freundschaften, von Liebe, von Vertrauen finden geträumt. Ich habe es mir so gewünscht. Wenn man über viele Jahre davon träumt, dann hat man eine gewisse Vorstellung davon, wie das sein müsste. Gelernt habe ich es nicht, mit Menschen umzugehen. Erst wurde ich weggegeben, dann gequält, daraufhin sexuell missbraucht und war infolgedessen nicht mehr fähig zu leben. Und als ich endlich den Versuch unternehmen konnte, musste ich Strategien entwickeln, die mich wiederum in die Einsamkeit trieben.

Dann endlich schien sich etwas zu verändern. Ich durfte erzählen, man hörte zu, ich lernte Menschen kennen, sie waren empathisch. Und das hilft mir, etwas weniger angespannt zu sein, denn ich kann darauf hoffen, nicht ganz so schnell durch unbedachte Äußerungen verletzt zu werden.

Ich war voller Hoffnung. Aber ich hatte die meiste Zeit meines Lebens in Angst, Unsicherheit, Selbstzweifel und Selbstvorwürfen gelebt. Das alles blieb. Hinter jeder Begegnung erhoffte ich mir Freundschaft. Oft wurde ich enttäuscht. Wurde ich nicht enttäuscht, konnte ich Zuneigung mir gegenüber aber nicht annehmen, denn meine lebenslangen Begleiter heißen immer noch Angst, Unsicherheit, Selbstzweifel und der Schuldgedanke.

Aber nun war der Punkt gekommen, endlich zu versuchen Menschen zu finden, mit denen man umgehen kann, mit denen man Gemeinschaft erleben kann, mit denen man gemeinsam ist. Ich lehnte mich weit raus, bot mich förmlich an, so schien es mir, und es war zum Scheitern verurteilt, denn ich kann nicht mehr aus meiner Haut, unter der auch schon die Täter waren. Ich bleibe gefangen. In mir und den zerstörerischen Dynamiken, die sich im Laufe des Lebens aus den Verbrechen an mir ergeben haben.

Und so komme ich zu dem Schluss: Ich habe als Kind Gewalt erlebt, ich konnte sie früh als solche erkennen. Ich habe als Kind sexuelle Gewalt erlebt, ich konnte sie als solche nicht erkennen. Die Täter legten und legen ihre Verbrechen so an, dass sie vom Kind als solche nicht zu erkennen sind. So wurde ich in eine Isolation getrieben, aus der ich zeitlebens nicht mehr entweichen konnte. Ich bleibe isoliert. Ich versuche, noch einmal zu erklären warum.

Die Sehnsucht nach Liebe, Freundschaft und Vertrauen war groß. Nachdem ich das erste Mal sexuell missbraucht wurde, hätte ich dringend kindgerechte Zuneigung und Liebe benötigt und ich habe mich danach gesehnt. Diese Sehnsucht wird ein Leben lang bleiben, ein Leben lang unerfüllt.

Die Liebe, die ich bekam, wollte ich nicht, eine andere schien es aber nicht zu geben. Ich wollte geliebt werden, ohne nur das kleinste Anzeichen zu erspüren, dass es doch nur wieder ekelhaft werden würde. Ich wollte Liebe ohne DAS! Aber die gab es nicht! Sie war immer verbunden mit der sexualisierten Gewalt. Aber ich brauchte die Liebe! Es führte zu einer inneren Zerrissenheit und es entwickelte sich ein chronischer Gedanke: Ich bin anders als die anderen. So wie ich bin, mag mich keiner. So wie man mich mag, möchte ich nicht gemocht werden.

Auch Freundschaften wurden schwer und schwer zu ertragen. Denn ich war sensibilisiert, erahnte hinter jeder Aussage oder Handlung schnell etwas, vor dem ich mich besser schützen sollte. Der Wunsch nach Nähe war groß. Die Angst vor Nähe war größer und die vor Verletzung auch.

Das trieb mich zwangsläufig in die lebenslange Isolation. Die Sehnsucht nach Liebe wird bleiben. Sie wird unerfüllt bleiben. Sie wird das bleiben, weil auch die Angst vor Nähe und Verletzung immer der stärkere Gegenspieler bleiben wird.

Jetzt, nachdem die Kindheit, die ich nie hatte, und Jahrzehnte meines Erwachsenenlebens vorüber sind, unternahm ich den Versuch, Freunde zu finden. Liebe vielleicht auch. Es wird ein letzter, ein entsetzlicher Versuch sein, ein zum Scheitern verurteilter, denn in dem Moment, als ich diesen Versuch erstmalig nach so langer Zeit und voller Enthusiasmus unternahm, war ich wieder das Kind. Ich bettelte um Liebe, buhlte um Freundschaft, wollte mir die Zuneigung von Menschen sichern, vielleicht sogar Berührung erfahren. Freundschaft kameradschaftlicher Beistand sollte so gut wie immer spürbar sein. Das schien mir wichtig. Ich hätte es lassen sollen.

Es wurde daraus wieder ein „sich selbst die Würde" nehmen, denn ich bot mich an als Freund, was nicht falsch sein muss, aber mein Gefühl war, ich bot mich an. Es gab große Erwartungen und große Enttäuschungen. So war ich glücklich, dass nun alle Opfer gemeinsam für ihre Interessen kämpften. Endlich nicht mehr allein. Aber dann kämpften einige ganz anders, setzten sich über mich und meine Interessen hinweg, sprachen für mich, ohne dass ich das wollte, nahmen mir scheinbar meine Biografie aus der Hand. Oder ich traf Menschen, die sich sehr empathisch zeigen, aber ich hatte gleich das Gefühl, das sind die Falschen.

Aber ich brauche die Empathie, ich saugte sie auf wie ein trockener Schwamm das Wasser, denn das ist meine Seele, ein ausgetrockneter Schwamm! Ich habe mich also über meine so ausgeprägte Beobachtungsgabe hinweggesetzt und mich diesen Menschen als Freund angebiedert. Ich wurde oft enttäuscht! Ich habe oft enttäuscht.

Vieles scheint mir ein Vertrauensbruch. So auch, wenn Menschen den Kontakt zu mir nicht halten können, aus welchen berechtigten Gründen auch immer. Es sind die Enttäuschungen, die mir in Erinnerung bleiben. Sie gehen so tief, sie treffen das Kind, sie schmerzen mich so sehr – viel mehr, als alle guten Begebenheiten, die ich mit Menschen erleben durfte, seitdem ich versuchte, aus mir herauszugehen.

Das ist schon deshalb so, weil auf den guten Begebenheiten ein Schatten liegt. Ich kann sie nicht so recht als gut annehmen, denn vielleicht täusche ich mich, und wenn ich das dann erkenne oder erkennen muss, dann wäre es eine große Verletzung. Also zweifele ich lieber gleich und nehme die

Zuneigung, die man mir geben kann, nicht an. Ich kann sie nicht annehmen.

Ich habe also erkannt, dass die Menschen und meine Person nicht zusammenpassen. Ich werde nicht mehr um Liebe, Wärme, Zuneigung und Freundschaft oder Freunde betteln und buhlen. Es wird sie nicht mehr geben, die enge Vertrautheit, Verlässlichkeit einer Freundschaft oder Liebe, die ich mir so sehr ersehnt habe. Das ist geworden aus diesen Taten. Ein verlorenes Leben!

Denn Isolation und Einsamkeit werden nicht mehr zu zerschlagen sein. Sie sind einfacher zu ertragen als die gesellige Bühne, der es bedarf, um mit Menschen umzugehen, um sich selbst zeigen zu können, seine Seele, die sich nach zwischenmenschlicher Ergänzung bzw. freundschaftlichem Zuspruch doch so sehr sehnte, ein Leben lang sehnte.

Es bleibt die Erkenntnis, dass einsame, weil missbrauchte Menschen oft zu sehr um Freundschaft und Anerkennung buhlen und sich ihren Bekannten nicht als ernst zu nehmender, gleichwertiger Partner präsentieren können. Ich bleibe in vieler Hinsicht Opfer und Kind, wenn es um dieses Thema geht. Und so wird das Buhlen um Freundschaft und Akzeptanz, das Ringen um Nähe und Distanz, die Angst, Freunde und Freundschaft zu verlieren, der Schmerz des Ausgeschlossenwerdens, die Wut und Verzweiflung über Dinge, die Freunde tun oder nicht tun, so beherrschend, dass die Einsamkeit erleichternd scheint.

Ich werde nicht mehr buhlen. Nein, ich werde nicht mehr buhlen. Es scheint sinnlos, denn einen Freund wie mich wollte ich auch nicht.

Aber ist eine solche Einstellung zu sich und der Welt nach so langem und scheinbar aussichtslosem Kampf denn nicht schon die Niederlage, die ich so lange habe verhindern wollen? Die ich so lange verhindert habe! Das Scheitern an mir und meiner Umwelt, durch das, was mir in Kindheit und Jugend widerfuhr? Doch, es wäre die Niederlage. Und die kann ich so nicht hinnehmen. Ich kann die Täter nicht gewinnen lassen, ich kann mich selbst nicht vollends aufgeben und ich will es auch nicht.

Ich weiß nicht, warum sich die Hoffnung immer wieder vollkommen ungefragt aufdrängt, das Leben könne auch mir noch schöne Zeiten bescheren. Es muss mit den Menschen zusammenhängen, die es geschafft haben, mich in ihre Welten mitzunehmen. Denen ich auf Grund ihrer Art, auf mich zuzugehen, vertrauen konnte. Dadurch habe ich erkannt, dass es eine viel farbigere Welt gibt, als die, die ich kenne. Diesen Menschen danke ich, auch wenn manche Kontakte bitter beendet wurden, so waren sie mir in den guten Momenten hilfreich. Viele haben es irgendwann nicht geschafft, mit mir umzugehen, mit vielen Menschen habe ich es nicht geschafft umzugehen. Und so träume ich weiterhin meinen Traum. Endlich einmal leben.

Wo meine Gedanken mich hintrugen

Es folgt eine Auswahl von Texten, die ich im Laufe der Jahre schrieb, immer, wie es mir gerade war und ich mich fühlte und wo mich meine Gedanken hintrugen. Manche Zeilen habe ich oft geändert, manche sind einmal geschrieben und jahrelang so stehengeblieben. Wie im richtigen Leben: Vieles ändert sich, manches bleibt.

Angst, Liebe, Leben. Wozu der Missbrauch fähig ist*

Nichts bleibt, wie es ist, und doch erkennt man alles irgendwie wieder. So ist es auch mit der Angst. Sie hat sich verändert. Sie scheint aktiv, sie lebt und sie ist mir weit überlegen! Längst ist sie Teil von mir, und dass sie mich beherrscht, ist nicht auf Anhieb zu erkennen.

Sie hält sich im Hintergrund, ist immer präsent, bestimmt alles Handeln, also das Leben, und sie gibt nur selten preis, wo sie geboren wurde. An einem Ort, an dem ich als Kind nicht hätte sein sollen, in diesem Landerziehungsheim.

Hier wurde sie also geboren, die Angst, welche mich ein Leben lang begleiten sollte, und nur wenn ich ihr bewusst werde, erinnert sie an den Ort ihrer Geburt.

Längst hat die Angst sich verbündet mit dem Misstrauen. Auch das Misstrauen gegen sich selbst. Dieses Misstrauen lässt mich nie wissen, ob das, was ich gerade tue, denke oder fühle, richtig ist. Beide unterdrücken das Selbstwertgefühl. Zusammen sind sie bestrebt, dem Hass einen großen Raum zu schaffen. Denn der Hass umarmt die Unsicherheit, macht sie zum Wolf im Schafspelz, und er blendet die Angst, dass sie zur Wut wird. Es kostet viel

* Wir danken der Verlagsgruppe Beltz für die Abdruckgenehmigung von Max: Angst, Liebe, Leben. Wozu der Missbrauch fähig ist. In: Zerstörerische Vorgänge – Missachtung und sexuelle Gewalt gegen Kinder und Jugendliche in Institutionen, hrsg. von Sabine Andresen und Wilhelm Heitmeyer, 2012, S. 66–70.

Energie, sich zu wehren gegen Angst, Misstrauen, Hass und Wut. Es ist eine ständige Zusatzaufgabe.

Ich weiß, ich habe verloren, doch die Hoffnung, nicht immer weitere Niederlagen gegen die Angst und das Misstrauen zu erleiden, bleibt. Ja, es wäre Zeit, etwas zu tun. Zeit, mich zu wehren gegen diese scheinbar Unbezwingbaren, die, solange ich denken kann, bei mir waren. Die ich kenne und die mir vertraut sind. Die Angst und das Misstrauen.

Schon bei dem Gedanken, mich zu wehren, ist sie da, die Angst! Und ich tue das, was man mit seinen Gegnern immer gerne tut, wenn man kann: Ich verdränge sie. So ist es seit Jahrzehnten. Hier bin ich, sagt die Angst. Ich verdränge dich, sagt mein Ich.

So bindet dieser Kampf weit mehr als die Hälfte meiner Lebensenergie, den Rest wende ich auf für das Nötigste. Über die Jahre stellt sich eine eigenartige Lebenssituation ein. Soziale Kontakte veröden, Sozialverhalten kann nicht geübt werden, man wird als Außenseiter wahrgenommen. Man wird ein Außenseiter, vereinsamt weiter und körperliche Krankheiten stellen sich ein. Tun kann ich gegen diese nichts, weil es zusätzliche Kraft kostet, die ich nicht habe, und wenn, dann scheint es nicht sinnvoll, sie für dieses Leben noch aufzuwenden. Das eigene Dasein verliert den Wert und wird nur noch geschätzt, weil die Angst ihren großen Bruder holt, die Angst vor dem Tod.

Aber woher kam sie nun – die Angst? Warum ist sie geblieben? Warum konnte sie sich so manifestieren? Zu der Zeit, als ich, das Kind, auf Nähe, Wärme und auf Geborgenheit angewiesen war, auf eine Nähe, die doch das eigene Ich zur Entfaltung kommen lässt, auf eine Wärme, die mich umhüllt und nicht in mich eindringt, und auf eine Geborgenheit, die Sicherheit gibt, ohne Gegenleistung zu fordern – zu dieser Zeit wurde ebenso nicht an mir gehandelt.

Die Grundsätze im Umgang mit dem Kind haben sie missachtet. Schon deshalb sind sie Täter. Ich kann sie nicht verstehen – meine Menschlichkeit verbietet es. Eine Menschlichkeit, die ihnen fremd scheint, denn es blieb nicht bei der Missachtung aller Grundsätze im Umgang mit dem Kind. So wurde die Angst gesät und sie blieb. Der schrecklich umklammernde Griff nach der Kinderseele bleibt bestehen, auch wenn die Täter längst gegangen sind.

Halbe Kraft voraus hieß es ab nun. Halbe Kraft voraus, den Weg ins Leben wagen! Niemand sieht dein Handicap, niemand nimmt wahr, wie schwer dir der soziale Kontakt fällt, wie schwer es für dich scheint, Normalität zu leben mit der Angst und dem Misstrauen.

Versteckte sich das Kind vor den Tätern aus Angst vor weiteren Taten und mit der Angst, entdeckt zu werden, versteckt sich nun der junge Mensch hinter einer Fassade, von der er glaubt, sie könne ihn schützen. Und wieder lebt die Angst vor Entdeckung mit. Die Angst ist nun mehr denn je Teil des Seins. Sie wird bei all meinem Handeln schon im Vornherein mit bedacht. Und wenn jemand, vielleicht sogar ganz unabsichtlich, hinter die Fassade schaut, indem er dich trifft mit einem Wort, mit einem Satz, mit einem Handeln, und du dich entdeckt fühlst, dann baust du eine noch höhere Fassade um dich auf! Aus Angst und mit Angst. Dieser Angst kannst du nicht mehr entfliehen. Diese Angst kennt keine Tränen. Das erleichternde Gefühl der Tränen entsteht nur, wenn die Angst sich erbarmt, in das Kostüm der Verzweiflung zu schlüpfen.

Welch' Perspektive! In Angst auf Verzweiflung hoffen!

Bei dem Bau und der Erhaltung einer solchen Schutzhülle helfen immer Drogen. Drogen aller Art. Ohne sie kein scheinbarer Schutz, der scheinbare Schutz, der es dir ermöglicht, für Momente angstfrei, also entspannt zu sein. Ohne sie nicht der Blick auf das Leben, wie es sein könnte. Bis auch dieser Freund zum Feind wird. Eine Sackgasse?

Ja, denn ein „Weiter" gibt es nicht. Ein „Zurück" schon! Aber ein Zurück bedeutet, wenn auch aus sicherer Distanz, noch mal vorbei an allem Erlebten. Ein Zurück beginnt beim ersten Missbrauch. Das ist schlimm und man glaubt – hat man sich für diesen Weg zurück entschlossen –, es könne nun nur besser werden. Aber wenn man sich nähert an den Punkt, an dem man steht, überkommt einen mehr und mehr eine Trostlosigkeit und Resignation, erkennt man doch, was alles nicht gelebt wurde.

Also bleibst du stehen in der Sackgasse, mit dem Rücken zur Wand, schauend auf den Weg, den du in deinem Leben zurückgelegt hast, und auf alle Erlebnisse, welche du auf diesem Weg erleben und erleiden musstest. All das siehst du nun auf dich zukommen, dort wo du stehst, bis es dich an der Wand erdrückt. Erdrückt vom eigenen Lebenslauf!

Liebe

Wer erinnert sich nicht, meist mit einem Lächeln – oft auch wehmütig – an seine erste große Liebe? Welch' großes Gefühl, wie umfassend. Was das mit dem Missbrauch an einem Kind zu tun hat?

Meine erste große Liebe war Heidi. Unbeschreiblich schön fand ich sie, unbeschreiblich ihre Ausstrahlung, unbeschreiblich schön ihr Äußeres. Ob es so war? Für mich schon. Zweifelsohne. Wie gern hätte ich sie in den Arm genommen, beziehungsweise: Wie gerne hätte ich mich von ihr in den Arm nehmen lassen. Ich spürte, dass darin etwas lag, was mir in meinem bisherigen Leben gefehlt hatte. Ich mag dich, mir kannst du vertrauen. Ja, so eine Umarmung wünschte ich mir. Es gab eine große Sehnsucht und es gab also Menschen, zu denen man sich ungeheuer hingezogen fühlte. Ich blieb lange unentschlossen, wusste nicht, was anstellen und auch nicht, wie mir geschah.

Denn was war das? Ich begann, mich mehr und mehr selbst zu verachten, mochte ich sie doch so sehr! Warum dann diese Gedanken? War ich schon so ekelhaft wie meine Lehrer? Woher sollte ich den Unterschied zwischen Zärtlichkeit und Triebtätigkeit kennen? Woher den Unterschied zwischen unschuldiger Liebe und gierigem Trieb? Und wenn Heidi erst einmal hinter meine Geheimnisse käme? Was zwischen mir und den Lehrern geschah. Meine Angst, mein Trinken und jetzt auch meine geheimen Wünsche, sie zu berühren ...

Aber Geheimnisse sollte es nicht geben. Sie wüsste also alles. Aber würde sie mich dann nicht ablehnen? Natürlich! Ich habe sie trotzdem gefragt, ob sie mit mir gehen möchte. „Nein", hat sie gesagt. Und ich habe sie gut verstanden. Hatte ich es doch vorher schon gewusst. Ja, ich mochte sie sehr, und fast war ich froh, dass sie nicht auf so ein Schwein reingefallen war, auf ein Schwein, wie ich es war. Aber diese Bestätigung tat weh. Zurückdenkend kann ich es heute noch spüren. Mir bleibt von meiner ersten großen Liebe in Erinnerung, dass ich ein Schwein bin.

Hier wurde die Zerstörung, die sie an meiner Seele angerichtet haben, für mich das erste Mal spürbar. Liebe, Zuneigung, Beziehung blieben schwierige Themen. In meiner gesamten Jugendzeit und auch im weiteren Leben konnte ich nicht akzeptieren, dass es Mädchen und Frauen gab, die sich für mich interessierten. Wenn das so war, dann konnte an der Person irgendetwas nicht stimmen. Es war höchste Vorsicht geboten und dringend auf Abstand zu gehen. So stieß ich alle vor den Kopf, die mich mochten. Auch das führte letztlich in die Einsamkeit, hatte den Ruf des Außenseiters zur Folge, ließ soziale Kontakte schrumpfen …

Leben

Warum gehöre ich nirgends dazu? Was ist falsch an mir? Weshalb bin ich so anders? Weshalb gelingt mir nicht, was Anderen so leicht scheint? Weshalb tue ich mich so schwer? Alles Fragen, die mich seit den Anfängen meines erwachsenen Lebens beschäftigten. Jahr um Jahr. Allein. Alles Fragen, die nach einer Schuld suchen für das, was ich leben und fühlen muss. Der Schuldige steht in diesen Fragen schon fest: Ich! Schlechte Ausgangsposition.

Es nahm alles seinen Lauf. Alkohol, Drogen, Arbeitslosigkeit, Wohnsitzlosigkeit, Gosse. Konflikte mit dem Gesetz, Kopfschütteln allerseits über ein so verkommenes Subjekt. Nach Hilfe rief ich nicht mehr. Das hatte ich in der Kinderzeit irgendwann schon aufgegeben. Keiner wollte mehr etwas von mir wissen. Recht hatten sie, so empfand ich. In mir aber lebten Träume und Wünsche. Sie hatten ein schönes Leben in meiner Einsamkeit und in der Stille, denn in mir war es still. Schützend vor der inneren Stille war der Rausch und im Rausch da war das Laute, das nach außen gerichtete Ich. Ein Gegenteil des inneren Ichs. Auch die Scham musste nun verdrängt werden. Leben in einer Welt, wie man es sich nicht vorstellen kann. Leben ohne jede Würde. Schlafen in Notunterkünften, in denen sich viele gegenseitig in den Schlaf prügelten, um tags darauf von nichts mehr zu wissen. Dagegen war die nicht abgeschlossene Leichenhalle – der Ort am Friedhof, an dem die Toten für die Beerdigung am nächsten Tage aufgebahrt wurden – immer wieder ein schöner Ort für die Nacht. Keine Hygiene, Gewalt, Hoffnungslosigkeit. Ausgeschlossen vom Leben, ausgeschlossen von der Gesellschaft, von den Menschen – jenen Menschen, die den Tätern große Ehrfurcht und Anerkennung entgegenbrachten. Immer noch. Wie lange war das jetzt her? Verbindungen zum Jetzt und Hier sah niemand, auch ich erkannte nicht.

Schöne, bewegende, beruhigende Gespräche hatte ich nur noch mit mir. Ich fing immer mehr an, die Menschen nur noch zu beobachten. Sie nahmen mich nicht wahr und wenn, dann mit sichtlicher Abneigung. Meine Fassade war zusammengebrochen. Erwachsen! Für alles selbst verantwortlich, zu kaum etwas fähig. Auf kleinster Flamme weiterleben und beobachten. Aber die kleine Flamme enthielt etwas – etwas, dessen ich mir erst viel später bewusst wurde und das ich bis heute nur schwer aussprechen kann. Du bist jemand und du bist besser als die, die dich auf diesen Weg schickten, denn du hast zwar vieles falsch gemacht, oft Unrecht begangen, aber nie Leben zerstört.

Bis heute kämpfe ich gegen meine Ängste, für eine Liebe zu mir und anderen Menschen und für ein wenig Leben mit einem kleinen Stück Zufriedenheit. Bis heute nimmt das den größeren Teil meiner Energie in Anspruch. Habe ich an einem Tag die Ketten, die mich so einengen, gelöst und fühle mich ganz gut, sind sie am nächsten Tag wieder fest um mich geschlungen und scheinen mich zu erdrücken. Und dann muss ich erneut versuchen, sie zu lösen, denn ich möchte Mensch sein unter Menschen, anerkannt und bestätigt. Dafür muss ich meiner Arbeit nachgehen und meinen Verpflichtungen. Und vieles gelingt nicht – nicht so, wie ich es gerne machen würde, denn ich habe eine Zusatzaufgabe. Eine Zusatzaufgabe, die längst zu meiner Lebensaufgabe geworden ist: Jeden Tag nicht aufgeben.

Das kleine Dorf mit der großen Lüge

Ich glaube euch nicht, dass ihr nichts gewusst habt. Trotz eurer Beteuerungen. Es wird mir immer deutlicher, dass ich das nicht glaube. Ich glaube es nicht! Ich brauche es auch nicht zu glauben, denn mir ist es längst zur Gewissheit geworden: Ihr habt es gewusst.

Damit stelle ich mich auch gegen die Meinung vieler Menschen, die meine Leidensgefährten waren bzw. sind.

Stellt euch ein kleines Dorf vor. Es leben dort etwa 330 Menschen, davon 250 Kinder und Jugendliche. Ein ziemlich kleines Dorf. Man lebt zusammen, auf relativ engem Raum. Es gibt ein – wie auch immer geartetes – Zusammenleben. Ein soziales Miteinander war es nicht, denn ein soziales Miteinander sorgt unter anderem dafür, dass jeder Einzelne Werte und Normen lernt und respektiert. So war es aber nicht! Doch das ist eine andere Sache.

In diesem Dorf weiß jeder, wer homosexuell ist. Jeder weiß, welcher Erwachsene eine Liaison mit einer Minderjährigen hat. Jedem ist bekannt, welcher Jugendliche zu viel trinkt. Es kommt meistens raus, wenn ein Kind heimlich raucht, niemandem bleibt verborgen, wer kifft, und besuchen Jugendliche unerlaubt die Gasthöfe angrenzender Ortschaften, wird auch das sehr schnell bekannt. Ein kleines Dorf eben! Jeder kennt jeden, jeder weiß vom Anderen fast unanständig viel.

Und in diesem Dorf soll über Jahrzehnte niemand gewusst haben, dass eine Handvoll Erwachsener Kinder und Jugendliche sexuell nötigten, belästigten, begrapschten, vergewaltigten? Nein, es ist nicht vorstellbar. Es ist unglaubwürdig, es ist gelogen. So kann es nicht gewesen sein!

Als die Betroffenen anfingen zu reden, brach bei jedem Einzelnen die Erinnerung wieder auf. Fast jeder machte auch die Erfahrung, mit lang verdrängten Vorgängen konfrontiert zu werden. Lang Verdrängtes war also plötzlich wieder präsent. Bei den Mitwissern und Vertuschern begann zur gleichen Zeit ein vollkommen gegensätzlicher Prozess!

Umso mehr die damals jungen Menschen redeten und Verdrängtes hervorbrachten, desto mehr verdrängten die Mitwisser, gewusst zu haben. Sie verdrängen es! Umso mehr bekannt wird, desto weniger wissen sie und desto weniger Menschen gibt es, die scheinbar überhaupt gewusst haben können. Das ist eine sehr, sehr unglaubwürdige Geschichte.

Davon geht die Welt nicht unter

Das Leben geben, das Leben genießen, des Lebens freuen, mit Leben erfüllen, Leben und leben lassen, ein erfülltes Leben, Leben, Leben nehmen ...

Was fällt dir ein bei dem Wort Leben? Für dich gibt es Leben nur deshalb, weil du bist. Du lebst und kannst erleben. Du kannst dein Leben und anderes Leben wahrnehmen. Du bist und du kannst wahrnehmen. Leben eben!

Das Erste: Du bist ist physisch. Das Zweite: Du kannst wahrnehmen ist psychisch. Das Eine ohne das Andere ist kaum möglich. Nur „Du bist" – das käme dem Leben einer niederen Tierform gleich. Nur: „Du kannst wahrnehmen" ist noch weniger möglich, denn du wärest dann ein Geist.

Das ist an sich nicht erwähnenswert, denn jeder hat beides, das Körperliche und das Geistig-Seelische. Das ist das Leben und so ist das Leben. Die Gewichtung des Einen oder Anderen, also der physischen Seite und der psychischen, ist sehr unterschiedlich und bei jedem Menschen verschieden. Aber immer sind beide Seiten in einem Maße vorhanden, die dich leben lassen. Ein gewisses Gleichgewicht darf nicht verlassen werden.

Mit dem Geistig-Seelischen nimmst du die Welt wahr, du erfasst die Welt – so weit wie für dich denkbar – in ihrer Gänze. Ist dir das nicht möglich oder nicht mehr möglich, dann ist das ein Weltuntergang. Dein Weltuntergang. Dein Leben ist Weltuntergang, denn du kannst die Welt nicht mehr wahrnehmen, wie sie ist, sondern nur noch unter den Eindrücken des Erlebten.

Stell dir vor, du wüsstest, die Welt geht in einigen Tagen unter. Führ dir vor Augen, was du wahrnehmen und fühlen würdest. Angst! Auf jeden Fall Angst. Sie wird bleiben, du kannst sie nicht ablegen. Hilflosigkeit und Hoffnungslosigkeit werden sich einstellen und dich begleiten. Immer! Mal mehr, mal weniger, weil du sie vielleicht für kurze Momente beiseite schieben kannst, aber sie werden immer präsent sein. Du wirst depressiv, da du keine Zukunft mehr erkennen kannst. Du erkennst, wie wertlos du bist, denn durch den baldigen Untergang fehlt jeder Sinn.

Wenn du also wüsstest, dass die Welt in einigen Tagen untergeht, könntest du wahrnehmen und fühlen wie ein Mensch, der sexuell missbraucht wurde. Es gibt viele Gründe dafür, dass so viele Menschen Weltuntergänge erleben, es gibt viele Gründe, dass für Menschen die Welt untergeht. Ein Grund ist die sexuelle Gewalt gegen Kinder. Die Seele nimmt dabei derart Schaden, dass zeitlebens das Wahrnehmen und Erfassen der Welt mit all ihrem Sein nur noch eingeschränkt möglich ist. Eingeschränkt durch das Erlebte, das es nicht mehr erlaubt, einen ungetrübten Blick auf die Wirklichkeit zu richten. Jeden Tag ist deine Welt am Untergehen: Angst, Hilf- und Hoffnungslosigkeit, Depression, Wert- und Sinnlosigkeit. Wenn man sich nun überlegt, dass es Menschen gibt, die zur Befriedigung ihrer Triebe einen Weltuntergang in Kauf nehmen – den Weltuntergang ihres Opfers –, wenn man sich bewusst wird, dass solche Menschen oft für so viele Weltuntergänge verantwortlich sind, dann erst kann man erahnen, was für Verbrecher es sind.

An einem Landerziehungsheim wurden Weltuntergänge über Jahrzehnte produziert. Dort, wo die Hilfe zum Start in das Leben erfolgen sollte, dort bekamen viele ihren persönlichen Untergang mit auf den Weg. Lebenslang und unabhängig davon, wie lang lebenslang dauert. Manchmal dauerte lebenslang nicht lang. Das ist natürlich relativ. Denn: Stell dir noch einmal vor, du wüsstest, die Welt geht in einigen Tagen unter. Wie lang wäre dir diese kurze Zeit?

Ich hatte eine schöne Zeit

Wenn wir von den an diesem Ort begangenen Verbrechen sprechen, dann sprechen wir vor allem von sexueller Gewalt und von Vergewaltigung. Was zwingt viele Menschen dazu, in diesem Zusammenhang Entgegnungen wie die folgenden zu formulieren?

- Ich hatte eine schöne Zeit
- Viele Menschen haben von diesem Ort profitiert
- Das gibt es überall
- Das wird es immer geben
- Eine Schließung dieser Einrichtung würde den Tätern helfen

Entgegnung eins hat überhaupt nichts mit dem Thema, mit sexueller Gewalt und Vergewaltigung, zu tun! Im Gegenteil! Hier ist jemand nicht vergewaltigt worden und kann – soviel ist anhand dieser Aussage festzustellen – nicht und nichts nachvollziehen. Hier wird eine gewisse Gefühlskälte zum Ausdruck gebracht. Die Entgegnung ist also vollkommen fehl am Platz und doch am häufigsten!

Ähnlich verhält es sich bei der zweiten Aussage. Jeder Betroffene sexualisierter Gewalt weiß, dass es viele Menschen gab an diesem Ort, die von diesem profitierten. Ja, es ist für Betroffene sogar eine schmerzhafte Erkenntnis. Aber gibt es vergewaltigte, missbrauchte Opfer, die heute sagen können: Ich habe von diesem Ort profitiert? Nein! Und deshalb ist diese zweite so häufig ins Feld geführte Entgegnung auch vollkommen fehl am Platz. Auch hier wird eine gewisse Gefühlskälte zum Ausdruck gebracht – nur geht der Personenkreis nun über den Einzelnen mit schöner Zeit hinaus.

Die Entgegnungen drei und vier sind in erster Linie Ausdruck eines gewissen Desinteresses. Ein verbales Achselzucken, ein Kopf-in-den-Sand-Stecken: „Das gibt es überall und wird es immer geben". Mich und meine Kinder hat es nicht getroffen, also ist es mir egal. Diese Leute könnten natürlich auch gleich schweigen, denn sie haben, wie diese Entgegnungen verraten, gar nichts dazu beizutragen, was einer Verringerung sexueller Gewalttaten in unserer Gesellschaft entgegenwirken könnte. Sie und ihre Lieben sind nicht betroffen. Das ist schön und ein Lichtblick, keine Frage, denn es zeigt: Es gibt Menschen, die gehen ohne Erfahrungen sexueller Gewalt durchs Leben.

Die fünfte sehr häufig zu hörende Entgegnung kann ohne weitere Erklärung gar nicht stehen bleiben! Die Schließung einer Institution, an der immer wieder Täter entlarvt werden, hilft nur den Tätern? Das ist wahrhaftig eine atemberaubende Aussage. Warum sollte das eine Hilfe für den Täter sein? Weniger unverständlich scheint mir da doch die gegensätzliche Äußerung, solche Institutionen zu schließen, denn es wird dann dort kein Opfer mehr geben. Aber wir folgen einmal diesem Gedanken. Die Institution wird nicht geschlossen und es käme in den nächsten Jahren dann wieder zu Übergriffen. Dann wären sie alle wieder da! Die, die sagen:

- Ich hatte eine schöne Zeit
- Viele Menschen haben von diesem Ort profitiert
- Das gibt es überall
- Das wird es immer geben
- Eine Schließung dieser Einrichtung würde den Tätern helfen

Nur die erneut Beschädigten hätten wieder ihr Leben verloren. Das Leben, welches sie hätten führen können. Sie hätten kein Verständnis für euch Besser-nichts-Wisser. Und einer dieser Betroffenen würde sich hinsetzen und solche Zeilen schreiben.

Nagel im Kopf

Einem Mann wurde als Kind ein Nagel in die Stirn geschlagen. Er war aus verschiedensten Gründen nicht mehr zu entfernen. Als Kind störte ihn der Nagel, den man ihm in die Stirn rammte. Er war hinderlich, aber er versuchte alles, damit es niemandem auffällt. Den allermeisten Erwachsenen fiel es damals auf, aber sie sagten nichts. Mit den Jahren verändert sich vieles. Der Mann wollte über den Nagel in der Stirn reden und was dieser aus ihm gemacht hatte. Jeden Morgen stand er vor dem Spiegel und sah den Nagel in seiner Stirn. Jeden Morgen versucht er, ihn ein bisschen zu kaschieren. Jeden Morgen wird es schwieriger, denn die Wunde, vor der er sich selbst ekelt, will nicht verheilen.

Eines Tages trifft der Mann mehrere Menschen, die ihn auf seinen Nagel in der Stirn ansprechen. Erst zögert er, dann erzählt er, wie man ihm als Kind den Nagel in die Stirn schlug und wie es nun so ist, mit diesem Nagel zu leben und mit den Auswirkungen, die sich nach und nach durch diesen Nagel einstellten. Einige dieser Menschen waren über diese Geschichte so entsetzt, dass sie beschlossen, ihm zur Seite zu stehen. Das freute den Mann sehr. Und er vergaß die anderen, die sich schon beim Erzählen abgewandt hatten. Diese meldeten sich nun aber immer häufiger zu Wort. Sie sagten:

- Ich habe keinen Nagel im Kopf
- Viele Menschen haben keinen Nagel im Kopf
- Überall werden Nägel in Köpfe geschlagen
- Das wird es immer geben
- Den Tätern Hammer und Nägel wegzunehmen, würde diesen nur helfen

Seither ist sich der Mann nicht mehr ganz sicher, ob es nicht weniger schwierig ist, mit einem Nagel in der Stirn umzugehen als mit so viel Beton im Kopf!

Mit diesem Nagel möchte ich nicht irgendwie die Nähe zur Kreuzigungsgeschichte suchen, obwohl die Nähe des Betroffenen dazu eher besteht als die von N.N. wohl herbeigeredete Gemeinsamkeit zwischen „Gerhard Bruns“ und Jesus Christus, die beide nur Gutes wollten und dann gekreuzigt wurden.

Was stört

Nehmen wir einmal an, du wurdest missbraucht und alle wüssten darum. Nehmen wir weiter an, du spürst eine große Anteilnahme, jeder kennt die Täter, jeder kennt das Tatumfeld und alles wurde getan, um Taten dieser Art in Zukunft zu verhindern. Ist dir nun geholfen? Nein!

Es bringt nichts zurück! Es macht nichts ungeschehen! Es bleibt deine Haut, aus der du nicht kannst und unter der schon der Täter war! Es bleibt lebensbeeinträchtigend und lebenszerstörend! Das wird auch so bleiben. Die Zaghaftigkeit, mit der versucht wird, dir zu helfen, wirkt auf dich fatal! Denn in der Zaghaftigkeit liegt auch schon wieder ein Achselzucken! Das Achselzucken sagt, dass ein Mehr nicht machbar ist und weiter nichts getan werden kann. Dass Mehr nicht machbar ist, zeigt dir, dass zwischen Hilfe – was kostet Hilfe? – und dem Wert deines Lebens abgewogen wird. Aber der Wert deines Lebens wurde schon einmal missachtet. Dieses Gefühl kommt nun wieder auf.

Aber du willst dein Leben wiederhaben oder wenigstens ein Leben haben. Es ist alles dafür zu tun!

Was ist ein Leben wert? Ist ein Leben so viel wert wie zwei? Ist das Leben eines geliebten Menschen mehr wert als das eines Unbekannten? Ist das eigene Leben wertvoller? Es gibt keine eindeutigen und befriedigenden Antworten. Aber eine Antwort wurde bereits gegeben. Der Wert deines Lebens wurde eingestuft! Weil du missbraucht wurdest. Mehr können wir für dich nicht tun!

Was ihr mich gelehrt habt

Angst, zu verlieren. Angst, zu kämpfen. Angst, zu leben. Angst, zu versagen. Angst, zu fühlen. Angst, zu weinen. Angst, zu lachen. Angst, zu lieben. Angst, zu entscheiden. Angst, zu verletzen. Angst, zu reden. Angst, zu ängstigen. Angst, zu enttäuschen. Angst vor Verlust, Angst vor der Angst, Angst vor Kontakt, Angst vor Trauer, Angst vor Veränderung, Angst vor Gefühl, Angst vor dem Selbst, Angst vor Krankheit, Angst vor Vergleich, Angst vor dem Jetzt, Angst vor gestern, Angst vor der Zukunft, Angst vor der Vergangenheit, Angst vor Zärtlichkeit, Angst vor Fremden, Angst vor Freunden, Angst vor Fehlern, Angst vor Liebe, Angst vor dem Wahnsinn!

Warum habt ihr mich die Angst gelehrt?

Manchmal stelle ich mir vor, es wäre nie herausgekommen

Legende, Ikone, Mythos: Wie wäre alles gekommen, wenn ...? Man stelle sich vor, dieser Täter wäre gestorben und nichts von seinen Taten wäre jemals nach außen gedrungen. Opfer hätten weiter geschwiegen und die, die erzählten, wären weiterhin nicht gehört worden. Dann wäre die Lebensgeschichte dieses Einzigartigen, der so viele Leben zerstörte, eine anerkannte, bewunderte Geschichte geblieben und nicht das, was sie war: ein Kriminalstück.

So wäre es dann gewesen: Zahlreiche prominente, handverlesene Trauergäste aus Politik, Kultur und Gesellschaft nahmen in der Gedächtniskirche Abschied von einem großen Mann, einem großen Menschen, dem Freund aller Kinder, der sein Leben dem Kinde und dessen Wohlergehen widmete. Eine ergreifende Trauerrede wird von seinem Lebensgefährten gehalten, der – sich selbst dabei nicht unbeleuchtet lassend – immer wieder betonen würde, wie sehr dieser Mann der Kinderwelt nun fehlen wird.

Die Nachrichten berichten, eine Sondersendung wird das Leben des Wunderbaren nochmals weich und warm beschreiben, sein Leben und die erbrachten Leistungen werden dort nochmals und immer aufs Neue gelobt. Keiner, der etwas auf sich hält, lässt es sich nehmen, seine sehr persönliche Sicht auf diese herausragend menschliche Persönlichkeit zum Besten zu geben. Persönlichkeiten aus allen Bereichen äußern sich, so z.B. aus der Evangelischen Kirche, die sein soziales Werk, seine Menschlichkeit in direkter Verbindung zu ihrem Glaubensbekenntnis sieht und seine Motivation zu solch großem Lebenswerk auch mit seinem konsequenten Christsein verbindet.

In ganz Deutschland sitzen Menschen vor ihren TV-Geräten. So wie Max M. Er ist arbeitslos, kommt nicht so recht klar im Leben. Max M. sitzt auf seinem zerschlissenen Sofa, der Couchtisch voll mit Bierflaschen, eine hält er in der Hand und starrt ungläubig auf das, was dort im Fernsehen läuft. Tränen laufen über sein Gesicht, er greift zur nächsten Flasche. Schnell trinken, mehr trinken, irgend etwas ist falsch, er kann es nicht ertragen, er weiß nicht was, aber es ist unerträglich. Jetzt wird eine alte Aufnahme des Missbrauchers gezeigt. Ja, wunderbar. Max weiß es, er weiß es seit Kinderzeiten: ein wunderbarer, einzigartiger Mensch! Daran ist nichts zu ändern und gibt es nichts zu zweifeln. Jetzt sowieso nicht mehr. Aber es war auch sein Leben lang nicht zu ändern. Dieser Mann war toll, er ermöglichte es selbst den schwierigsten Kindern, einen gedeihlichen Weg ins Leben zu finden.

Nur bei ihm, so weiß es Max seit seinen Kindertagen, nur bei ihm ist es diesem wunderbaren Menschen nicht gelungen. Er war schon damals zu kaputt. Hastig trinkt Max die nächste Flasche leer, er muss schnell vergessen, wie schlecht er ist. Dieser Mann, der zu seiner Schulzeit sein Direktor war, der hat das erkannt, hat ihn dann in die Welt entlassen, konnte ihm ja nicht helfen, weil Max so war, so anders, so schlecht, so dumm. Max hatte immer versucht, es zu verbergen vor allen anderen Menschen.

Nein, vor dem Direktor konnte er es nicht verbergen, der wusste alles, der wusste sogar, wie sein Schwanz schmeckt. Oh Gott! Wie peinlich! Hat es überhaupt geschmeckt? Oder war auch das eine Enttäuschung für diesen Wunderbaren? Diese Fragen, die er sich nun seit 45 Jahren stellt, kommen hoch, während er die Trauerfeier sieht. Und wieder wird ihm klar, wie wunderbar der Andere und wie entsetzlich er selbst ist. Es ist besser, einen Schnaps zu trinken.

Er kann es nicht mehr ertragen. Max könnte den Fernseher ausmachen – aber nein, er kann es nicht. Soll er jetzt tatsächlich so feige sein, diesem Menschen, der vergeblich versucht hat, ihm zu helfen, eine letzte Trauer zu verweigern? Max trinkt und weint, hört den wunderbaren Knabenchor „Fürchte dich nicht, gefangen in deiner Angst“ singen, weint laut und hemmungslos und ist froh, allein zu sein, oft allein und viel allein zu sein, fast immer allein zu sein, denn nur das hat ihm geholfen, dass Menschen nicht erkannt haben, wie krank, wie hoffnungslos, wie anders er ist. So wie jetzt, da andere aufrichtig trauern, voller Würde den letzten Gang dieses Einzigartigen begleiten, während er aus seinem Leben nichts machen konnte, weil er so war, so wie eben dieser jetzt Verstorbene schon sehr früh erkannt hatte: dumm und schlecht.

Der Knabenchor verstummt, heilige Stille, während sich der Lebensgefährte des Einzigartigen erhebt und bedächtig ans Pult schreitet. Max sieht den alten Mann, der immer noch versucht zu glänzen, sieht die fein herausgeputzten Trauergäste, alles Menschen, die etwas mit dem Verstorbenen zu tun hatten, alles wunderbare Menschen. Und er sieht sich, allein auf seiner Couch, umgeben von Flaschen, betrunken, wie er sich eingestehen muss, das T-Shirt verkleckert, die Jogginghose ausgebeult. Wie recht sein Direktor doch hatte. Ganz deutlich konnte er es nun noch einmal erkennen: Dort die Trauergemeinde – schwarz, aber elegant – im Umgang miteinander vorsichtig und verständnisvoll sich umarmend und tröstend und hier er, der nichts verstand und so anders. Max schämt sich. In Gedanken gesellt er sich zu denen, die er dort im Fernsehen sieht. Was für ein unangenehmer Gedanke: er unter Menschen, unter richtigen Menschen.

„Voll Neid habe ich auf diesen Mann gesehen", und „er habe immer vom Kinde aus gedacht", hört Max den Greis nuscheln, während die Trauernden an seinen Lippen hängen und überall leichtes, bestimmtes und zustimmendes Nicken wahrzunehmen ist. Max springt auf und redet laut: „Aber er war ein Schwein, man darf das nicht tun, was der getan hat!" Jetzt bin ich besoffen, aber hier kann mich keiner sehen und hier kann ich es auch sagen, niemand hört mich, denkt Max und wiederholt es abermals, weil es so gut tut. Er war ein Schwein!

Warum es Max so gut tut, das zu sagen, weiß er nicht. Es kann nur damit zusammenhängen, dass er schlecht ist, anders, wahrscheinlich sogar verrückt. Würde man sich sonst so verhalten? Würde man sonst verarmt in einer kleinen flaschenübersäten Wohnung sitzen, trinken, allein sein und anders, obwohl man an einem Ort mit den besten Pädagogen aller Zeiten aufwuchs? Nein, würde man nicht, aber ihm war es nun egal.

Als er erwacht, räumt er gründlich und sorgfältig auf. Er duscht, zieht sich an und verlässt sauber und ordentlich wie seine Wohnung selbige. Niemand soll etwas merken, niemand kann ihm etwas anhaben. Am Kiosk liest er die Schlagzeile: „Ergreifender Abschied". „Dieser Verbrecher", denkt Max, und ihm wird bewusst, auch nüchtern ist er nicht wie normale Menschen. Dieser Mythos fing schon zu seinen Lebzeiten an, aber nach seinem Tod wäre ein pädosexueller Gewaltverbrecher von einer Pädagogik-Ikone zu einer Pädagogik-Legende geworden. Zum Glück kam es anders!

Die Entstehung der Hoffnung

Gibt es das Gefühl der Hoffnung schon, wenn man auf die Welt kommt? Es kann natürlich sein, dass sich in den ersten Stunden, den ersten Tagen des Lebens ein Wohlbefinden einstellt bei Körper, Geist, Seele und alle Sinne sich in gleichem Maß absolut und ohne jede Einschränkung im Einklang befinden und sich wohlfühlen.

Vielleicht kommt dieser Zeitpunkt auch erst sehr viel später. Dieses erste Gesamtwohlbefinden ist dann die Geburtsstunde der Hoffnung.

Von nun an hofft man, dass es einem wieder einmal so wohl ergehen könnte. Da dieser Zustand sich kaum oder nie mehr exakt gleich einstellt, kann dieses Gesamtwohlsein nicht mehr erreicht werden. Auch wenn es einem scheinbar wirklich gut geht, hofft man immer auf eine Steigerung. Der einzigartige Moment der Geburtsstunde der Hoffnung bleibt unerreicht.

Erst im Alter nimmt die Hoffnung ab, es sei denn, man wendet sich rechtzeitig tendenziell Transzendentem zu, dann besteht die Hoffnung über den Tod hinaus.

Bei mir könnte die Geburtsstunde der Hoffnung das erste Bier auf der Bank vor dem Dorfladen gewesen sein. Wie erleichtert kam mir meine Seele vor! Oder das erste Mal in ihren Armen. Wie schön auch das doch sein kann! Daraus folgt: Es hat sich gelohnt für diesen einen Augenblick der uneingeschränkten Zufriedenheit und der Hoffnung, die daraus entstand, zu leben. Daran ändern die Täter nichts!

Hinter die Stirn, hinunter zur Seele

Missbrauch, ein Skandal und die Dreifachfolgen. Ein Missbrauch, der lange nicht gesehen wurde, ein Skandal als Folge der plötzlichen Erkenntnis, die Folgen des Missbrauchs, die Folgen des Skandals, die Folgen der demütigenden Reaktionen.

Alle haben den Skandal gut überstanden! Nur nicht die Opfer.

Alle gehen wieder zur Tagesordnung über! Nur nicht die Opfer.

Denn es gibt keine Tageordnung! Für das Opfer.

Alles wieder in Ordnung? Tagesordnung? Nicht für die Opfer.
Viel wurde getan, nicht für die Opfer.
Opfer wollen nicht klagen, nicht immer.
Opfer haben oft das Gefühl „genug geklagt“.

Aber warum immer noch das Gefühl, nicht ernst genommen zu werden? Warum das Gefühl, ihr anerkennt nicht das Leid, welches ich durchlitten habe und das mein Leben – das bis zu einem gegenteiligen Beweis mein Einziges ist – beherrscht.

Was seht ihr? Das weiß ich nicht.

Was ihr nicht seht, ich weiß es! Ein Druck, eine Zerrissenheit, entsetzlich laute Stille.

Was tun? Was wäre denn zu tun?

Diese Frage muss ich an mich stellen, in mich horchen, in mich hinein in das laute Durcheinandergeschrei, welches dort herrscht. Keinem dieser Schreie in mir kann ich das Schweigen verordnen und so muss ich in diesem lauten Durcheinander Antworten erlauschen.

Schlimm, was ich da höre. Mein Gott, wenn es dich gäbe, du würdest es nicht glauben.

Da schreit es „Warum“ immer wieder, und wird nicht müde! „Ich will Leben“, höre ich es donnern. Es brüllt nach Rache und mit „Vorsicht, Vorsicht-Rufen“ werde ich andauernd alarmiert, während ich es kreischen höre: „Helft mir, Hilfe!“ Und da! Ein fortwährendes Dröhnen: „Seht Ihr's nicht, spürt Ihr's nicht?!“

In diesem Heulen, Rufen und Lärmen höre ich etwas leiser: „Hör auf mich, hör mir zu, du wirst es nicht und du wirst sie nicht ändern – die, die heute dein Leid bagatellisieren. Lass es, wie es ist, es wird nicht und es wird nie besser. Nie mehr. Das war's, dein Leben, bestimmt durch den Missbrauch, bestimmt durch die Folgen, bestimmt durch die mangelnde Empathie der Menschen, die heute wissen und reagieren müssten.“

Ich frage mich: „Wer bist du, leise Stimme in mir, die so bedacht und doch entmutigend spricht?“ Da ist das Gebrüll und Gezeter, das Brüllen und Heulen in mir, lauter als zuvor.

Ja, es ist immer schwer, Gedanken zu fassen, in dieser lärmenden, dröhnenden Seele. Ich ignoriere die Brüller in mir, frage die leise Stimme: „Sag mir, was ich tun kann, sag mir, was andere tun können, damit dieser innere Aufruhr zur Ruhe kommt, dass endlich Spannung weichen kann und ein klein wenig ‚schön ist die Welt' auch auf mich wirkt". Eine Antwort werde ich nicht bekommen, denn es ist die ständige und zermürbende Angst – die Lebensangst – die zu mir spricht.

Stille! Es ist still in mir. Warten auf eine Antwort. Die Antwort muss jetzt kommen! Ungeduld lässt es wieder lauter werden in meinem getretenen Ich. Die Stille, die Ruhe, schön war sie! Entspannend. Das ist es! Das ist, was von außen kommen muss – etwas, das diese Stille und Entspanntheit in mir herstellt. Es dreht sich, es dreht sich alles, jeder Gedanke kehrt irgendwann wieder, es wird wieder laut, es entsteht wieder Wirrnis, wieder der Versuch zu horchen.

Stille, Entspanntheit, Ruhe, Frieden: So weit war ich, muss mir von außen zugetragen werden. Das scheint mir überzeugend, hat man mir doch dieses Chaos in meiner Seele auch von außen zugefügt. Fallen lassen, ja das wäre es, einfach sich und alles fallen lassen und nichts Schlimmes passiert! Fallen lassen, sich fallen lassen, weich, warm, still, nichts passiert. Das bisschen Leben, das ich mir erarbeitet habe, bleibt, nichts geht verloren, nichts wird schlechter, kein Nachteil, keine Sorgen um das Weltliche. Ja, fallen lassen – das ist die erste Antwort. Fallen lassen können! Gebt mir Ruhe.

Leider unmöglich, schießt es noch durch meinen Kopf, bevor es wieder lärmt und kreischt in mir. Weiter leben, nichts anmerken lassen, die nächste Gelegenheit nutzen, um wieder in den inneren Tumult zu horchen. Und die nächste Gelegenheit kommt! Es dauert nicht lang! Man muss es an sich anders beschreiben. Es dauert nicht lang und wieder ist man mit sich und seiner tobenden Seele beschäftigt.

Selbst Schuld, höre ich, selbst Schuld! Du hättest anders reagieren müssen, sei nicht so dünnhäutig, war es so schlimm, gibt es nichts Schlimmeres, selbst Schuld, selbst Schuld, mitgemacht, mitgemacht ...

Nein, mit dir will ich nichts zu tun haben, mit diesem Ich, das mir selbst die Schuld gibt! Aber nun fühle ich es: selbst Schuld. Jetzt sollte ich fliehen, aber wohin? Drogen und Alkohol halfen früher, bis auch sie zum Feind wurden.

Nun kann ich nicht mehr fliehen. Ich muss aushalten. Ja, ich muss aushalten, bis es nicht mehr auszuhalten ist. Immer aushalten. Lebenslang.

Suizid! Da ist er wieder, der letzte Ausweg! Ich kann nichts dafür, der Gedanke drängt sich auf und er hilft! Ja, er hilft. Es gibt eine Möglichkeit! Nicht jetzt, nein, aber wenn es nicht mehr auszuhalten ist, dann ... Das hieße: Tod. Ja. Das ist aber ein Ausweichen! Ein Weg ist es nicht mehr, denn es ist das Ende des Weges. Es gibt also keinen Ausweg aus der Ausweglosigkeit. Es gibt keine Flucht und keinen Ausweg! Was für eine Last, wie kann ich sie ertragen?

Fallen lassen können! Nein, das wird es nicht geben!

Längst spüre ich, dass wieder Ordnung hergestellt werden soll. Nicht in meiner Welt. Ordnung in der Täterwelt.

Viele arbeiten schon wieder daran, Ordnung zu schaffen.

Meine innere Ordnung geht dadurch mehr denn je verloren. Die schweigende Verlogenheit von damals war einfacher zu ertragen. Sie hatte zeitlebens zu einer gewissen inneren Unordnung geführt, einer immerwährenden Unordnung, mit welcher man sich arrangiert hatte.

Nun aber kommen sie, dringen ein wie einst Täter, nur tiefer, stoßen um, was man notdürftig zum Erhalt seiner inneren Ordnung gerichtet hatte, nur um ihre Welt wieder in eine scheinbare Ordnung zu bringen. Es wird also laut bleiben und ohne Ordnung. Ich werde weiter damit leben, denn sie wissen nicht, was sie tun!

Es wird weiter schwierig bleiben und ein Kampf mit diesem inneren Lärm und der zugefügten inneren Unordnung. Viele von denen, die dies alles durch ihr Handeln verursachen, würden nicht leben können, würden nicht lange überleben und zerbrechen.

Und sie säen erneut eine undefinierbare Angst. Die Angst, das kleine Stück Normalität, welches ich mir jeden Tag aufs Neue für mich erkämpfe, um mitleben zu können, dass dieses Stück Normalität verloren geht durch ihr Tun und sich ein Unwohlsein einstellt, welches es wieder und dauernd schwieriger werden lässt zu sein! Sie werden Geschehenes wieder infrage stellen! Es wird belastend sein, es wird es schwieriger werden lassen. Der tägliche Kampf wird um dieses Detail erweitert und ich werde es stemmen müssen. Das ist die Angst.

Leben an einer UNESCO-Projektschule

Er war immer der Schlechte. Er war ein schlechter Mensch. Das war klar, keine Frage! Aber wie kam es dazu, dass er so schlecht war? Ein so schlechter Mensch. Und so anders.

Solche Gedanken hatte das Kind oft. Diese Frage stellte es sich immer und immer wieder. Er brannte sich tief ein, dieser „Ich bin ein schlechter Mensch, Warum?“-Monolog.

Oft, schon sehr oft, saß der Junge auf den Wiesen rund um das Landerziehungsheim, auf das er seit Beginn seiner Schulzeit ging. Es war ein schöner Ort. Still, beschaulich, friedlich. Das Leben war schön, ohne Frage. Schön, nur nicht für ihn!

Das musste an ihm liegen. Er war jetzt zwölf Jahre alt, also „groß“! Gibt es einen Unterschied zwischen „groß sein“ und erwachsen? Er wusste es nicht so genau, aber es war auch egal: Er war groß, wusste die wichtigen Dinge des Lebens, spürte, dass es schön sein musste, das Leben, und doch empfand er es so nicht. Gerne hätte er die Luft angehalten, bis das Leben, das Schöne, aus ihm entwichen wäre.

Oft dachte er so. Er ging auf eine UNESCO-Projektschule. Was das genau war, das wusste er nicht, aber UNESCO ... die sorgten dafür, dass das Leben schön blieb! Die setzten sich für die Rechte der Menschen ein! Die beschützten die Welt! Die sorgten dafür, dass es kein Elend gab! Die mochten alle Menschen, auch wenn man anders war.

Und er lebte an so einer UNESCO-Schule und doch war das Leben für ihn nicht schön, er hatte keine Rechte, niemand beschützte ihn, es ging ihm elend und er war anders, sehr anders. Für ihn galt das alles also nicht. Das wusste er von der UNESCO. Mehr nicht!

Er war schon „groß“ und das Wichtigste wusste er! Das, was diese tollen Erwachsenen seit Jahren mit ihm machten, an dieser UNESCO-Schule, er fand es nicht schön!

Die Welt verlor ihre Farben und alles schien grau. Warum musste er so fühlen? An diesem wunderbaren Ort, der den Namen UNESCO tragen durfte und wo sich so wunderbare Menschen um ihn kümmerten.

Es waren so beliebte, bekannte und angesehene Menschen! Gut konnte man an ihnen erkennen, dass das Leben schön war, sehr schön. Sie arbeiteten an dieser UNESCO-Projektschule und auch sonst hatten sie Erfolg im Leben. Und Spaß. Auch mit ihm. Klar!

Alles musste richtig sein, und gut.

Es lag an ihm, dass er sich grauenhaft fühlte und sich schämte, nicht dankbar sein zu können – den Lehrern gegenüber und der UNESCO.

Wie schön muss das Leben denn noch sein, dass er es sehen und fühlen konnte!

Gerne würde er die Luft anhalten und zwar für immer.

Denn er war schlecht. Etwas war falsch an ihm, er konnte sich nicht freuen, er konnte kein schönes Leben spüren, aber es musste hier sein an dieser UNESCO-Projektschule, mit diesen hoch geschätzten Menschen.

Wenn der Mann heute zurückdenkt an seine vielen einsamen Momente, in denen er als Kind keine andere Schlussfolgerung ziehen konnte als die, dass er schlecht war und dass an ihm etwas falsch sein musste, dann wird er sich bewusst, dass dies mit der Bewunderung zusammenhängt, die man den Vergewaltigern entgegenbrachte, und der Tatsache, dass sich diese schmücken konnten mit dem edlen Wort UNESCO.

UNESCO. Wenn er heute dieses Wort hört, dann denkt er an Verzweiflung, Vergewaltigung, Demütigung, Ausgrenzung und Diffamierung.

Anfang der 1960er wurde die Schule zur „UNESCO-Projektschule“ geadelt. Anfang der 1960er kam er an die Schule und lebte bis Mitte1975 in dieser! Unter dem Schutz eines hoch gerühmten Schuldirektors und der UNESCO.

Ein Schutz, der ihn um sein Leben betrügen sollte.

Wenn man aufwächst an einem Ort – und unter Menschen –, an dem über Jahre hinweg die Hilfeschreie eines kleinen Jungen nicht gehört werden und der dadurch dann für Jahrzehnte verstummte, dann kann man erahnen, wie wichtig und großartig es ist, gehört zu werden.

Gehör schenken ist ein bisschen wie die fehlenden Farben der Kindheitstage nachgereicht zu bekommen.

Es ist schön! „Schön“ hatte doch so lange gefehlt!

So wichtig kann zuhören sein!

Von der Kinderseele

Er saß wie so oft allein und schaute auf einen nicht existierenden Punkt in der Ferne. Bilder, die er nun gerade vor Augen hatte, kamen wie so oft aus seinem Inneren, aus seiner Vergangenheit. Er dachte nach und er war traurig. Eigentlich war er immer traurig. Auch jetzt. Es gab keinen Grund. Die Sonne schien, es war angenehm warm, er fühlte keine körperlichen Schmerzen, seine berufliche Situation war eigentlich auch ganz in Ordnung. Und dennoch war er traurig und niemals froh und glücklich gewesen. Jetzt war schon weit über 50. Vieles und wahrscheinlich das Meiste war gelebt! Das war eine sehr bittere Erkenntnis für ihn, der immer hoffte, es würde besser werden.

Über das Hoffen verging das Leben, ohne das er es gelebt hatte. So vieles war nicht gelebt worden. Jetzt hatte er sich aufgemacht, wollte etwas ändern, Glück finden. Doch wohin er sich auch wandte, immer und immer wieder erkannte er, genau dieses oder jenes nie gelebt gehabt zu haben. Überall schien das Glück, nur nicht für ihn. Er war immer daran vorbeigegangen. Das erkannte er! Dann gab es diesen Druck in der oberen Magengegend und er konnte nichts anderes empfinden als diese Trauer.

Oft fragte er sich, wann er diese Traurigkeit wohl nicht mehr ertragen würde können. Was würde er dann machen? Und wie? Es wird kein Weg daran vorbeiführen, denn durch die Erkenntnis, das meiste des Lebens nicht gelebt zu haben, wächst nun die Hoffnungslosigkeit mit jedem weiteren Tag.

Egal was er nun begann, egal wie sehr er sich freute, auf das, was er nun beginnen würde – immer lag der beklemmende Gedanken über allem: „Du hast dein Leben nicht gelebt, du hast alles verpasst." Dazu kamen viele Situationen, die er noch nicht so richtig beherrschte oder die ihm einfach nur Schwierigkeiten bereiteten. Sich in Gruppen von Menschen aufzuhalten, war für ihn immer schwer gewesen, nun hatte er begonnen, das zu ändern. Er wollte heraus aus seiner Isolation und leben, endlich leben.

Er fühlte sich so oft verletzt, so oft zurückgesetzt und dann kam eine noch viel größere Traurigkeit über ihn. Manchmal traf er Personen, und sie trafen ihn! Irgendwie. Nicht äußerlich, sie trafen ihn im Innersten! Dort, wo die Wunden nie verheilt waren, dort, wo alles noch in wüster Zerrissenheit und Zerschundenheit lag, so wie es all die Täter in seiner Kindheit zurückgelassen hatten. Nichts hatte sich dort verändert. Alles war nur gut konserviert worden. Dort nun, zu diesem Ort der Verwüstung, waren sie vorgedrungen und hatten ihn hier getroffen.

Manchmal war es wunderbar, sich jemandem so zu zeigen, es war wunderbar, dieses Vertrauen anderen Menschen entgegenbringen zu können. Es war ein schönes Gefühl, seine Verkrüppelung zeigen zu können und dennoch das Gefühl vermittelt zu bekommen, angenommen zu sein. Bloß darf sich an diesem Ort der zerstückelten Kinderseele niemand bewegen!

Egal was diese Personen, die er an diesen Ort ließ, auch taten – es tat weh. Warum, wusste er nicht so genau. Er hatte ihnen vertraut, und das „Sich-Halten", das „Sich-Vertrauen" macht das Leben aus! Er war sich da gar nicht sicher, aber er spürte, es war da – etwas sehr Vertrautes, etwas sehr Zartes war für ihn spürbar; etwas, was ihn bewog, immer wieder ihre Nähe zu suchen. Aber sie waren nicht immer da. Weder in seinem Umfeld und wenn, dann auch nicht immer nur für ihn. Dann entstand manchmal das unheimliche Gefühl der Verlassenheit, des Nicht-angenommen-Werdens.

Es ist die Kinderseele, die diese Personen getroffen haben. In dieser verkrüppelten Kinderseele liegen enthäutet so viele Gefühle. Wer auf sie trifft, löst tiefen inneren Schmerz aus. Verzweiflung und Elend. Diese Gefühle strömen aus der Kinderseele und ergeben sich ganz in den Mann, der gerade versucht, Leben zu leben. Deshalb wollte er diese Gefühle nicht. Deshalb hatte er sich so weit zurückgezogen. Gefühle aber lassen sich nicht einfach abstreifen. Wenn er aber dennoch das beängstigende Gefühl der Verlassenheit nicht haben wollte, dann musste er sich doch von Menschen abwenden, die solche Gefühle in ihm hervorriefen.

Sich abwenden, sich zurückziehen, zurück in die innere Isolation und die Einsamkeit, wegen der Menschen, die ihm zugetan sind und genau deshalb so schmerzen!

Aber er hatte doch gerade erst erkannt, dass er sein Leben nicht gelebt hatte, nun stellte er fest, dass es ihm durch diese innere Zerrissenheit auch nicht möglich war, den Rest seines Lebens anders zu gestalten. Es gab zu viele Verletzungen, oft fühlte er sich verletzt durch Worte, durch Handlungen und durch alltägliche Situationen. Sie verletzten ihn, ohne dass irgendjemand ihn verletzen wollte. Sie verletzten ihn, weil sie die Kinderseele in ihm trafen. Die

Kinderseele, die sich eingekapselt in ihm befand und neben der sich eine provisorische Seele – nur für das Überleben – gebildet hatte. Wie das Notrad an einem Auto. Eigentlich nur gedacht als Überbrückung bis zur nächsten Möglichkeit, den Schaden zu beheben, wird es dann benutzt – bis zum Ende. Oder der Lattenzaun, an dem man eine sich gelöste Latte provisorisch mit Draht wieder befestigt, der Zaun dann aber mit diesem Provisorium verbleibt.

So war es mit der kleinen zarten Kinderseele, die sie zerfetzt zurückgelassen hatten, und dem Seelenprovisorium, das nebenher entstanden war. Dieses Provisorium sollte bestehen bis zu einer Heilung der so wichtigen Kinderseele. Aber es gab keine Heilung der Kinderseele. Das Provisorium ist es, welches nun Leben ermöglichen soll. Ein schlechtes Provisorium, weil es nur für wenige Lebenssituationen belastbar ist und immer dann, wenn sich Belastendes ereignet, versagt und das Permanente versuchen muss, zu übernehmen. Das Permanente aber ist die Kinderseele, die nie leben gelernt hat, die immer noch wartet, die immer noch weint.

Das Seelenprovisorium macht das Leben nicht einfacher, aber es macht es möglich! In kleinstem Umfang möglich zu leben.

„Die Zeit heilt" stimmt hier nun gar nicht, es trifft nicht nur nicht zu, es ist in diesem Fall genau umgekehrt. Er will leben, mit der verkümmerten Kinderseele aber ist das nicht möglich. Das Seelenprovisorium ist für tiefere Gefühle, für Vertrauen, für Zärtlichkeit und Liebe, für „sich fallen lassen", „sich lieben lassen" und für „sich selbst annehmen" nicht geeignet. Das ist aber das Leben! Das Provisorium kann all das nicht, es kann nicht nach dem Leben greifen, dieses Provisorium, denn es wurde benötigt und aufgebaut, um sich vor dem Leben zu schützen.

Aber nun will er das Leben leben und Gefühle ertragen und zulassen. Dazu muss er seine Kinderseele öffnen. Und ihm wird klar, dass er das nicht wird durchhalten können. Er wird nicht nach dem Leben greifen können. Nur wenn es jemandem gelingt, die Kinderseele zu befreien und ihre Wunden sanft zu kühlen, bis sie sich langsam schließen und der Schmerz nachlässt, dann wäre Leben möglich. Das aber wird kein anderer Mensch leisten können, denn er würde sein eigenes Leben dafür aufgeben müssen.

Nun aber war er erwachsen und er hatte das meiste gelebt, ohne je gelebt zu haben. Es war zum Verzweifeln. Verzweifelt zu sein war ihm ein bekanntes Gefühl. Eigentlich hatte er keine Zeit mehr, zu warten mit dem Leben, aber das, was er als Leben seither führte, gab weiterhin den Takt vor. Äußerlich wie innerlich. Er kam nicht raus aus seiner Haut, unter der schon die Täter waren, er hatte nie gelernt, auf Menschen zuzugehen oder Beziehungen aufzubauen.

Mit unglaublicher Gewalt kam in ihm das Gefühl auf, er müsse nun einen Menschen finden – wenn nicht jetzt, dann wohl nie mehr. Er kann aber auf niemanden zugehen, hat diese Angst vor der Verletzung. Vor allem die Angst, verletzt zu werden, ist die treibende Kraft für sein Handeln. Schützt er sich nicht und erfährt eine Verletzung, indem er sie spürt, diese Verletzung – was nicht heißen muss, dass ihn jemand wirklich verletzt hat –, dann weiß er, es kann das letzte Mal sein, dass er diesen Schmerz ertragen kann.

Er ringt also tatsächlich mit seinem Leben.

Dieses ständige Gefühl des inneren Verletztseins ließ sich nicht auf Dauer ertragen, auch nicht das ständige Gefühl, nicht zu leben, nie gelebt zu haben und nun selbst mit größter Anstrengung auch nicht mehr in der Lage zu sein, das Leben zu finden. Er suchte doch das Leben in sich und durch andere Menschen. Menschen aber hatten ihn zerstört.

Er hatte schmerzlich begriffen, dass das, was Leben bedeutete, für ihn nicht mehr erreichbar war. Er war zu still geworden, zu ängstlich, zu allein, zu aufmerksam in jeder Situation, war immer gewillt, freundlich und zurückhaltend zu reagieren. Seine Beobachtung zeigte, dass andere das Leben packten, keine Situation ausließen, um sich zu profilieren, sich dafür auch der Lüge bedienten oder aber auch der Gewalt. Wobei Gewalt nicht Zuschlagen heißen muss. So also sieht Leben leben aus, wenn man es denn leben will.

Er hatte sich aufgemacht, das Leben zu finden, als das letzte Drittel begann. Nun fehlte die Zeit, und er schien auf Grund seiner Ungeübtheit auch den letzten Teil seines Lebens nicht leben zu können. Aber was konnte er tun? Wieder der Fluchtgedanke in den Tod. Dieser Gedanke war Zeit seines Lebens ein Gedanke, der ihm beim Überleben hilft. „Wenn es nicht mehr zu ertragen ist, kannst du dir das Leben nehmen“. Dieser Gedanke hat ihm so oft Kraft gegeben. Nun war dieser Gedanke kein Seelentröster, kein Beschützer mehr. Denn er suchte das Leben!

Aber er hatte immer noch Hoffnung zu leben und zu erleben. Er konnte sich nicht so recht damit anfreunden, sich auf die Schienen zu legen oder sich zu erhängen. Letztlich würde nichts daran vorbeiführen und ihm war der Gedanke manchmal schon so nahe, dass er das Gefühl bekam, wenn auch nur für Sekunden: „Okay, ich bin so weit". Und tatsächlich! Ganz kurz war er dann frei. Meist weniger als eine Sekunde, aber spürbar: frei!

Es folgten darauf aber immer ganz irdische Gedanken wie: „Was ist noch zu erledigen, was muss noch aufgeräumt, was noch geklärt werden", und während seine Gedanken so in der Realität verhaftet blieben, kam dann auch wieder der Gedanke an den Schmerz bei der Umsetzung und die Gedanken an das, was er vielleicht doch noch leben könnte. Dann suchten die Gedanken wieder nach einer anderen Lösung, wieder wird die eigene Situation, werden die Verletzungen, das Nicht-gelebt-Haben, das Zurückgesetzt-Fühlen, kurz überdacht und dann überlegt, was es noch für Möglichkeiten gäbe.

Er hatte vor längerem schon eine Therapie begonnen. Das war gut. Manchmal! Eigentlich war es immer gut, zu sprechen und danach war es auch besser, aber am Leben teilhaben konnte er dennoch nicht. Er stand viel zu weit im Aus. Mit der Therapie konnte er lernen, sich anders zu verhalten, zu erkennen, wann er sich warum verletzt und zurückgesetzt fühlte. Er lernte sich selbst kennen, lernte, welche seelischen Verstümmelungen er hatte und woher sie kamen. Es veränderte etwas sein Verständnis für sich, es gab ihm die Möglichkeit, die Verbrecher in und an seiner Kindheit zu erkennen. Umso besser er es erkennen konnte, desto unwahrscheinlicher schien es ihm, sich noch zu einem Menschen entwickeln zu können, der am Leben teilhaben könne. Umso besser er sich erkennen konnte, desto größer wurde die Traurigkeit.

Eine weitere Möglichkeit scheint, sich nicht „das Leben nehmen", sondern sich „das Leben zu nehmen" im Sinne von „es an sich reißen". Mit Gewalt sozusagen. Und endlich einmal nicht gegen sich gerichtet, sondern gegen alle anderen. Denn dass man mit Gewalt schon das Eine oder Andere erreicht, wird deutlich, wenn man jahrelang still beobachtend durch diese Gesellschaft irrt.

Erfolgreich sind die Rücksichtslosen, die Aufschneider, die Proleten, die Angeber, die Alleswisser, die Starken, die keinen Hehl daraus machen, Gewalt als ein Mittel zu sehen. Sie wissen, dass das Leben jetzt, genau in diesem Moment, stattfindet und suchen unbeirrt und aktiv ihre Möglichkeit, es zu nutzten. Die Wahl der Mittel scheint nicht so wichtig. Er kann da nicht mithalten. Aber der Gedanke, er könne jede Sensibilität ablegen und mit Arroganz und Selbstgefälligkeit, mit Ignoranz anderen gegenüber das Ziel erreichen, Leben zu leben, ja, dieser Gedanke war reizvoll. Er würde sozusagen zum Täter werden.

So jedenfalls fühlte es sich für ihn an, wenn er darüber nachdachte, er könne mehr für sich und seine Interessen einstehen oder gar kämpfen. Er müsste dann in erster Linie seine Wünsche, seine Vorstellungen, seine Bedürfnisse, seine Triebe als oberste Motivation für sein Handeln ansehen und dann danach handeln.

Das scheint für viele Menschen nichts Ungewöhnliches, so kommt wohl Erfolg zustande, er aber fühlt sich schon bei dem Gedanken wie ein Täter. Es ist ihm schon deswegen nicht möglich, sich in diese Richtung zu ändern. Dazu kommt, dass er Menschen, die er mag, lieber nicht mit seiner Person belästigt, denn Menschen, die er mag, haben gute, gesunde und starke Freunde verdient.

Tagebucheintrag zu gestern, Dienstag 14.10.1986

Pralles Leben! – Ein Tag wie hundert andere.

Bis ein Uhr morgens saß ich da, wieder mal, mit meinen Gedanken an die Vergangenheit, mit meiner Vergangenheit. Um zwei lag ich im Bett, um sechs stand ich auf, um acht war ich am Arbeitsplatz.

—— *Ein normaler Tag beginnt, nun muss ich funktionieren, muss mich spätestens jetzt befreien von meinen Gedanken, zwinge mich in das Hier und Jetzt und fühle mich wie jeden Morgen – als hätte ich einen Zeitsprung gemacht aus der Zeit, die mir keine Ruhe lässt, die immer präsent ist, in den Arbeitstag, den ich nicht bewältigen kann, denn noch bin ich nicht angelangt in dem Leben, das ich lebe, sondern befinde mich immer noch in den Tagen der Misshandlungen.* ——-

Der Abend war wie jeder andere. Was soll ich sagen? Einsam und betäubend. Die Einsamkeit und das „Sich-Betäuben" sind die Bindeglieder zwischen meinem Leben jetzt und der Vergangenheit.

Kein belebender, anregender Austausch, niemanden kennengelernt, alte Rituale, bestehend aus saufen und sich möglichst unauffällig verhalten. Stunden am Tresen gesessen, Leute beobachtet. Ich kenne sie jetzt! Nicht meine Welt. Warum sie wohl trinken? Die Bedienung gab sich in den Gesprächsversuchen große Mühe und strahlte etwas Sympathisches aus. Warum muss ich immer gleich so tiefsinnig werden. Hinten am Tisch saß ein Ehepaar, beide nicht nüchtern, Stammgäste. Sie Südländerin, schrilles Lachen, er etwas ungepflegt, aber mit sich scheinbar zufrieden. Ein Ehepaar, ein Paar werden sie wohl nie. Wie kommt sie aus dem sonnigen Süden in diese Kaschemme?

Die blonde Frau an der Theke ist ruhiger, sie trinkt Limonade, versucht sich hin und wieder in Gespräche einzuklinken. Sie versucht mütterlich zu wirken und fraulich, beides gelingt ihr nicht. Es sitzen noch vereinzelt Gäste in der Wirtschaft. Sie scheinen sich nicht zu kennen und doch sind sie sich nicht fremd. Unpassende Witze, politische Statements, die Stimmung steigt, die Promille auch. Ich sitze dazwischen drei Stunden rum. Ich konzentriere mich auf Einzelne. Der Herr dort in der Ecke sieht schlecht aus – krank –, auch ein Trinker. Zweifelsohne. Versucht mit dem gesprochenen Wort zu beeindrucken. Versucht, sein sehr unbekümmertes Lachen gewinnbringend einzusetzen. Das eingefallene bleiche Gesicht passt nicht zu diesem Lachen. Die junge Frau, die gerade hereinkam, sitzt nun bei ihm. Sie passt nicht zu ihm. Sie würde viel mehr zu mir passen. Ich möchte reden. Tiefsinnige, schwere, traurige Gespräche, alles möchte ich erzählen und natürlich alles hören, zuhören, aufmerksam sein und Ratschläge geben. Ich sitze stumm da und trinke. Fünf Stunden an der Theke. An dem Tisch mir gegenüber haben sich zwei gefunden. Der Alkohol hat sie zusammengeführt. Was für ein lächerlicher, was für ein bedauernswerter Versuch, Glück zu finden. Es wird für beide eine „arme" Nacht, sie werden mehr erwarten, weniger bekommen und irgendwann noch etwas einsamer dastehen. Nichts dazugelernt – wie gerne würde ich mit ihnen tauschen. Ich möchte reden. Tiefsinnige, schwere, traurige Gespräche. Alles möchte ich erzählen und natürlich alles hören, zuhören, aufmerksam sein und Ratschläge geben. Ich sitze stumm da und trinke.

Irgendein Betrunkener fühlt sich aus sozialer Verantwortung berufen, mich in ein Gespräch einzubinden. „Was meinst du?" höre ich, als säßen wir 50 Meter auseinander. Muss mich von meinen Gedanken verabschieden, um irgendetwas Dummes zu irgendetwas, von dem ich nichts weiß, zu sagen. Gelingt mir gerade so!! Etwas peinlich aber egal! Zurück in meinen Kopf!

—— Aber warum? Warum fliehe ich in meine Gedanken, die mich hindern, mich quälen? Warum immer wieder zurück in die Vergangenheit? Gibt mir meine missbrauchte Kindheit nun eine Sicherheit, die ich in der Gegenwart nicht finde? Warum? ——-

Der Mann neben mir unterhält alle! Billige Witze aneinandergereiht, einer nach dem anderen. Dankbare Abnehmer in den besoffenen Gaststättenbesuchern. Ich kann nicht lachen. Zu nüchtern, am falschen Platz. Das Gefühl, am falschen Platz zu sein, habe ich immer. Schalte ab, bin allein mit meiner Vergangenheit. Hoffentlich stört nicht gleich wieder jemand. Die blonde Frau kommt, nimmt mich auffällig viel in den Arm. Lasse es zu, damit die anderen endlich sehen können, wie mütterlich sie ist, obwohl ich die Nähe nicht vertragen kann. Keine Nähe kann ich vertragen. Sie kümmert sich mit Hingabe um „das schwarze Schaf", den Stillen, den Unglücklichen, der in dieser Kneipe die Ausnahme scheint.

Nun ist es spät. Die blonde Frau fragt, was ich heute noch machen wolle. Ich habe die Schnauze voll. Ich weiß, was kommt. Ich kann nicht nein sagen.

——- *Ich konnte nie Nein sagen! Warum habe ich mich nicht gewehrt, nie gewehrt? Warum bin ich so? Weshalb konnten sie tun, was sie taten? Szenen von damals blitzen durch meinen Kopf. Nun wehre ich mich in meinen Gedanken. Jahrzehnte später, Jahrzehnte zu spät. Alle Muskeln sind angespannt, fast verkrampft bei dem Gedanken, wie ich mich wehre. Aber ich habe es nicht getan, ich habe mich nicht gewehrt. Ich hasse mich. Schämen würde ich mich, hätte ich getan, was sie getan. Aber ich schäme mich für das, was ich heute bin, was sie aus mir gemacht haben ——-.*

Die Frau tut mir leid. Jetzt sage ich schroff: „Ich gehe nach Hause, und zwar allein“. Ja. Ich hasse mich. Glasige Augen, die nach Verständnis ringen, glotzen mich an! Im Anflug tiefer Menschlichkeit will sie mir erklären, wie wichtig ich ihr sei. Gerade ich. Ich hatte es geahnt.

—— *Nein, ich war nie jemandem wichtig. Die, welche das behaupteten, haben mich benutzt, um sich zu erleichtern. Ich war nicht wichtig, ich bin nicht wichtig. Ich war ein Gegenstand, den man benutzt hat. Ausgenutzt und dreckig hat man mich zurückgelassen. ——*

Ich werde aggressiv und laut. Keiner weiß um diese Mechanismen in meinem Kopf. „Nein! Lass mich in Ruhe. Ich habe das Geschwätz den ganzen Abend ausgehalten!“ Betretenes Schweigen!! Die Frau meint: „Ach so, du hast mich nur ausgehalten.“ Nein, das meinte ich nicht so!

——*Ich will nicht kränken, jeder soll seine Würde behalten. Warum bin ich so? ——*

Der Wirt springt ein, hat Verständnis für mich. „Jeder hat mal einen schlechten Tag“. Andere stimmen zu. Der Punkt geht an den Wirt, die blonde Frau schaut in anhimmelnd an. So viel Verständnis lässt sie dahin schmelzen.

Ich habe jeden Tag einen schlechten Tag. Ich schwanke nach Hause. Wieder ein Tag pralles Leben endlich vorbei. Endlich wieder einsam. Nicht immer schwanke ich allein nach Hause – aber immer einsam.

„Wer hat das aus mir gemacht?“, denke ich bei mir, und bevor ich mir eine Antwort geben kann, stellen sich mir weitere Fragen: „Was habt ihr aus mir gemacht? Warum habt ihr das getan? Werde ich jemals richtig leben können? Oder sollte ich den Versuch unterlassen?“

Kein Zurück für Niemanden

Die Täter öffneten eine Tür und mussten wissen, wohin der Weg sie führt. Sie wussten, dass sich die Tür hinter ihnen schließt und es kein Zurück mehr geben würde. Eine Umkehr war nicht mehr möglich. Hinter mir schlossen sich auch die Türen, für immer. Auch ich konnte nicht mehr zurück, aber ich hatte auch keinen Weg mehr, den ich hätte beschreiten können. Ich stehe noch heute hinter den Türen, die ich nicht mehr öffnen kann und hinter denen ich das Leben vermute.

Erzählen fühlt sich so an

Stell dir vor, du hast ein Hemd an, du greifst mit beiden Händen an die Knopfleiste und reißt mit einem Mal das Hemd von oben bis unten auf! Das habe ich getan, indem ich erzählt habe. Bloß hatte ich kein Hemd an! Ich habe mir sozusagen den Brustkorb aufgerissen, um euch die darin wohnenden verkümmerten Reste meiner menschlichen Seele zu zeigen. Manche schauen mit einem warmen, fast heilenden Blick auf das, was sie da sehen, und wenden sich nicht ab. Sie nehmen mich an als den, der ich sein will oder bin – als einen Menschen, den man ernst nimmt. Welch' wunderbares einzigartiges und noch nie erlebtes Gefühl.

Manchmal aber ist es auch so: Stell dir vor, du hast ein Hemd an, du greifst mit beiden Händen an die Knopfleiste und reißt mit einem Mal das Hemd von oben bis unten auf! Das habe ich getan, indem ich erzählt habe. Bloß hatte ich kein Hemd an! Ich habe mir sozusagen den Brustkorb aufgerissen, um euch die darin wohnenden verkümmerten Reste meiner menschlichen Seele zu zeigen. Und es gibt Menschen, die schauen mit einem kalt-berechnenden scharfen Blick auf das, was sie da sehen, ja sie glotzen unverständig auf das, was sie da erblicken, grinsen höhnisch und verstehen gar nicht. Dann habe ich mich ganz umsonst aufgerissen und damit selbst beschädigt! Welch' entsetzlich entwürdigendes und noch nie erlebtes Gefühl.

Diese Gefahr gibt es, und man entgeht ihr nur, wenn man schweigt.

Die Sicht der Dinge

Ich schaue in den Spiegel und sehe was, was du nicht siehst. Warum siehst du es nicht? Schau doch nur in den Spiegel.

Ich sehe alles. Ich sehe alles durch die Augen eines an der Seele Verletzten. Alles ist real. So ist es. Ich weiß, es ist so nicht, ich kann es aber nicht ändern, es bleibt, wie es ist, wie ich es sehe, wie ich die Dinge sehe.

Die Dinge?

Nein, mich! Wie ich mich sehe. Das genügt. Alles andere stellt sich dann automatisch in ein Verhältnis zu meiner Sicht auf mich. Ich komme schlecht weg. Nicht viel Gutes an mir. Alles andere ist besser.

Lohnt es noch? Lohnt sich was? Versuchen, die Sicht auf die eigene Person positiv zu verändern. Wie sollte ich das tun? Es ist so klar, so deutlich, so eindeutig. Bin nichts wert.

Abwarten. Wie die letzten Jahrzehnte. Wie habe ich die nur rumgekriegt? „Rumgekriegt"! Da steckt das Wort „Krieg" drin! Ja, ein dauernder Krieg mit mir.

Warum?

Man hat mich als Kind entwurzelt und dann gesagt: „Geh hinaus in die Welt, Fuß fassen!"

Ohne Wurzeln!? Ihr Verbrecher! Obwohl! War ja nur mein Leben. Unwichtig. Wird nicht so schlimm gewesen sein, was sie taten. Es waren anerkannte, gute Menschen, wichtig und erfolgreich. Mit mir hätten sie sich gar nicht abzugeben brauchen! Sie taten es aber – und dann taten sie es. Nun stehe ich da, seit vielen Jahrzehnten. Warte, verharre, schaue und tue nichts.

Doch natürlich tue ich was, und wie! Ich arbeite schwer an mir. Es verbraucht all meine Energie. Es führt zu nichts! Es verbraucht meine Energie, die ich so gerne hätte für soziale Kontakte, für Leben und für Freude. Es führt zu nichts, weil ich aus meiner Situation, die so ist, wie sie ist, immer nur so und nicht anders handeln kann. Immer nur vor dem Hintergrund, dass ich mich selbst nicht mag, ja hasse, und dennoch einen Weg finden möchte zu einem freundlicheren Selbstverständnis.

Oft – ja ich glaube, oft – habe ich schon den richtigen Weg gefunden. Zum Ziel führte er nicht, denn auf dem Weg dorthin, da stehe ich und lasse mich nicht vorbei. Ich stehe mir im Weg. Typisch! Aber eben nicht nur typisch für mich, sondern typisch für viele Malträtierten.

Nun habe ich mich fertig rasiert. Werde heute in keinen Spiegel mehr schauen. Ich habe gesehen, was keiner sieht, habe gesehen, was ich nicht sehen will. Mache mich auf den Weg zur Arbeit.

Ob sie auch heute wieder nicht sehen, was ich im Spiegel sah? Hoffentlich. Sonst ist es aus. Mein ungewolltes Spiel mit euch allen, mein Spiel mit euch: „Ich sehe was, was ihr nicht seht."

Die innere Unruhe

Die innere Unruhe ist immer da. Sie ist eine Zerrissenheit. Die Zerrissenheit besteht aus meinen Wünschen an mich und meine Umwelt und den daraus gleichzeitig entstehenden Ängsten und Befürchtungen. Jeder Wunsch trägt für mich eine gleich große Befürchtung oder Angst in sich. Jeder Wunsch, sei er auch noch so unbedeutend, könnte falsch sein, lächerlich und unangemessen. Er muss – wenn – dann heimlich verfolgt werden. Durch mein Trauma bin ich besonders feinfühlig und empfänglich für Reize und Signale aus meiner Umwelt und für innere Reize wie Erinnerungen, Gedanken, Vorstellungen, Emotionen, die alle ausgerichtet sind auf das Erkennen von Gefahr. Das zieht unablässlich Stress nach sich, was sich in Angst, Panikattacken und Depression niederschlägt. Alle „äußeren" Prozesse wirken also direkt auf die innere Zerrissenheit. Sie sind sozusagen die Nahrung der inneren Unruhe.

Manchmal scheint es mir, als sei das Schlimmste meines Traumas, nicht das zu sein, was ich erlebte, sondern dass ich so lange keine Worte mehr fand, dass es mir verboten war, direkt oder indirekt mich mitzuteilen. Damit war ein „In-sich-Kehren" unvermeidlich. Auch deswegen bringt nichts so viel Einsamkeit mit sich wie ein Trauma, das den Bindungsverlust in sich trägt. Traumata durch bindungsnahe Personen verursachen chronisch innere Unruhe und führen zu großer Verzweiflung. Oft fühle ich: Es ist nicht vorbei, es ist noch da, und es tut etwas. Aber fühle ich richtig? Das weiß ich nicht. Mich nun noch mit Menschen zu umgeben, ist sehr schwer: Sie könnten verletzen, also ziehe ich mich weiter zurück.

Dynamik

Ich wurde behandelt wie Dreck und nun fühle ich mich wie Dreck. Das muss doch falsch sein! Sagt der Verstand. Aber ich fühle es doch! Es ist also wahr, denn wenn ich es fühle, ist es da! Im Laufe meines Lebens werde ich – bewusst und unbewusst – Aktivitäten und Situationen vermeiden, die in irgendeiner Form an das Trauma erinnern. Was eine Erinnerung hervorruft, weiß ich nicht. Erst wenn es soweit ist, werde ich es wissen. „In eine solche Situation begibst du dich niemals wieder“, wird meine Reaktion sein. Dies geht mit einer erheblichen Einschränkung der Lebensqualität einher, denn die zu vermeidenden Situationen werden quantitativ immer umfangreicher, was zwangsläufig einen ausgeprägten sozialen Rückzug zur Folge hat.

Eigentlich will ich mich aber nicht zurückziehen, und ich will mich auch nicht wie Dreck fühlen. Ich muss Strategien entwickeln, die mich weniger fühlen lassen, denn wenn ich fühle, fühle ich falsch. Oder fühle ich nicht falsch? „Ich bin falsch und ich mache falsch“, ist aber die Erkenntnis, die aus den Taten an mir erwuchs. Ich weiß es! Ich kann das fühlen, seit Kindertagen. Aber ich muss, ich möchte bestehen. Ich möchte teilhaben. Auch ist es mein Ziel, genießen zu können. Das Leben zu genießen, dort wo es möglich ist. Dort wo es nicht möglich ist, das Leben zu genießen, muss ich in der Lage sein, mit diesen Begebenheiten umzugehen und nicht sofort alles in Frage zu stellen. Um möglichst teilhaben zu können, sollten meine Mitmenschen nichts um meine inneren Vorgänge wissen. Ich bin falsch und mache falsch, das ist mein Geheimnis. Eines, das ich in jeder Situation versuche zu verheimlichen. Und in jeder Situation wird sich dann die Frage stellen: „Ist mir jetzt gelungen zu verheimlichen?“ Da ich unsicher bin, kann ich diese Frage für jede erdenkliche Situation aber gar nicht beantworten. Ich werde noch unsicherer, denn ich weiß nicht, ob man nun weiß. Vom Aufstehen bis zum Ins-Bett-Gehen, Geheimnis hüten, unsicher sein, Angst haben, erkannt zu werden, wie man ist.

Sobald ich etwas Schönes erlebe, kann das eigentlich nicht wahr sein. Es ist mit Sicherheit der Anfang von etwas Schrecklichem, das in der Folge dann irgendwann auf mich zukommt. Ich „weiß“ also gleich, wenn ein Wohlfühlgefühl entsteht, dass es falsch ist. Ich nehme es als etwas Falsches an und versuche, mich davor zu schützen. Das Trauma hat nicht nur das Vertrauen in mich selbst und in Menschen zerstört.

Ich habe also über die Jahre gelernt, mich zu schützen und zu spät gemerkt, dass daraus eine soziale Phobie wurde. Ich habe an meine Umwelt eine Erwartungshaltung. Die halte ich geheim, denn es ist ein Wunsch und meine Wünsche sind falsch, lächerlich und unangemessen. So werden meine Erwartungen meistens enttäuscht, denn meine Umwelt weiß nichts Genaues über meine Erwartungen. Ich werde also oft enttäuscht, aber das habe ich ja vorher schon gewusst. Es liegt an mir, ich bin, wie ich bin.

Ich wage mich aus meinem Schutz heraus und gehe auf Menschen zu. Das Aufbrechen der Isolation, indem ich mich herauswage und auf Menschen zugehe und neue Situationen annehme, lässt mich andauernd große potenzielle Gefahren spüren. Ich lebe dann mit sehr hohem Stresspegel. Ich spüre, dass es mir nur sehr unzureichend möglich ist, unverkrampft mit Menschen umzugehen. Diese Eigenwahrnehmung birgt ein weiteres bekanntes Problem: Ich erkenne, dass ich schlechter bin als andere. Denn andere haben diese Probleme ja nicht. Dem allen kann ich nur aus dem Wege gehen, wenn ich mich zurückziehe, wenn ich mich isoliere.

Beziehung, Kontakte

Wenn ich ernsthaft mit Gefühl und Verstand spüren kann, dass mir jemand Gutes will, mich jemand gar mag, dann werde ich diesen Menschen verehren, woraus dann sehr schnell der Wunsch nach ständiger Nähe entsteht. Dieser Wunsch bleibt dann aber meist unerfüllt. Und das fühlt sich an wie eine große Verletzung. Ein Zurückgewiesen-Werden. Bleibt aber der Wunsch nicht unerfüllt, werden die Nähe und die dauerhafte Präsenz eines anderen Menschen zum Problem, denn mein Schutz, der im Rückzug liegt, scheint durchgehend gefährdet.

Somit müssten mir Menschen ein absolut sicheres, für mich annehmbares Bindungsangebot machen. Man muss Grenzen finden, hinter die vor allem ich mich zurückziehen kann! Beziehung aufzubauen und/oder zu halten ist daher sehr schwierig, denn ich kann es eigentlich nicht und wenn, bin ich viel zu sehr auf das Verständnis des anderen Menschen angewiesen. Es überfordert mich, auf Menschen zuzugehen, es überfordert die Menschen, mit mir umzugehen. Eine Beziehung wird daher wohl Wunsch bleiben. Sie wäre, wenn gewünscht, so wichtig. Nun kann ich noch versuchen, Bindung zu Menschen aufzubauen. Das erfordert Kontakt zu anderen Menschen, der mir schwer fällt, der aber zwingend notwendig ist. Solche meist etwas oberflächlicheren Verbindungen sind wichtiger Bestandteil des Lebens. Kontakt zu anderen Menschen verbessert die Möglichkeiten, dem Leben positiver gegenüberzustehen.

Das erfordert aber vor allem Vertrauen, keine Scheu vor Unbekanntem und ein „Aufeinanderzugehen“. Man löst sich von seinen Verhaltensweisen, tritt heraus aus seiner Verschlossenheit, erfährt Empathie, fühlt sich aber unglaublich verletzlich. Denn viele Dinge wie Mimik, Gestik, Aussagen, Verhaltensweisen, Blicke, Berührungen, Nähe, Distanz müssen von mir bewertet und eingeordnet werden. Aber ich bin unsicher, kann die Gefahr nicht außer Acht lassen – auch wenn es sie vielleicht nicht gibt, aber eben geben könnte. Das alles ist schwer zu ertragen! Dabei ist „nichts passiert“. Es ist nichts passiert und ich kann es nicht ertragen!

Entstehende Gefühle müssen überprüft werden. Die Unsicherheit wird größer, Verletzungen werden spürbar, die mit dem Jahrzehnte zurückliegenden Trauma zu tun haben, aber nicht mit der gegebenen Situation zusammenhängen. Das muss ich aber erkennen und oft ist mir das nicht möglich. Die innere Unruhe steigt steil an. Alles das muss immer und immer wieder bekämpft werden.

Wenn ich das alles durchhalte, wird es irgendwann aber wieder eine Person geben, bei der der Wunsch nach ständiger Nähe entsteht. Jegliche Abwehr wird aufgegeben, ich suche die Zuneigung und brauche sie. Wahrscheinlich mehr, als man sie mir geben kann oder geben wird. Jetzt fühlt sich das – was man mir geben kann – als Zurückweisung an. Es trifft mich mit ungeheurer Macht! Ich überprüfe andauernd, ob die Zuneigung tatsächlich vorhanden ist und ob sie spürbar ist. Aber ich bin unsicher.

Manchmal wird Zuneigung nicht so gezeigt, nicht immer kann man Zuneigung verbalisieren. Dann fehlt sie mir. Sie ist nicht spürbar, also nicht da. Ich wurde zurückgewiesen, das ist nun mein Gefühl. Dabei ist das gar nicht passiert. Ich bin bloß nicht in der Lage, richtig zu deuten. Die Gefahr, seelisch verletzt zu werden, ist jetzt sehr groß, denn die Art der Zuneigung, die ich zu jedem Zeitpunkt uneingeschränkt fühlen kann, die mich nicht verletzt, wird es nicht geben können. Der Wunsch, sich zu schützen wird übermächtig. Was folgt, ist der Rückzug. Wie oft fühlte ich mich verletzt von Menschen, die mir eigentlich gute Freunde waren. Ich stieß sie vor den Kopf und zog mich zurück. Wie froh war ich, dieser inneren Dynamik entkommen zu sein, wie traurig bin ich, Menschen wie diese „verpasst" zu haben.

Sicherheit und Kontrolle – Sicherheit durch Kontrolle

Sich selbst das Gefühl einer gewissen Sicherheit zu geben, ist ein zentrales Bestreben in meinem Leben. Diese Sicherheit scheint das Einzige, an dem ich aktiv und erfolgreich bauen kann. Umso weniger Verletzungen ich erfahre, umso größer das Gefühl, erfolgreich gehandelt zu haben. Mit der Zeit verbaut man sich alles, man baut sich zu, man verbaut sich das Leben.

Aber ich habe die Gefahr, verletzt zu werden, minimiert. Jahrelang immer akribischer, immer genauer, immer vorsichtiger. Um Sicherheit aufzubauen, habe ich zunehmend alle Lebensbereiche einer genauen Kontrolle unterzogen. Dort, wo ich meine Sicherheitsvorkehrungen nicht kontrollieren kann – dort also, wo Situationen und Menschen für mich nicht berechenbar sind –, dort fühle ich mich dermaßen unwohl, dass ich mich entziehe oder zurückziehe. Aber auch die mir am empathischsten gegenüberstehenden Menschen sind eben nicht berechenbar und wollen das weder sein noch werden. Wenn ich Beziehung oder Bindungen einer Berechenbarkeit unterwerfe, dann tue ich Menschen unrecht. Ich kann nur zulassen, was sicher, verlässlich, bekannt und beherrschbar ist, aber das heißt nichts anderes, als das ich nur zulasse, worüber ich bestimmen kann! Das ist aber Gewalt! In jeder Beziehung und Bekanntschaft liegt etwas Unsicheres, Unbekanntes und Fremdes. Ich kann es nicht ertragen, ich würde es so gern ertragen können. Es tut mir bei manchem Menschen, der sich um mich bemüht hat, unheimlich leid. Leider gibt mir nur Sicherheit, was für mich im Vorfeld berechenbar ist.

Gerade hier gilt im Besonderen: Ich weiß, ich fühle falsch, ich weiß, ich handele falsch, ich weiß, ich kann mir nicht vertrauen, weil ich Gefahr viel zu früh vermute. Ich kann meinem daraus erwachsenden Stressgefühl nicht trauen. Ich muss aus dieser Situation heraus. Ich kann nur fliehen, mich zurückziehen, um die innere Unruhe zu minimieren. Oft verlor ich dabei gute Menschen.

Diese Kontrolle – entstanden aus meinem Trauma – wird das Leben zusätzlich einengen. Die Kontrollsysteme, die Sicherheit geben sollen, umfassen alle Lebensbereiche und beschneiden sie jeder Lebensvitalität – ein weiterer ungewollter Weg in die Isolation. Auch hier der unvermeidbare Rückzug.

Über Opfer und Helfer

Opfern sexualisierter Gewalt fehlt oft etwas ganz wesentliches. Das Urvertrauen in sich. Aus diesem heraus entwickelt sich Selbstvertrauen und persönliche Stärke. Dort also, wo ein unbeschwertes Kindheitserleben gänzlich fehlt, nie stattfand, dort fehlt dieses Urvertrauen. Es wird nur im geringen Maße möglich sein, Selbstvertrauen aufzubauen. Suchtverhalten, sozialer Rückzug, fehlendes Vertrauen in sich und Andere, Ängste, Bindungsängste, Isolation und viele Abwehrverhalten werden das tägliche Leben bestimmen.

Für diese Menschen ist in allen erdenklichen Situationen Verlässlichkeit wichtig. Sie können nicht vertrauen, sie haben kein Vertrauen! Die Verlässlichkeit von Menschen, mit denen sie sich umgeben, ist daher von absoluter Wichtigkeit. Diese von außen entgegengebrachte Verlässlichkeit ersetzt das fehlende „innere Vertrauen" in sich und die Welt.

Umgibt sich der geschädigte Mensch mit Personen, denen innere Stärke und Gleichgewicht fehlen, wirkt das direkt und negativ auf ihn. Er wird nur schwerlich in der Lage sein zu erkennen, bei welcher Person wo Differenzen zwischen dem Gesagtem, Getanen und/oder Gelebten bestehen. Er spürt aber diese Unstimmigkeit, fühlt sich dadurch in seinem Misstrauen bestätigt, denn irgendetwas stimmt nicht, bezieht aber gleichzeitig die für ihn angespannte zwischenmenschliche Beziehung auf seine soziale Unfähigkeit. Es werden also genau die Dinge bedient, die dem Betroffenen bekannt (und daher vertraut) sind.

Der Betroffene wird durch Menschen mit fehlender Verlässlichkeit in sich bestätigt! „Du musst misstrauisch sein, du darfst nicht vertrauen, du bist falsch“, weil dir zwischenmenschlicher Kontakt so schwer fällt.

Es ist also tatsächlich nicht so wichtig, große Empathie zu zeigen, sondern den Menschen, die sexualisierte Gewalt in ihrer Kindheit erlebten, mit einer offenen, gradlinigen, integren Persönlichkeit zu begegnen.

Verlässlich und vertrauenswürdig müssen alle Zufluchts- und Beratungsmöglichkeiten für Opfer sexualisierter Gewalt sein und sie sollten auch nur von und mit solchen integren, verlässlichen und vertrauenswürdigen Menschen geführt werden. Sie müssen integer sein. Das ist absolut wichtig.

Es gehört tatsächlich einiges dazu, sich Menschen helfend zu nähern, die ein solches Trauma in sich tragen. Es ist kein Anspruch des Geschädigten, es ist eine Voraussetzung für den Helfenden. Er muss eine starke, gradlinige, integre Persönlichkeit haben.

Von Krummen und Schiefen

Viele von uns tragen durch ihre Biographie eine vergleichbare Last. Eine Last, die uns von verschiedenen Menschen aufgebürdet wurde und an der jeder zu tragen hat. Der Eine tut sich schwer, diese seine Last zu bewegen, andere haben eine Art gefunden, ihre Last so zu verschnüren und mit sich zu nehmen, dass ihnen das Tragen scheinbar nicht so schwer fällt. Nachdem die Taten sich glichen, glichen sich anfangs auch die Folgen für die nun Gebrandmarkten.

Doch mit jedem Schritt, den wir mit unserer jeweils eigenen Last taten, mit jedem Schritt und der Art, diese Bürde zu tragen, formt sich jeder Einzelne von uns auf ganz eigenen Art.

Dem Einen scheint es nach 40 Jahren immer noch die Luft zu nehmen, weil er nicht anders konnte, als sich seine Last um den Hals zu hängen – er lebt mit der Angst, zu ersticken. Ein anderer ist über die Jahre krumm geworden, weil er seine Last immer auf dem Kreuz trug, in dem er sich weit nach vorne beugte. Und wieder ein anderer kann nach all den Jahren nur noch in den Himmel schauen, weil er derart nach hinten gebeugt läuft, dass ihm der unverstellte Blick auf die Welt verwehrt bleibt. Er hat sich die Last vor den Bauch gebunden und musste so mit ihr durchs Leben laufen.

All diese Menschen, der Erstickende, der krumm nach vorn Gebeugte, der Himmelsschauer, der Schiefe, der Geduckte, der Kreuchende, alle haben sich zusammengefunden, um gemeinsam etwas zu bewirken.

Unser Erfolg ist es, dass wir nun gesehen werden – wir Entstellten – und es ist ein Erfolg, dass viele, die uns auf diesen Weg schickten, nun immer in Verbindung gebracht werden mit den Taten, die uns zum Tragen dieser Last gezwungen haben.

Dieser Erfolg ist großartig. Er lässt den Einen einmal kurz mehr Luft schnappen, der Andere kann sich ein wenig mehr aufrichten, wieder ein Anderer kann nun manchmal kurz die Welt erkennen, der Schiefe kann etwas gerader laufen.

Das alles gelang, weil uns bisher ein gemeinsamer Nenner in weiten Teilen geeint hat, „das Abschütteln der Last", indem wir uns zeigen und indem wir sprechen. Nun gehen unsere Wege aber wieder auseinander, denn jeder kann nur für sich alleine seine Last wirklich ablegen. Der nach vorne Gekrümmte kann nicht für den Himmelsschauer sprechen und der Schiefe nicht für den Erstickenden. Der Erstickende schon gar nicht für den Himmelsschauer und ein Kreuchender schlecht für den, der sich sitzend seine Last auf die Knie legte und sich seither nicht mehr bewegte. Man müsste also nun in einer Art zusammen vorwärtsschreiten, die größte Kompromissbereitschaft an die Belange des jeweils Anderen aufzeigt. Das scheint nicht möglich und so ist es auch nicht. Deshalb ist es nicht möglich, dass ein weiterer gemeinsamer Kampf für alle zufriedenstellend gelingt.

Was der eine tut, um sich seiner Last ein wenig zu entledigen, kann für den anderen sehr wenig hilfreich sein, vielleicht schädlich oder sogar verletzend, denn es kann ihm der Gedanke kommen: „Warum tust du das, siehst du meine Haltung nicht?" Was hilft es dem Sitzenden, nach jahrzehntelangem Hocken – also Stillstand –, wenn im gemeinsamen Kampf beschlossen wird, keine Lasten mehr auf irgendwelche Knie zu legen. Er wird dennoch sitzen bleiben. Aber er müsste endlich einmal aufstehen! Ganz anders der Himmelsschauer, er sollte sich endlich einmal setzten. So gleich unsere Geschichte zu Beginn, so verschiedenartig wurde sie durch die lange Zeit des unterschiedlichen Tragens der Last.

Wir können uns daher nur sehr schlecht wirklich zusammentun und an einem Ziel arbeiten. Der Kompromiss müsste lauten, immer nur so viel zu tun, wie es in einer bestimmten Sache dem „Schwächsten“ möglich ist mitzutragen. Davon sind wir aber weit entfernt. Der Schiefe muss seinen Weg gehen und wenn er sagt, nun trage ich meine Last einmal auf der anderen Seite, so kann er das tun, für sich. Aber er darf dies nicht als Lösung für alle deklarieren, denn der Erstickende erstickt nun unter Umständen endgültig, der Gekrümmte fällt vielleicht ganz um, der nach hinten gebeugte Himmelsschauer läuft nun auch noch schief und bleibt deshalb irgendwann einfach stehen und dem Sitzenden ist es womöglich egal, ob er wie bisher gerade sitzt oder nun schief.

Dem Schiefen ist kein Vorwurf zu machen, denn er meint es gut, und irgendwie – so weiß und denkt er – sind ja alle schief. Allerdings eben nur irgendwie. Denn wir Verbogenen, das ist kein Wunder, wollen uns nicht weiter, nicht erneut verbiegen lassen, von niemanden, auch nicht von gleichsam Verbogenen. Und wenn der Schiefe sagt, schief ist besser als gekrümmt, der Gekrümmte aber meint, gekrümmt sei immer noch besser als schief, so kann man an diesem Punkt nicht weiter zusammen kämpfen. Da ist man nicht mehr gemeinsam stark, sondern nur alleine.

Das machte es so schwierig mit uns und unserer Gemeinsamkeit.

Chronologie einer inneren Krise

Manchmal weiß ich nicht weiter. Es bricht dann alles scheinbar zusammen. Es ist nicht unerträglich, aber es belastet stark. Dann muss ich mich hinsetzen und in mich hineinhören. Warum fühlst du so, warum bist du gerade jetzt so allumfassend traurig? „Manchmal“ kann sieben Mal die Woche sein.

Jetzt muss ich die letzten Stunden und Tage Revue passieren lassen. Es war wohl eine intensive Zeit. Ich habe mich sehr mit mir und denen beschäftigt, die aus ähnlichen Gründen ähnliche Probleme haben. Das zieht mich etwas runter. Aber das allein kann es nicht gewesen sein.

Ich hatte viel zu wenig Schlaf. Das zieht mich etwas runter. Es fehlt dann schnell die innere Kraft sich aufzurichten. Ich habe seit der Kindheit zu wenig Schlaf.

Dann bin ich in Panik geraten. Wegen meiner Angst vor allem. Panik saugt alle Kraft aus mir.

Ich war also am Morgen schon kraftlos. Es fehlte dann eine innere Kraft, die, wenn sie nicht dauernd trainiert wird, ganz schnell komplett abbaut. Ohne diese innere Kraft gewinnt innerhalb von Minuten etwas anderes in mir die Oberhand.

Oft stehe ich morgens auf und diese Kraft fehlt. Seit Kindertagen fehlt sie, so oft.

Ich beginne mich zu verabscheuen! Die innere Kraft, dagegen anzugehen, ist ja nun nicht mehr da.

Und dieser Gedanke „ich bin abscheulich“ tut so gut! Das heißt, er tut nicht gut, aber er fühlt sich so richtig und so stimmig an. Das Gefühl wurde mir als Kind gegeben, es lebt seither in mir. Kommt es hoch, weil mir die innere Kraft fehlt, ist es so einfach – ja, fast erlösend –, dieses Gefühl anzunehmen. „Ich bin abscheulich“. JA, natürlich! Jetzt ist alles klar!

Jetzt habe ich schon einen ziemlichen inneren Druck. Die Sicht auf alles ist nun schon eine andere, sehr negativ geprägte.

Ich gehe dennoch meinen Verpflichtungen nach. Ich schäme mich für mich, denn das Gefühl ist längst der Gewissheit gewichen: „Ich bin abscheulich“. Merken darf das möglichst keiner, mein Gefühl sagt mir aber: „Jeder weiß es, jeder sieht es“. Hatte ich eben noch das Gefühl, zumindest unauffällig auszusehen und gekleidet zu sein, finde ich mich nun entsetzlich. Wie kann man nur so rumlaufen. Der Druck wächst. Ich bin eigentlich jetzt schon in einer seelischen Ausnahmesituation.

Ich vergleiche mich mit anderen, ich komme immer schlecht weg. Ich möchte nicht mehr unter Menschen sein. Ich möchte mich zurückziehen, wo mich keiner sieht – dort, wo ich mich langsam wieder aufrichten kann. Aber ich bin unter so vielen Menschen. Ich versuche zu bestehen. Es kostet unglaublich viel Kraft. Ich bin still, halte mich überall möglichst zurück. Warum? Weil ich abscheulich bin. Und nun wird es auch deutlich! Denn ich bin anders. Alles um mich herum geht mir zu nahe und kommt mir zu nahe.

Noch viel unerträglicher erscheint es mir, der nun längst wieder lieber mit sich allein wäre, dass Menschen auf mich zukommen, mich ansprechen. Kann ich doch manchmal ein ganz guter Gesprächspartner sein, ist es mir jetzt nicht mehr möglich, denn es ist mir peinlich, so zu sein, wie ich bin. Ich schäme mich für mich. „Hoffentlich fällt es nicht so auf": Das geht mir nun dauernd durch den Kopf. Ich glaube spüren zu können, dass manche nicht so recht verstehen, dass ich heute so „anders" bin. „Der oder die hat es jetzt gemerkt", schießt es mir durch den Kopf! Wie peinlich, dass ich so bin. Das ich „Ich" bin. Ich halte den ganzen Tag durch. Den ganzen Tag aber möchte ich unerkannt bleiben oder schnell weg. Abends will ich schnell in meine eigenen vier Wände.

Aber jetzt muss der Druck ein erstes Mal raus! Ich muss weg, ich muss jetzt für mich Entscheidungen treffen, ich darf nicht auf andere hören, ich muss hier weg. Ich tue das etwas überstürzt. Leute schauen etwas verwundert, verstehen nicht. Sie wissen es jetzt, ich bin anders, nicht normal. Ich verabscheue mich und ich weiß, ich werde nie zu den „Normalen" gehören, die mir so gerne helfen würden.

Ich denke zurück und weiß, ich bin so schlecht, alles falsch gelaufen: Leute vor den Kopf gestoßen, nicht souverän gewesen. Ich bin wütend. Ich schäme mich, weil ich so abscheulich bin. Etwas anderes wird mir auch bewusst. Es scheint mir, als habe ich mich die ganzen Jahre ganz umsonst bemüht. Bemüht, „normal" zu sein.

Endlich allein. Es braucht Tage, bis ich mich wieder aufgerichtet habe. Soweit aufzurichten, wie es mir eben möglich ist.

Was lerne ich?

Ich wollte „normal" sein, am Leben teilnehmen, mitmachen, dazugehören. Hatte gewagt. Ich war nach kurzer Zeit überfordert, habe meine „innere Kraft" verloren, die es mir überhaupt ein wenig ermöglicht, mich in einem etwas besseren Licht zu sehen. Ich muss immer genügend innere Kraft haben, muss vermeiden, dass sie mir abhanden kommt.

Jetzt, da mir wieder deutlich ist, wie anders, schlecht und abscheulich ich bin, kann ich nicht mehr unter Menschen sein. Es fällt zumindest sehr schwer. Ich versuche, mich zu schützen, indem ich mich absondere. Sobald ich merke, dass ich mich gegen diese selbstzerstörenden Gedanken nicht mehr wehren kann, muss ich mich ganz rausnehmen.

Wird der Druck zu groß, muss ich Lösungen finden. Dabei stoße ich andere vor den Kopf. Lösungen sollte ich finden, bevor der Druck zu groß wird.

Dass ich andere vor den Kopf stoße, tut mir leid. Ich bin schlecht, ich glaube, ich sollte nicht mehr darüber sprechen.

Morgen wird es besser sein!

Gedankensplitter und Gedichte

Verändern
Ich kann es nicht mehr ändern
Kann nicht lassen den Versuch
Immer auf's Neue
Immer unverändert
Ändern wird sich's nicht
Nur der Versuch ist die Veränderung
Ich kann es nicht mehr ändern

Was dagegen spricht
Möchte lieben
Ertrag mich nicht
Möchte bei dir sein
Ertrag die Nähe nicht
Möchte einsam sein
Ertrag allein sein nicht
Möchte geliebt werden
Ertrag die Zuneigung nicht
Möchte leben
Ertrag es nicht

Leben
Leben leben
Um zu Erleben
Nur nicht das!
Nicht das Erleben
Nur noch Leben
Nichts mehr erleben

Bitte nichts mehr erleben
Nicht mehr Leben

Lebensweg
Geboren
Verlangen nach Liebe und Geborgenheit
nach Leben, Freude, und Freunden
Vertrauen gebrochen
Seele verletzt
Seele gestorben
Gebrochen, verzweifelt, allein
Isolation !
Sie half und blieb!

Die Frage
Du lebst mit deinen Erfahrungen und deinen Enttäuschungen,
Und du versuchst zu lernen und zu ertragen.
Du lebst mit deinen Träumen und deinen Sehnsüchten,
und versuchst zu verwirklichen und zu gestalten.
Du lebst mit deinen Ängsten, deiner Trauer und deiner Liebe,
und versuchst zu verstehen, zu durchleben und in Freude zu spüren.
Dann lebst du! Du lebst dein Leben.
Wenn du deine Sehnsüchte nicht akzeptieren kannst
und deinen Träumen keinen Raum lassen,
du deiner Liebe niemals sicher bist
und deine Hoffnung durch die Angst deiner Erfahrungen zerstört werden,
Dann lebst du nicht.
Was habt Ihr getan?

Schmerz

Da ist ein Schmerz
Wo fühlst du ihn?
Ich kann es nicht beschreiben
Wie spürst du ihn?
Ich kann es nicht beschreiben
Da ist ein Schmerz
Warum schmerzt es dich?
Weil es so schrecklich war
Warum tust du nichts?
Weil es so schrecklich war
Da ist ein Schmerz
Was bewirkt er denn?
Er lähmt das Ich
Wie erkennst du ihn?
Er lähmt das Ich
Da ist ein Schmerz
Kann man ihn lindern?
Ich weiß es nicht
Kannst du denn mit ihm leben?
Ich weiß es nicht
Da ist ein Schmerz
Wer hat dir das angetan?
Ich möcht‘ nichts sagen, ihr glaubt‘s mir nicht
Wo ist dir das geschehen?
Ich möcht‘ nichts sagen, ihr glaubt‘s mir nicht
Da ist ein Schmerz
Wie soll man wissen, wenn du nicht sprichst?
Ihr wisst, man wusste es
Wer sollte wissen, wenn du es niemandem erzähltest?
Hört endlich auf! Ihr wisst, man wusste es

Die Trauer um das Ich
Wenn die Trauer nicht vergeht
Weil du trauerst um das eigene Ich
Welches du hast nie gefunden
Weil man es dir nahm zu einer Zeit
Als das Ich noch gar nicht ganz entfaltet
Wenn die Trauer nicht vergeht
Die Trauer um das eigene Ich
Das du niemals fühlen durftest
Ja, dann lebst du nicht
Du trauerst nur

Wo warst du?
Durfte dich nie kennenlernen
Weiß ich heute doch um deinen Wert
Kann dich trotzdem nicht gewinnen
Zu meinem Frieden wärest der Schlüssel du
Der Schlüssel zur Zufriedenheit
Leben ohne dich heißt Leben nicht gelebt
Man hat mir dich schon früh genommen
Ohne dich ist's zu leben schwer
Ohne dich, Vertrauen, war die Zeit nichts wert.

Lebenslang
Gefangen in mir
Sehe das Leben
Vor mir
Will danach greifen
Vergeblich
Bleibe gefangen
In dem Käfig, den ihr mir bautet

Einsicht

Elend, geboren aus euren Taten
Nicht sichtbar, immer präsent
Eure Niedertracht begleitet euch bis ans Ende
Die Folgen begleiten mich zu eben dem
Nein! Nicht begleiten, sie führen mich

Schicksal

Wollt' ich dir immer nur entfliehen
Und konnte dir nicht entgehen
Denn du gingst mir voraus
So ist's, ich lief dir nach
Schenk mir Zeit
Eine Schöne
Noch

Der Weg

Der Weg, er ist so dunkel
Der Weg, den ich beschreiten muss
Ist es ein Weg? Ist es ein Tunnel gar?
Wo führt er hin? Gibt's noch ein Ziel?
Der Weg, er ist so dunkel
Der Weg, ich kann ihn nicht verlassen
Ich höre euch, ihr Guten ruft
Dreh um, nimm einen andren Weg
Der Weg, er ist so dunkel
Ein Licht! Nur kurz, wie war es schön
Wo kam es her? Ist dort das Glück?
Ein Glück, das ich nie finden werd'
Der Weg, er ist so dunkel
Ihr schicktet mich auf diesen Weg
Ihr ward am Licht, euch war's egal

Der Weg, er ist so dunkel
Lasst's nicht ein ewig' Leben geben
Der Weg ist mir zu dunkel

Kindheit

Ungeborgen
In angstvoller Kälte
Allein auf weiter Seelenflur
Öd und kahl sind Ort und Plätze
Kriechend durchs Leben nur

Hab' dich erkannt!

Ich erkenne dich, Leben
Du bist es, ich weiß
Unbeschreiblich schön
Mit der Seele soll man dich umarmen,
nicht loslassend bis zum letzten Atemzug
Die Seele hat man mir gebrochen
Hab dich erkannt, kann dich nicht halten
nun erscheint deine Schönheit grausam mir,
die doch auch war gedacht für mich

Und dann sind es doch nur Fragen

Jetzt spreche ich! Laut und endlich. Deutlich auch.
Aber hilft das?
Ist es notwendig, laut zu sein?
Wie deutlich muss ich werden?
Waren nicht alle Zeichen deutlich genug?
Stimmt es, dass ich „endlich" rede?
Aber habe ich nicht schon lange geredet?
Und über was reden?

Über das Geschehene?
Über den Hergang?
Über die Verletzung und Wirkung auf Körper und Seele?
Über den Moment der Tat und in der darauffolgenden Zeit?
Über das, was es gemacht hat mit dem Ich?
Oder über das, was es genommen hat?
Das Leben

Gelähmte Seele
Während, danach und heute noch,
schutzlos, wehrlos, schwach, gelähmt
Meine Welt hoben sie aus den Angeln,
Nun dreht sie sich nicht mehr regelmäßig

Einsamkeit der Kindheit
Mein bester Freund
Du bist bei mir,
Tag und Nacht
Wann du kamst,
ich weiß es nicht
Du gabst mir Wärme
und Geborgenheit
Hortest mir zu
Gabst mir Mut
Dir vertraute ich
All das, mein Leben lang
Niemand ist dein Name
Niemand war mein bester Freund

Liebte dich

Wusste immer um das Unbeschreibliche an dir
habe immer deinen Glanz gespürt
Wusste deine Schönheit nicht zu beschreiben
habe geglaubt an dich
Wusste von keinem anderen Glauben, als den an dich
habe gehofft auf dich
Wusste dass die Hoffnung mich an dich bindet
habe geweint um dich
Wusste, dass es vergeblich war
habe mich geschämt meiner Liebe zu dir
Wusste, dass du auch mich umarmen willst
habe mich nie von dir geliebt gefühlt
Wusste, dass du mich verschmähst
drum lass mich los, Leben, lass mich endlich los

Wozu noch NEIN sagen?

Warum hast du nicht „NEIN“ gesagt?
Zwölf Jahre alt, dünn und schwächlich ... Er steht unter der Dusche.
Herr Direktor kommt in den Duschraum.
Jetzt N-E-I-N sagen?
Herr Direktor zieht den Bademantel aus und stellt sich unter die Dusche neben den Jungen.
Jetzt N-E-I-N sagen?
Herr Direktor fängt an zu reden, über dies und das.
Jetzt N-E-I-N sagen?
Herr Direktor zeigt, ... wie man sich das Glied richtig wäscht.
Jetzt N-E-I-N sagen?
Herr Direktor entlädt sich
Aber er war doch der Direktor!
Von ihm sollte ich lernen und keiner – so sagte man – kann besser lehren.
Darauf musste sich der Junge doch verlassen! (?)

Das unerhörte, sichtbare – Nein –

Schwer war es,
schwer war es, ein wehrhaftes – **Nein** – zu formulieren
Und doch es gab das – **Nein** –
Wortlos!
Hundertfach!
Es war nicht hörbar,
das – **Nein** –
nicht ausgesprochen,
das – **Nein** –
aber es war sichtbar!
Kein – **Nein** – wäre jemals so gut zu hören gewesen,
wie dieses – **Nein** – sichtbar war.
So viele – **Nein** – waren sichtbar!
Sie haben sich darauf verlassen, dass es nicht ausgesprochen wurde.
Das unerhörte – **Nein** –

Erkenne dich

Ich erkenne dich, Leben
Du bist es, ich weiß
Unbeschreiblich schön
Mit der Seele soll man dich umschlingen,
nicht loslassend bis zum letzten Atemzug
die Seele hat man mir gebrochen
Hab dich erkannt, kann dich nicht halten
nun erscheint sie grausam mir, deine Schönheit
Die doch auch war gedacht für mich

Endlich!

Jetzt spreche ich! Laut und endlich. Deutlich auch.
Aber hilft das?
Ist es notwendig, laut zu sein?
Wie deutlich muss ich werden?
Waren nicht alle Zeichen deutlich genug?
Bleibt endlich!
Aber habe ich nicht schon lange geredet?
Und über was reden?
Über das Geschehene?
Über den Hergang?
Über die Verletzungen und Wirkungen auf Körper und Seele?
Im Moment der Tat und in den darauffolgenden Zeiten?
Über das, was es gemacht hat, mit dem Ich?
Oder über das, was es genommen hat?
Das Leben
Jetzt schweige ich.
Endlich !

Schmaler Weg

Schmaler, schnurgerader Weg
Auf dem ich gehe immerzu
Seh‘ am Horizont dich stark verengt
Fühle mich, als wär’ ich dort
Wo kein Platz scheint mehr für mich
Bin ich dort, wo jetzt der Horizont
Fühl ich wieder Enge und Beklommenheit
Die ich vor Augen habe dort im Fernen
Wäre doch genügend Platz im Hier und Jetzt
Bist du es Angst, die mich so schauen lässt?

An die Täter

Verbrechen begangen, ungesühnt
Wo liegt der Sinn,
dass Opfer die Strafe tragen?
Ihr habt geherrscht, euch war es wohl
Wann werden euch Zweifel kommen?
Unterdrückt es, euer Gewissen,
Das ist mein Rat
Sonst erlebt ihr der Opfer Qualen

Unheilvolle Wendung

geboren
geduldet
genommen
getreten
gestrandet
gestorben

Dank an die Täter

Ich danke euch
Hinterhältigkeit, Verschlagenheit und Gier
Ich danke euch
Oft und deutlich mein Gegenüber
Lernte ich, nichts wird einfacher durch euch
Und fehlt auch mir die Unfehlbarkeit
Aufrecht will ich gehen ohne euch
Nichts zu tun haben mit eurer Hässlichkeit
Dass ich mich gegen euch entschied
lässt mich aufrecht gehen
Das bringt Sinn. Ich danke euch

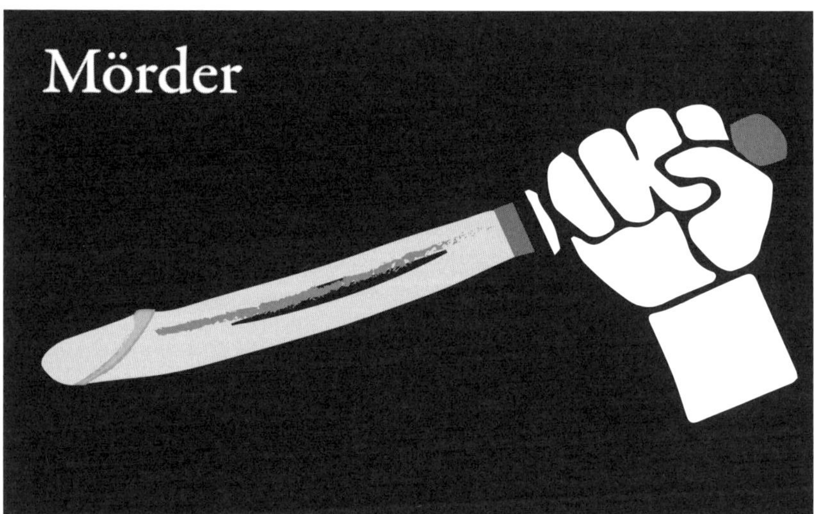

An Euch ...
Am Anfang stand die Tat
Alleine mit all den Unerträglichkeiten
Verlassen nun! Für alle Zeit, verlassen
Zerbrach die Welt, die meine
Zerbrach sie jeden Traum
So zerbrach die Seele

Wurde einsam...

Die Wunden, sie verheilen nicht
Berühr' sie nicht und stehe still
Dann werden Wunden nicht noch tiefer
Bleibe starr und reg' dich nicht
Dann werden Tränen nicht noch größer
So gelähmt ist nun die Seele

Seele starb...

Ersticke jeden Tag an der Verzweiflung
Nichts erreicht mich mehr, im Inneren
Kein wärmend-heit'rer Sonnenstrahl
Kein zart-heilendes Berühren
Kein noch so sanfter Kuss
So verblutete die Seele

Lebte weiter...

Jeden Morgen stehe ich an ihrem Grab
Nehm' sie mit, als lebe sie
Mit Tränen im Gesicht, durchs Leben
Seelenhülle bleibt mir nur
Fühle hilflos mich und leer
So nun, tote Seele, leben wir

Grämte mich...

Hass stiegt in mir auf und Wut
Hass gegen euch, ihr Mörder
Gegen euch, die ihr mir meine Seele nahmt
Lege ich des Abends nun
Immer Bitterkeit zurück ins Seelengrab
Will nicht noch den nächsten Morgen

Schau voran ...

Lasse ruhen, die Vergangenheit
Lasse hinter mir und schau nach vorn
Mit allem was gelernt, aus totem Leben
Greife ich, mit Seelenhülle nur
Hoffnungsvoll nun wieder, nach dem Leben
Und dann kommt ihr und verletzt aufs Neue!

Vergesst nicht!

Mein Sprechen und Euer Hören verbindet uns
Endlich!
Aber es trennt uns auch
Unendlich!
Wäre ich doch gerne Hörender in Eurer Welt
bleibe aber Sprechender in meiner
die Geschichten
erzählen nicht nur
VON
sondern auch
AUS
einer zerstörten Welt

Vergesst nicht!